Bob Nelson

1001 Ideen, Mitarbeiter zu belohnen und zu motivieren

Bob Nelson

1001 Ideen, Mitarbeiter zu belohnen und zu motivieren

... denn Geld allein macht nicht glücklich

Übersetzung aus dem Englischen von Silvia Kinkel

REDLINE | VERLAG

Bibliografische Information der Deutschen Nationalbibliothek:
Die Deutsche Nationalbibliothek verzeichnet diese Publikation in der Deutschen Nationalbibliografie; detaillierte bibliografische Daten sind im Internet über http://d-nb.de abrufbar.

Für Fragen und Anregungen:
nelson@redline-verlag.de

1. Auflage 2011

© 2011 by Redline Verlag, ein Imprint der Münchner Verlagsgruppe GmbH, München,
Nymphenburger Straße 86
D-80636 München
Tel.: 089 651285-0
Fax: 089 652096

© der Originalausgabe 2005, 1994 by Bob Nelson. Publishes by arrangement with Workman Publishing Company, Inc., New York.

Die englische Originalausgabe erschien bei Workmann Publishing Company unter dem Titel *1001 Ways to Reward Employees*.

Alle Rechte, insbesondere das Recht der Vervielfältigung und Verbreitung sowie der Übersetzung, vorbehalten. Kein Teil des Werkes darf in irgendeiner Form (durch Fotokopie, Mikrofilm oder ein anderes Verfahren) ohne schriftliche Genehmigung des Verlages reproduziert oder unter Verwendung elektronischer Systeme gespeichert, verarbeitet, vervielfältigt oder verbreitet werden.

Übersetzung: Silvia Kinkel, Königstein
Redaktion: Desirée Simeg, Gersthofen
Umschlagabbildungen: iStockphoto.com
Satz: HJR, Jürgen Echter, Landsberg am Lech
Druck: Konrad Triltsch, Ochsenfurt
Printed in Germany

ISBN 978-3-86881-287-9

Weitere Infos zum Thema

www.redline-verlag.de
Gerne übersenden wir Ihnen unser aktuelles Verlagsprogramm.

Inhalt

Geleitwort	9
Vorwort zur überarbeiteten Ausgabe	11
Einleitung	15
Teil I: Zeitnahe Anerkennung	19
Lob & Anerkennung in persönlicher Form	23
Lob & Anerkennung in schriftlicher Form	31
Fallstudie zu schriftlichem Lob	34
Lob & Anerkennung in elektronischer Form	43
Lob & Anerkennung in öffentlicher Form	49
Fallstudie zu öffentlicher Anerkennung	55
Teil II: Informelle, immaterielle Anerkennung	61
Information, Unterstützung & Einbeziehung	63
Fallstudie zu Kommunikation und Einbeziehung	68
Autonomie & Autorität	71
Fallstudie 1 zu Mitarbeiterautonomie	74
Fallstudie 2 zu Mitarbeiterautonomie	76
Flexible Arbeitszeit & Freizeit	79

Weiterbildung & Karriereentwicklung	89
Fallstudie zur Belohnung von Lernbereitschaft	94
Managerverfügbarkeit & Interaktion	99
Teil III: Greifbare Anerkennung & Belohnung	107
Auszeichnungen für herausragende Mitarbeiter & Leistungen	109
Fallstudie zur Anerkennung herausragender Mitarbeiter	120
Bargeld, Bargeldersatz & Geschenkgutscheine	125
Fallstudie zu Bargeldanreizen	132
Nominelle Geschenke, Waren & Lebensmittel	137
Privilegien, Vergünstigungen & Dienstleistungen für Mitarbeiter	151
365 Ideen für informelle Anerkennung	159
Teil IV: Anerkennungen, Belohnungen & Aktivitäten für Gruppen	165
Anerkennungen & Belohnungen für Gruppen	169
Fallstudie zur Gruppenanerkennung	173
Fallstudie zur Gruppenmotivation	177
Spaß, Spiele & Wettbewerbe	181
Fallstudie zu Spaß & Spielen	192
Feste, Partys & besondere Veranstaltungen	199
Fallstudie zu Feiern	204
Ausflüge & Reisen	209

Teil V: Belohnungen für besondere Leistungen ... 217

Verkaufserlöse ... 219
Fallstudie zur Anerkennung von Verkäufen ... 230

Kundenservice ... 233
Fallstudie zum Kundendienst ... 244

Mitarbeitervorschläge ... 247
Fallstudie zu Mitarbeitervorschlägen ... 250
Fallstudie zur Anerkennung von Mitarbeitervorschlägen ... 254

Produktivität & Qualität ... 257
Fallstudie zur Qualitätsverbesserung ... 260
Fallstudie zur Leistungssteigerung ... 262

Anwesenheit & Sicherheit ... 265

Teil VI: Formelle Belohnungsprogramme in Unternehmen ... 271

Mehrstufige Belohnungsprogramme & Punktesysteme ... 273
Fallstudie zu Punktesystemen ... 278
Fallstudie zu mehrstufigen Anerkennungsprogrammen ... 279

Betriebliche Leistungen & Vergünstigungen ... 285
Fallstudie zu Mitarbeiterzuwendungen & Vergünstigungen ... 296

Jubiläen von Mitarbeitern & Unternehmen ... 299

Wohltätigkeit & gemeinnützige Organisationen ... 307
Fallstudie zu Anerkennungsprogrammen im Bereich Wohltätigkeit ... 310

Unternehmensaktien & Unternehmensbeteiligung ... 317

Danksagung ... 323

Über den Autor ... 325

Geleitwort

Wenn es etwas gibt, das ich im Laufe meines Lebens gelernt habe, dann ist es die Tatsache, dass jeder geschätzt werden möchte. Das gilt für Manager ebenso wie für Mitarbeiter, gleichermaßen für Eltern wie für Kinder, für Trainer ebenso wie für Spieler. Diesem Bedürfnis entwachsen wir nie. Und selbst wenn es den Anschein hat, wir wären unabhängig und selbstständig, brauchen wir andere zur Stärkung unseres Selbstwertgefühls.

Obwohl das logisch klingt, habe ich feststellen müssen, dass heutzutage in Organisationen häufig nicht entsprechend gehandelt wird. Oft sind wir zu beschäftigt oder gestresst, um daran zu denken, dass die Anerkennung, nach der wir uns selbst sehnen, für andere ebenso wichtig ist. Aus diesem Grund ist dieses Buch ein Geschenk Gottes für jeden engagierten Manager oder frustrierten Mitarbeiter. Denn es liefert zwingende Argumente, dass Anerkennung, Belohnung und positive Verstärkung etwas bewirken – auch in ihrem Interesse.

Mit *1001 Ideen, Mitarbeiter zu belohnen und zu motivieren* ist das Loben, Anerkennen und Belohnen von Mitarbeitern ein bisschen einfacher geworden. Jetzt können Sie die Belohnungen und die Anerkennung geben, die den Menschen in Ihrem Leben so wohlverdient zustehen. Bob Nelson zeigt den Erfolg bewiesener Prinzipien durch eine Vielzahl aussagekräftiger Beispiele aus Unternehmen im ganzen Land. Er liefert eine Schatztruhe voller Ideen, Inspiration und Quellen, um Sie in die Lage zu versetzen, das Loben, Anerkennen und Belohnen zu einem dauerhaften Bestandteil Ihres Managementrepertoires zu machen. Dieses Buch sollte jeder Manager auf seinem Schreibtisch liegen haben! Manager können die Wirkung und den praktischen Nutzen von Lob nicht länger bestreiten. Sie dürfen einem Mitarbeiter die verdiente Anerkennung nicht vorenthalten, nur weil ihnen nichts einfällt, was sie tun oder womit sie ihre Wertschätzung zeigen können. Das Loben, Anerkennen und Belohnen ist beim Führen von Menschen nicht länger optional. Kein Mitarbeiter strebt danach, mittelmäßig zu sein. Alle wollen hervorragend sein. Mit diesem Buch wird ihnen das möglich gemacht. Und auf dem Weg dahin kann jeder Job oder jede Arbeitsumgebung produktiver, motivierender und erfüllender gestaltet werden.

Ken Blanchard

Koautor von *Der 01-Minuten-Manger*

Vorwort zur überarbeiteten Ausgabe

Seit dem Erscheinen dieses Buches vor zehn Jahren habe ich viel über Mitarbeiteranerkennung gelernt und bin nach wie vor begeistert vom Potenzial dieses Themas. Die Fülle und Wirkung all der Anerkennungs- und Belohnungskonzepte nicht nur im Beruf, sondern auch innerhalb von Beziehungen faszinieren mich. Immer wieder überraschen mich die Kreativität und der Einfallsreichtum, mit dem Menschen andere belohnen und auszeichnen. Ebenso beeindruckt mich die Tatsache, dass die einfachsten und kostengünstigsten Formen der Anerkennung oft am wirksamsten sind.

Bei all dem habe ich etwas Wichtiges gelernt: Es funktioniert besser, wenn Anerkennung mit einer Zielrichtung gekoppelt wird. Belohnung systematisch an Leistung und Verhalten zu binden, ist am erstrebenswertesten. Die an Bedingungen geknüpfte Anerkennung ist am wirksamsten und bedeutungsvollsten.

Zusätzlich habe ich unter anderem Folgendes herausgefunden:

➤ Manchmal fällt es Managern und Führungskräften schwer, den ersten Schritt zu tun und an die Macht der Anerkennung zu glauben. Nachdem sie aber einmal damit angefangen haben, gewinnt dieses Verhalten rasch an Eigendynamik und bringt der Organisation erheblichen Nutzen.

➤ Obwohl eine große Bandbreite von Verhaltensweisen und Handlungen als Anerkennung dienen kann, entsteht deren wahre Kraft aus der Art und Weise der Umsetzung – dem Timing, dem Kontext, der Symbolik, der Form und der Hebelwirkung –, um das Beste aus einem Menschen und einer Situation herauszuholen.

➤ Aus Abwechslungsreichtum und Spontaneität entstehen Kraft und Spannung. Motivation ist ein dynamisches Ziel. Was heute funktioniert, wirkt morgen vielleicht nicht mehr – und wird es vermutlich auch nicht, wenn Sie ständig dasselbe tun!

Im heutigen Wirtschaftsklima sind Belohnung und Anerkennung wichtiger denn je. Das hat verschiedene Gründe:

› Manager verfügen über weniger Möglichkeiten, Mitarbeiter zu lenken und deren Verhalten zu beeinflussen. Zwang ist keine Alternative; Manager müssen immer stärker als Coach agieren und gewünschtes Verhalten herbeiführen, statt es einfach zu verlangen.

› Von Mitarbeitern wird zunehmend erwartet, dass sie mehr tun und dass sie es selbstständig tun. Zur Unterstützung weniger strikter Kontrollen müssen Manager Arbeitsumgebungen schaffen, die sowohl positiv als auch verstärkend sind.

› Demografen prognostizieren, dass nach der Babyboom-Ära weniger Arbeitskräfte zur Verfügung stehen werden und dass diese vermutlich nicht über alle Fähigkeiten ihrer Vorgänger verfügen werden. Dieser neue Pool an Mitarbeitern besitzt andere Werte und erwartet, dass Arbeit sowohl zweckgerichtet als auch motivierend ist.

Seit dem Erscheinen dieses Buches haben mir viele Leser berichtet, dass sie es als persönliches Motivationshandbuch nutzen, indem sie es bei ihren Mitarbeitern herumgehen lassen. Jeder kann die Ideen umsetzen, die ihm gefallen. So fällt es leichter, andere für gute Arbeit mit etwas zu überraschen, das sie wertschätzen.

Ich wünsche mir, dass Sie dieses Buch nutzen, um zu experimentieren und die Macht der Anerkennung zu entdecken, und dass infolgedessen Ihre Arbeitsumgebung – und die dort beschäftigten Mitarbeiter – produktiver und zufriedener werden. Mehr noch: Nachdem Sie einmal den Wert dieses Themas erkannt haben, hoffe ich, dass Sie diese Erkenntnis auch in anderen Lebensbereichen nutzen, um all Ihre Beziehungen »belohnender« zu gestalten.

Bob Nelson, Ph.D.

San Diego, Kalifornien

Die Verbindung von Anerkennung und Leistung

Ein wesentlicher Verstärker für Mitarbeiteranerkennung ist deren Auswirkung auf die gesteigerte Arbeitsleistung des Mitarbeiters. Während der Recherche für meine Doktorarbeit fand ich Belege für einen Zusammenhang zwischen Anerkennung und Leistung in mindestens dreifacher Weise.

Erstens wurden etliche leistungsbezogene Variablen von allen Managern in dieser Studie weitgehend bestätigt. Die Mehrzahl von ihnen stimmte den folgenden Aussagen völlig oder weitestgehend zu:

> Die Anerkennung von Mitarbeitern hilft mir, diese besser zu motivieren. (90 Prozent)

> Meinen Mitarbeitern für gute Arbeit nichtmonetäre Anerkennung zukommen zu lassen, trägt dazu bei, ihre Leistung zu steigern. (84 Prozent)

> Anerkennung gibt den Mitarbeitern ein zweckmäßiges Feedback. (84 Prozent)

> Mitarbeiter für gute Arbeit anzuerkennen, fördert die Erledigung der Arbeit. (80 Prozent)

> Mitarbeiteranerkennung steigert die Produktivität des Betreffenden. (78 Prozent)

> Nichtmonetäre Anerkennung zu zollen, hilft mir, meine persönlichen Ziele zu erreichen. (69 Prozent)

> Nichtmonetäre Anerkennung zu zollen, hilft mir, meine beruflichen Ziele zu erreichen. (60 Prozent)

Zweitens berichteten 73 Prozent der Manager, dass sie die erwarteten Resultate erzielten, wenn sie Mitarbeiteranerkennung zeitnah einsetzten. Und 99 Prozent sagten, dass sie spürten, dass sie die gewünschten Resultate letztlich erhalten würden.

Drittens erklärten 78 Prozent von den Tausenden der befragten Mitarbeiter, dass es für ihre gute Leistung sehr oder extrem wichtig gewesen sei, von ihren Vorgesetzten Anerkennung zu erhalten. 53 Prozent der Mitarbeiter wünschten sich die Anerkennung zeitnah.

Einleitung

Die Ergebnisse einer vom Council of Communication Management durchgeführten Umfrage bestätigen, was nahezu jeder Arbeitnehmer weiß: Anerkennung für gute Arbeit ist der beste Motivator für die Leistung des Betreffenden.

Dennoch nutzen viele Manager die potenzielle Kraft von Anerkennung und Belohnung nicht. Und das, obwohl 33 Prozent der Manager sogar sagen, dass sie selbst lieber in einem Unternehmen arbeiten, in dem sie mehr Anerkennung erhalten. Und wenn ein Manager dieses grundlegende Prinzip menschlichen Verhaltens erkannt hat, besteht die typische Reaktion zumeist in der Überzeugung, dass Mitarbeiter nur Belohnungen zu schätzen wissen, die sich auf ihre Brieftasche auswirken – zum Beispiel Gehaltserhöhungen, Boni oder Beförderungen.

Zweifellos ist Geld für die Mitarbeiter wichtig. Die Forschungsergebnisse zeigen jedoch, dass letztlich etwas anderes zu höherer Leistung motiviert: die aufmerksame, persönliche Anerkennung, die eine ehrliche Wertschätzung guter Arbeit erkennen lässt. Das wird durch zahlreiche Studien bestätigt. Die Motivation ist umso stärker, je mehr Begeisterung und Selbstwertgefühl die Anerkennung hervorruft und möglicherweise sogar die Form einer Geschichte annimmt, die der Mitarbeiter noch nach vielen Jahren seiner Familie, seinen Freunden und Kollegen erzählen kann.

Eine Anmerkung bezüglich der Terminologie. Der Begriff »Anerkennung« bezieht sich auf eine immaterielle Handlung wie Dankesworte, Schulterklopfen und positive Äußerungen. Der Begriff »Belohnung« meint dagegen etwas Greifbares wie Geld, Waren oder Reisen. In der Praxis werden diese beiden Begriffe jedoch manchmal synonym benutzt. Sie können zum Beispiel jemandem eine sofortige Belohnung von 20 Dollar überreichen und ihm gleichzeitig mit Worten danken. Eine Auszeichnung ist die Kombination dieser beiden Begriffe und wird normalerweise in Form eines Pokals, einer Ehrentafel oder Urkunde verliehen. Es handelt sich um einen speziellen Gegenstand, mit dem eine besondere Leistung honoriert wird, der jedoch nahezu immer mit einer Präsentation verbunden ist, die den Anerkennungsaspekt des Anlasses widerspiegelt. Unter einem Anreiz wird zumeist eine geplante Belohnung verstanden, das heißt, im

Voraus zu wissen, dass eine bestimmte Belohnung für eine bestimmte Sache erlangt werden kann.

Die meisten Formen von Belohnung und Anerkennung entfallen auf zwei Kategorien: formelle und informelle. Formelle Belohnungen sind in der Regel geplante, strukturierte Programme, die normalerweise im Laufe der Zeit wiederholt und über Jahre durchgeführt werden, zum Beispiel Auszeichnungen wie »Mitarbeiter des Monats« oder »Dienstleister des Jahres«. Informelle Belohnungen erfolgen eher sofort, sind spontane Formen aufrichtiger Dankbarkeit und der Anerkennung guter Arbeit. Sie sind häufig individuell und witzig und zeichnen ein spezielles Verhalten aus, wie besonderer Kundenservice, kostenreduzierende Ideen oder ausgezeichnetes Teamwork, oder sie werden für besondere Leistungen erteilt wie dem Fertigstellen eines Zwischenberichts oder eines Projekts oder dem Abschluss eines wichtigen Verkaufs.

Generell haben sich die am meisten geschätzten Anerkennungen von den formellen zu den informellen und spontanen verlagert, und von den greifbaren zu den immateriellen und zwischenmenschlichen. Für heutige Arbeitnehmer ist Motivation zunehmend persönlich und situationsbezogen geworden. Wenn es um Anerkennung geht, wird immer deutlicher, dass es keine Einheitslösung gibt.

Die ersten vier Teile dieses Buches beschäftigen sich mit informellen Anerkennungen: Zeitnahe Anerkennung (Teil I), informelle immaterielle Anerkennung (Teil II), greifbare Anerkennung und Belohnung (Teil III) sowie Gruppenanerkennung, Belohnungen und Aktivitäten (Teil IV). Die letzten beiden Teile beschäftigen sich mit eher formelleren Formen der Anerkennung: Belohnungen für besondere Verdienste (Teil V) sowie formelle Belohnungsprogramme der Organisation (Teil VI).

Die Anerkennungen und Belohnungen innerhalb dieser Kategorien können wenig oder nichts kosten oder auch sehr viel. Sie können privat oder öffentlich sein und sie können auf eine große Bandbreite gewünschter Verhaltensweisen und Leistungen ausgerichtet oder auf wichtige Ziele innerhalb der Organisation abgestimmt sein. Die wirkungsvollsten informellen Belohnungen hängen letztlich mit einem formellen Programm zusammen und umgekehrt genauso. Ein Dankesschreiben oder ein öffentliches Lob kann zum Beispiel eine wichtige Anerkennung der Bemühungen und Leistungen einer Person sein. Wenn dies aber die einzige Form von Anerkennung ist, die ein Manager einsetzt, so wird sie bald ihre Wirksamkeit verlieren.

Ungeachtet der Kosten, des Anwendungsbereiches und der Komplexität wirksamer Belohnungen und Auszeichnungen sind die Leitlinien einfach:

1. *Passen Sie die Belohnung der Person an.* Beginnen Sie mit den persönlichen Präferenzen des Betreffenden und belohnen Sie denjenigen oder diejenige auf eine Weise, die er oder sie als lohnend empfindet. Solche Belohnungen können persönlich oder beruflich sein, informell oder formell, sie können in Form von Geschenken oder Handlungen ausfallen. Um die Wirkung einer Anerkennung nicht auf Spekulation beruhen zu lassen, müssen Sie Ihre Mitarbeiter fragen, was diese am meisten schätzen. Vielleicht legen Sie sogar Karteikarten an, auf der alle Arten von Anerkennung aufgelistet sind, die der jeweilige Mitarbeiter schätzt. Viele Organisationen verfahren so.

2. *Passen Sie die Belohnung der Leistung an.* Belohnung sollte maßgeschneidert sein, um der Bedeutung der Leistung Rechnung zu tragen. Natürlich sollte ein Mitarbeiter, der ein Zweijahresprojekt abschließt, stattlicher belohnt werden als jemand, der Ihnen lediglich einen Gefallen getan hat. Und selbstverständlich sollte die Belohnung den Zeitaufwand widerspiegeln, den Sie zur Planung und Durchführung aufgewendet haben, und den Betrag, den Sie investieren mussten.

3. *Seien Sie zeitnah und spezifisch.* Um wirkungsvoll zu sein, müssen Belohnungen so schnell wie möglich nach dem gewünschten Verhalten oder Resultat erfolgen. Geschieht dies erst Wochen oder Monate später, so wird die Belohnung den Mitarbeiter kaum zu einer Wiederholung seiner Handlungen motivieren. Sie sollten immer sagen, warum die Belohnung überreicht wird, das heißt einen Zusammenhang zu der Leistung herstellen. Nachdem Sie eine gewünschte Leistung regelmäßig belohnt haben, kann Ihre Anerkennung periodischer werden, so wie das gewünschte Verhalten zur Gewohnheit wird. Die Forschung hat tatsächlich gezeigt, dass periodische Belohnungen langfristig wirksamer sind für den Erhalt von Leistung.

Catherine Meek, Präsidentin von Meek and Associates, einer Vergütungsberatung in Los Angeles, fügt hinzu, dass Belohnungs- und Anerkennungsprogramme die Unternehmenswerte und -strategie widerspiegeln und dass die Mitarbeiter an deren Entwicklung und Durchführung mitwirken sollten. Aubrey Daniels empfiehlt zusätzlich, dass Führungskräfte für die wirkungsvolle Anerkennung von Mitarbeitern verantwortlich gemacht werden sollten und dass Organisationen pauschale Wege oder »Patentlösungen« zur Motivation vermeiden müssen.

Motivation mittels »Gießkannenprinzip« – jedem Mitarbeiter des Unternehmens die gleiche Belohnung zukommen zu lassen – spornt die Mitarbeiter nicht an. Es kann sich sogar leistungshemmend auswirken, da Spitzenleister keine Anerkennung ihrer überdurchschnittlichen Arbeit sehen, während andere Mitarbeiter für ihre pure Anwesenheit belohnt werden.

Als Faustregel gilt: Für jede vierte informelle Belohnung (zum Beispiel ein besonderes Dankeschön) sollte es eine offizielle Anerkennung geben (zum Beispiel ein Anerkennungsschreiben), und für jedes vierte davon sollte es wiederum eine noch offiziellere Belohnung geben (zum Beispiel eine Ehrentafel oder eine öffentliche Lobrede bei einer Unternehmensversammlung), was letztlich zu traditionelleren Belohnungen wie Gehaltserhöhungen, Boni, Beförderungen und der Übertragung besonderer Aufgaben führt.

Indem man sich im Vorfeld ein paar Gedanken dazu macht, was getan werden soll, wer es tun soll, wer dabei anwesend sein und in welchem Zusammenhang es stattfinden soll und welche Geschichten erzählt werden sollen, um die Bedeutung hervorzuheben und die Leistung für jeden Beteiligten anschaulich zu machen, kann jeder Augenblick einer Anerkennung wertvoller gestaltet werden. Mit ein bisschen Aufmerksamkeit und Übung kann jeder Manager (oder Mitarbeiter) lernen, den Anerkennungsgrad jeder Situation, Leistung oder Veranlassung einzuschätzen.

Bei Anerkennung und Belohnung denken wir oft an das, was Manager für Mitarbeiter tun. Die Macht der Anerkennung funktioniert jedoch in jeder Art von Beziehung: Mitarbeiter zu Mitarbeiter, Mitarbeiter zu Manager, Kunde zu Mitarbeiter, Mitarbeiter zu Verkäufer und sogar Manager zur Familie im Privatleben. Wie Sie anhand der Beispiele in diesem Buch sehen werden, trägt das wirkungsvolle Einsetzen unterschiedlicher Möglichkeiten zur Macht der Anerkennung bei.

Teil I

Zeitnahe Anerkennung

Als ich mich im Zuge meiner Doktorarbeit mit der Frage beschäftigte, warum manche Manager ihre Mitarbeiter loben und andere es nicht tun, stieß ich auf ein entscheidendes Kriterium: Manager, die andere loben, sehen es als ihre Pflicht an – und nicht als die des Unternehmens oder der Personalabteilung – für ihre Leute eine motivierende Umgebung zu schaffen. Sie glauben fest daran, dass das Loben eine wesentliche Rolle dabei spielt, wie Beschäftigte über ihren Arbeitsplatz denken.

Diese Feststellung deckt sich laut meiner Forschung mit den Wünschen der Mitarbeiter, wie sie für gute Leistung gewürdigt werden wollen – nämlich durch einfache, zeitnahe Verhaltensweisen, die jeder Vorgesetzte seinem Mitarbeiter gegenüber an den Tag legen kann. Lob ist das Wichtigste. Das beste Lob ist zeitnah, spezifisch, ehrlich, persönlich, positiv und initiativ. In Sekundenschnelle vermittelt ein einfaches Lob: »Ich habe gesehen, was du geleistet hast und weiß es zu schätzen. Und ich kann dir auch sagen, warum deine Leistung wichtig ist und wie ich darüber denke.«

Kleiner Aufwand – große Wirkung!

Unter den Top Ten der von Mitarbeitern in meiner Untersuchung genannten Motivatoren sind vier Formen von Lob. Diese entsprechen den vier Kapiteln in Teil I: persönliches Lob, schriftliches Lob, elektronisch übermitteltes Lob und öffentlich ausgesprochenes Lob. Jetzt können Sie natürlich einwenden: »Sind das wirklich unterschiedliche Formen? Haben nicht alle die gleiche Wirkung?« Das habe ich anfangs auch gedacht. Ich fand jedoch heraus, dass sich diese vier Lobformen tatsächlich voneinander unterscheiden.

Jemanden persönlich zu loben bedeutet für den Betreffenden etwas anderes, als wenn er oder sie eine schriftliche Mitteilung bekommt. Und diese beiden Formen unterscheiden sich wiederum von einem in der Öffentlichkeit ausgesprochenen Lob. Um mit einfachen Mitteln das Maximum an Wirkung zu erzielen, müssen Sie die Formen variieren und häufig benutzen.

Die Forschungen von Dr. Gerald Graham an der Wichita State University stützen diese Beobachtungen. In zahlreichen Untersuchungen stellte er fest, dass Mitarbeiter die persönliche, sofortige Anerkennung durch ihre direkten Vorgesetzten mehr schätzen als jede andere Art der Motivation. In einer anderen Umfrage bei amerikanischen Arbeitern wurde festgestellt, dass 63 Prozent der Befragten ein »Schulterklopfen« als wichtigen Ansporn einstuften.

Laut Grahams Untersuchungen haben Mitarbeiter das Gefühl, dass die von Managern initiierten Belohnungen am seltensten und die von Unternehmen initiierten Belohnungen für Anwesenheit (das heißt Belohnungen für reine Anwesenheit) am häufigsten vorkommen. Dr. Graham schließt daraus, dass »die Techniken mit der größten Motivation offenbar am wenigsten genutzt werden, obwohl sie leichter anzuwenden und kostengünstiger sind.«

Graham bestimmte in seiner Studie die fünf besten Motivationstechniken, die von den Mitarbeitern genannt wurden:

1. Der Manager gratuliert den Mitarbeitern persönlich für gute Arbeit.
2. Der Manager schreibt eine persönliche Mitteilung bezüglich guter Leistung.
3. Das Unternehmen nimmt Leistung als Grundlage für Beförderungen.
4. Der Manager erkennt gute Leistung von Mitarbeitern öffentlich an.
5. Der Manager hält moralfördernde Versammlungen ab, auf denen Erfolge gefeiert werden.

Idealerweise sollten Sie die Art, wie Sie Ihre Mitarbeiter loben, variieren und auf einer täglichen Basis durchführen. Ein Beispiel: Robin Horder-Koop, Programm- und Servicemanagerin bei Amway Corporation, dem Vertreiber von Haushaltswaren und Körperpflegeprodukten in Ada, Michigan, schlägt kostengünstige Wege ein, um ihren 200 Mitarbeitern täglich Anerkennung zu zollen:

➤ An Tagen, an denen weniger zu tun ist, helfen die Mitarbeiter in anderen Abteilungen aus. Nachdem sie acht Stunden gesammelt haben, erhalten die Mitarbeiter ein Dankesschreiben von Horder-Koop. Darüber hinausgehende Stunden berechtigen zu einem Mittagessen in der Kantine des Managements.

- Jeder ist mal an der Reihe. Jeden Monat werden Fotos jeweils anderer Mitarbeiter am Schwarzen Brett ausgehängt. Daneben finden sich lobende Kommentare von Kollegen.

- Wenn Mitarbeiter Außergewöhnliches leisten, schickt Horder-Koop Dankesschreiben zu ihnen nach Hause. Wenn jemand viele Überstunden macht oder überdurchschnittlich oft auf Geschäftsreise ist, schreibt sie einen Brief an die Familie, um sich für deren Unterstützung zu bedanken.

- Bei Unternehmensversammlungen spielen die Mitarbeiter Spiele wie »Montagsmaler« und »Der Preis ist heiß«. Dabei werden Fragen zu Produkten des Unternehmens gestellt. Die Gewinner bekommen Preise wie Einkaufstaschen oder T-Shirts.

Weitere kostengünstige Ideen, die Horder-Koop zur Anerkennung ihrer Mitarbeiter umsetzt, sind unter anderem: das Überreichen von Blumen an Mitarbeiter, die von Kunden lobend erwähnt wurden; Vorgesetzte parken einmal im Monat den Wagen ihres Mitarbeiters; und die Einführung von Tagen, an denen die Mitarbeiter später in die Firma kommen oder im Büro Freizeitkleidung tragen dürfen.

Laut der Autorin und Managementberaterin Rosabeth Moss Kanter hat »Anerkennung – sich öffentlich bedanken und dazu vielleicht ein Geschenk zu überreichen – viele Funktionen, die über den reinen Austausch von Höflichkeiten hinausgehen. Die Anerkennung zeigt dem Mitarbeiter, dass jemand Kenntnis nimmt und sich Gedanken macht. Für die übrige Organisation schafft die Anerkennung Rollenbilder – Helden – und kommuniziert den Standard, indem sie vermittelt: ›Das hier ist der Grund für unsere großartige Leistung.‹« Für das erfolgreiche Anerkennen von Mitarbeitern schlägt Kanter folgende Leitlinien vor:

1. *Prinzip:* Erfolge hervorheben und nicht die Misserfolge. Wenn Sie zu sehr mit der Suche nach Negativem beschäftigt sind, übersehen Sie womöglich das Positive.

2. *Prinzip:* Anerkennung und Belohnung sollten freiweg und öffentlich übermittelt werden. Wenn Anerkennung nicht publik gemacht wird, verliert sie stark an Wirkung und erfüllt nicht mehr ihren Zweck.

3. *Prinzip:* Übermitteln Sie Anerkennung auf persönliche und ehrliche Weise. Vermeiden Sie ein Verhalten, das einstudiert wirkt.

4. *Prinzip:* Stimmen Sie Anerkennung und Belohnung auf die Bedürfnisse der betroffenen Personen ab. Das große Repertoire an Anerkennungs- und Belohnungsarten ermöglicht es dem Management, Leistungen angemessen und entsprechend der jeweiligen Situation zu honorieren.

5. *Prinzip:* Das Timing ist entscheidend. Loben Sie Beiträge schon im Laufe eines Projekts. Belohnen Sie Beiträge zeitnah zur Leistung. Zeitliche Verzögerungen schwächen die Wirkung der meisten Belohnungen.

6. *Prinzip:* Formulieren Sie eine klare und eindeutige Verbindung zwischen Leistung und Belohnung. Stellen Sie sicher, dass die Betroffenen verstehen, warum sie belohnt werden und nach welchen Kriterien die Belohnung festgesetzt wurde.

7. *Prinzip:* Erkennen Sie Lob an. Das heißt, honorieren Sie es, wenn Mitarbeiter andere für ihr Engagement im Unternehmen loben.

Lob & Anerkennung in persönlicher Form

Die wichtigste Form der Anerkennung ist jene, die zeitnah stattfindet – die Stunde der Wahrheit sozusagen. Laut meiner Studie berichteten 99,4 Prozent der Mitarbeiter, dass es durchaus sehr oder extrem wichtig für sie sei, für gute Arbeit von ihren Vorgesetzten gelobt zu werden. 73 Prozent erwarteten die Anerkennung unmittelbar oder kurz nach der Leistungserbringung. Persönliches Lob wird generell als das Wichtigste angesehen. Die Mitarbeiter stufen dabei vier Formen von Anerkennung in folgender Reihenfolge ein: »Für gute Arbeit ein persönliches Dankeschön bekommen« (88 Prozent); »ein mündliches Dankeschön bekommen« (82 Prozent); »von einem Vorgesetzten für eine Auszeichnung ausgesucht werden«; (82 Prozent); »in Anwesenheit anderer für gute Arbeit gelobt werden« (61 Prozent).

Leider herrscht eine große Diskrepanz zwischen der von Managern vermeintlich gegebenen Menge an Lob und dem, was die Mitarbeiter ihrer Meinung nach bekommen. Bob Levoy, Vorsitzender von Success Dynamics, Inc., berichtet: »Ich habe mehr als 2.500 Doktoren gebeten, die folgenden Aussagen auf einer Skala von 1 bis 5 (1 = nie, 5 = dauernd) einzuordnen: ›Ich lasse es meine Mitarbeiter wissen, wenn sie gute Arbeit leisten.‹ Der Durchschnitt der Antworten lag bei 4,4. Daraufhin bat ich die Mitarbeiter, folgende Aussage einzustufen: ›Der Doktor lässt es mich wissen, wenn ich gute Arbeit leiste.‹ Der Durchschnitt der Antworten lag bei lediglich 1,7 Prozent. Der Unterschied zwischen dem, was die Doktoren sagen, und dem, was die Mitarbeiter sagen, ist oft die Ursache von Unmut seitens der Mitarbeiter, nachlassender Produktivität und Fluktuation. Diese ›Feedback-Kluft‹ existiert in nahezu jeder Manager-Mitarbeiter-Beziehung.«

Wie schließen Sie diese Kluft? Managementberater Marshall Goldsmith gibt folgenden Rat: Einer meiner Klienten, der ein 360-Grad-Feedback erhielt, schnitt sehr schlecht ab in dem Bereich »Vermittelt angemessen positive Anerkennung.« Was er tat, um das zu verbessern, ist eine großartige Strategie für alle Führungskräfte. Zuerst listete er die entscheidenden Gruppen aller Menschen auf, die in seinem Leben eine Rolle spielen: seine Freunde, Familie, direkte Untergebene, Kollegen und Kunden. Dann notierte er die Namen aller, die zu diesen Gruppen gehören.

Von nun an schaute er zweimal wöchentlich, immer mittwochs und freitags, auf die Liste und fragte sich: »Hat einer dieser Menschen etwas getan, wofür ich ihm danken sollte?« Falls das zutraf, schickte er demjenigen eine kurze Mitteilung oder E-Mail oder er hinterließ eine Nachricht auf der Mailbox, um sich zu bedanken. Das nahm nicht mehr als ein paar Minuten in Anspruch. Wenn niemand auf der Liste etwas getan hatte, was Anerkennung verdiente, dann unternahm er auch nichts. Das Ganze sollte weder unehrlich noch aufgesetzt wirken. Indem er diese simple Technik beibehielt, steigerte er sich im Bereich »Vermittelt angemessen positive Anerkennung« innerhalb eines Jahres von 6 auf 94 Prozent.

Ich habe diese Strategie vielen Führungskräften empfohlen und nie erlebt, dass sie nicht funktioniert hätte. Diese Methode kann auch Ihnen helfen, all jenen mehr positive Anerkennung zukommen zu lassen, die in Ihrem Leben am wichtigsten sind. Es sind die täglichen Interaktionen, die sich zu dem aufaddieren, was Ihre Beziehungen im Job ausmacht. Es sind die kleinen Dinge, die Manager tun oder nicht tun, die letztlich entscheiden, wie andere sich dabei fühlen, mit oder für denjenigen zu arbeiten und Teil der Organisation zu sein. Ein systematisches Ausrichten auf das Positive dient als Grundlage und Puffer bei negativen Herausforderungen – Problemen, Beschwerden, Stress et cetera.

Die meisten positiven Interaktionen im Tagesgeschäft sind eher spontan und verursachen nur geringe oder gar keine Kosten. Aber mit ein wenig Vorüberlegung und Planung können Sie darauf vorbereitet sein, signifikantere Dinge zu tun. Wenn zum Beispiel jemand ein großes Geschäft zum Abschluss bringt oder ein wichtiges Projekt beendet, könnten Sie den Vorsitzenden oder CEO bitten, denjenigen anzurufen und ihm oder ihr persönlich zu danken. Das wird sicher nicht jeden Tag möglich sein, ist aber ein einfaches und dennoch ungewöhnliches Dankeschön für besondere Gelegenheiten.

Nicht vergessen: Das beste persönliche Lob ist zeitnah, ehrlich und spezifisch. Nehmen Sie sich die Zeit, um den Kontakt mit jedem Ihrer Mitarbeiter zu halten – und wenn es bei einem Kaffee oder zum Mittagessen ist –, um zu sehen, wie es demjenigen geht und ihm für all das zu danken, was er oder sie geleistet hat. Gelegentlich können Sie sogar jeden einzelnen Ihrer Mitarbeiter persönlich hervorheben, wenn die Belegschaft bei einer Versammlung zusammenkommt. (Stellen Sie aber vorher sicher, dass Sie zu jedem Anwesenden etwas Positives sagen können, damit sich niemand übergangen fühlt.)

Sie können Mitarbeiter ganz direkt und vor anderen loben oder auch indirekt, wenn der Betreffende nicht anwesend ist (ein als »positiver Tratsch« bekanntes Konzept). Dann müssen Sie aber wissen, dass dem Betreffenden das Lob zugetragen wird. Einige Mitarbeiter empfinden dieses indirekte Lob als das glaubwürdigste, weil es ohne Erwartung einer Gegenleistung ausgesprochen wird. Im Prinzip sagt es: »Mein Boss muss meine Leistung für so wichtig gehalten haben, dass er es dem gesamten Managementteam mitteilen wollte!«

Versuchen Sie, aufrichtige Dankesworte in Ihre tägliche Routine einzuarbeiten. Machen Sie es sich zum Beispiel zur Gewohnheit, Menschen mit hundertprozentiger Konzentration zu grüßen, als hätten sie alle Zeit der Welt für den Betreffenden, selbst wenn Sie nur ein paar Minuten haben. Lassen Sie dem anderen ungeteilte Aufmerksamkeit zukommen. Falls das nicht möglich ist, sagen Sie, dass Sie gerade mit etwas anderem beschäftigt sind, aber gern darauf zurückkommen würden, wenn Sie sich dem Betreffenden, seinen Bedürfnissen und diesem Gespräch in Ruhe widmen können.

Wenn jemand am Ende des Arbeitstages das Büro verlässt, dann verabschieden Sie sich und bedanken sich für dessen Engagement an diesem Tag. Bei der Befragung von Mitarbeitern nach dem besten Chef, den sie je hatten, erzählte mir mehr als einer, dass dieser Vorgesetzte ihm jeden Tag bei Feierabend für seine Arbeit gedankt habe. Eine schlichte Geste der Höflichkeit, aber eine, die der Mitarbeiter wahrnimmt und wertschätzt. Um eine Atmosphäre voller Vertrauen und Gewogenheit herzustellen, geht nichts über einfache, tägliche Anerkennung.

Eine vom Minnesota Department of Natural Resources durchgeführte Umfrage zeigte, dass Anerkennung entscheidend zur Arbeitszufriedenheit der Mitarbeiter beiträgt. Weitere Ergebnisse der Umfrage sind unter anderem:

➤ 68 Prozent der Befragten gaben an, dass es ihnen wichtig sei, ihre Arbeit von anderen geschätzt zu wissen.

➤ 67 Prozent stimmten zu, dass die meisten Menschen für ihre Arbeit Anerkennung brauchen.

➤ 63 Prozent stimmten zu, dass die meisten Menschen gern mehr Anerkennung für ihre Arbeit bekommen würden.

➤ Lediglich 8 Prozent waren der Meinung, dass Menschen keine Anerkennung für ihre Arbeitsbemühungen erwarten sollten.

Nancy Branton, Projektmanagerin der Umfrage, sagt: »Heutzutage ist Anerkennung wichtiger als früher. Mitarbeiter glauben zunehmend, dass ihre Arbeitszufriedenheit ebenso von der Anerkennung ihrer Leistung abhängt wie von einer angemessenen Bezahlung. Das trifft insbesondere auf Berufstätige zu, die sich sehr mit ihrer Tätigkeit identifizieren und aus dem Erreichten Zufriedenheit ziehen.«

Organisationen können den Einsatz positiver Anerkennung auf täglicher Basis fördern, indem sie entsprechende Schulungen durchführen sowie Mittel, Aktivitäten und Programme zur Verfügung stellen. Entsprechende Beispiele werden in diesem Buch vorgestellt. Bei der Tennant Company, einem Hersteller von Reinigungsmaschinen mit Sitz in Minneapolis, gibt es ein Positives-Feedback-Komitee, das jedes Jahr einen Tag des positiven Feedbacks veranstaltet und sponsert, an dem alle Mitarbeiter »Gut gemacht«-Notizblöcke, Luftballons, Sticker und mit der Aufschrift »Anerkennung nicht vergessen!« bedruckte Kugelschreiber erhalten. Um die Feiertage herum finanziert das Komitee einen Tag der offenen Tür mit Apfelwein und Gebäck und lädt die Mitarbeiter ein, während ihrer Pausen vorbeizuschauen.

> »Von einem guten Kompliment kann ich zwei Monate leben.«
> — Mark Twain

Randy Niendorff von Lucent Technologies/Audya Communications in Denver schaut bei den Angestellten an ihren Schreibtischen vorbei, »nur um zu sehen, wie es heute so läuft.« Er berichtet, dass die Mitarbeiter sich freuen, ihn zu sehen, obwohl es keinerlei Probleme gibt. Außerdem schätzen die Mitarbeiter, dass er für sie erreichbar ist.

Wenn Greg Peel, Gebietsleiter bei Paychex in Dallas, sieht, dass ein Mitarbeiter besonders hart arbeitet, dann ruft er dessen Mutter an und dankt ihr.

Hyler Bracey, Vorsitzender und CEO der Atlanta Consulting Group, steckt sich jeden Tag fünf Münzen in die Tasche seiner Anzugjacke. Jedes Mal, wenn er im Laufe des Tages einen Mitarbeiter für seine gute Arbeit lobt, steckt er eine Münze in die andere Tasche. Diese Technik hat ihm dabei geholfen, das Loben zu einer Gewohnheit zu machen.

Ein Filialleiter bei Long's Drugs bringt Montagmorgens einen Silberdollar mit zur Arbeit. Diesen übergibt er einem Vorarbeiter mit dem Auftrag, einen seiner Mitarbeiter zu loben und den Dollar dann an einen anderen Vorarbeiter weiterzugeben. Wenn der Dollar bis zum Ende der Woche einmal herumgegangen ist, bringt der Filialleiter zum Abteilungsleitertreffen am Freitag Donuts mit.

Leitende Militäroffiziere in unterschiedlichen Bereichen der Armee vergeben Münzmedaillons als Zeichen persönlicher Anerkennung. Der Präsident einer Bank lässt Vierteldollarmünzen vergolden und überreicht sie verdienstvollen Mitarbeitern. Andere Unternehmen verwenden hölzerne Fünf-Cent-Stücke, echte Fünf-Cent-Stücke oder auch grüne Glassteine als symbolische Anerkennung für gute Arbeit.

> »Es gibt zwei Dinge, die sich Menschen mehr wünschen als Sex und Geld: Anerkennung und Lob.«
> Mary Kay Ash, Gründerin Mary Kay, Inc.

Ein aufgabenorientierter Topmanager bei Qwest Communications in Denver erinnert sich selbst daran, seine Mitarbeiter zu loben, indem er deren Namen jede Woche auf eine To-do-Liste setzt. Wenn er Gelegenheit hatte, jemanden wegen seines Verhaltens oder seiner Leistung zu loben – zum Beispiel für den Abschluss einer Projektetappe oder herausragenden Kundendienst –, streicht er den Namen von der Liste. Er sagt, dass dies eine Methode sei, »den menschlichen Aspekt seines Jobs in eine Managementaufgabe zu überführen, auf die ich mich jede Woche konzentrieren kann.«

Ray Miller, Manager der Baltimore Orioles, bekam nicht viel persönliche Aufmerksamkeit von seinen Trainern, als er in den 1960er- und 1970er-Jahren Werfer in der Minor League war. »Es hat mich verletzt, wie ich behandelt wurde«, erinnert er sich. Miller hat aus dieser Erfahrung gelernt, dass es wichtig ist, den Spielern Aufmerksamkeit zu schenken, ob sie gute Leistung zeigen oder nicht. Um sicher zu gehen, dass er mit allen Spielern redet, führt er eine »Rede-mit«-Liste auf einem gelben Schreibblock. »Einfach

ASAP-Leitlinien für wirkungsvolles Loben
- So bald,
- so ehrlich,
- so speziell,
- so persönlich,
- so positiv,
- so zweckmäßig
- ... wie möglich!

nur zu reden ist wichtig«, sagte er. »Nehmen Sie zum Beispiel Cal Ripken. Wenn er toll spielt und Sie aus irgendeinem Grund vier oder fünf Tage nicht mit ihm sprechen, wird er Sie ansehen und fragen: »Was ist los?« Miller hat etwas Entscheidendes gelernt: Feedback und Anerkennung haben weitreichende Auswirkungen.

Die Filialleiter der St.-Ann-Filiale des Famous-Barr Kaufhauses in St. Louis, Missouri, gehen am Ende des Arbeitstages zu jedem Mitarbeiter, um zu erfahren, was gut gelaufen ist, statt bis zu einem Wochen- oder Monatsbericht zu warten. Diese positiven Punkte werden in die Mitarbeiterversammlung am nächsten Morgen mitgenommen. »Das ist eine wirkungsvolle Methode, um gute Nachrichten zeitnah zu verstärken und Mitarbeiter herauszufordern, jeden Tag ihr Bestes zu geben«, sagt Dan Eppler, Manager Wareneinkauf.

Joe DeLuce, Director of Recreation für den Champaign Park District in Champaign, Illinois, findet es wichtig, das Thema Lob bei den Mitarbeitern zur Sprache zu bringen: »Bei den Mitarbeiterversammlungen unserer Abteilung haben wir kürzlich jeden gefragt, wann er das letzte Mal jemanden gelobt hat. Jeder der 30 Anwesenden erzählte, wie er jemandem in der Organisation an diesem Tag oder im Laufe der vergangenen Woche gedankt habe. Einer der Mitarbeiter berichtete von einem Kollegen, der bei Weitem mehr als nur seine Pflicht getan habe. Da der Betreffende anwesend war, wurde die Situation sehr emotional. Wir sprachen darüber, wie wichtig es ist, Menschen für herausragende Arbeit zu danken, und dass wir eine Organisation sein wollen, in der andere geschätzt werden.«

Robert Maurer beschreibt in seinem Buch *Kleine Schritte, die Ihr Leben verändern* die Arbeit mit dem Manager, Michael, der sich schwer damit tat, seine Mitarbeiter zu loben:

»Ich bat ihn, sich vorzustellen, wie er jemanden aus seiner Abteilung mit Begeisterung lobt, als gäbe es an der Arbeit dieser Person

> »Die Art und Weise, wie positive Verstärkung umgesetzt wird, ist wichtiger als die Menge.«
>
> B. F. Skinner, Psychologe

absolut nichts auszusetzen. Er musste sich vorstellen, vor dem Betreffenden zu stehen und ihm mit freimütiger, entspannter Haltung zu begegnen. Er sollte sich vorstellen, wie es sich anfühlt, wie seine Stimme klingt und welche Umgebungsgeräusche und -gerüche er wahrnimmt.

Aus mehreren Gründen wollte ich, dass Michael mit Komplimenten anfängt. Wie den meisten Menschen fiel es Michael leichter, Kritik zu üben, als jemanden zu loben. Aber wenn Michael den Unmut in seiner Abteilung zu lange keimen ließ, konnte es gut sein, dass er seine Mitarbeiter nur noch als Ansammlung von Problemen ansah. Und aus der Psychologie ist bekannt, dass Menschen, die sich nicht ausreichend gewürdigt fühlen, dazu neigen, Kritik übelzunehmen und Ratschläge zu ignorieren. Indem er das Loben übte, lernte Michael nicht nur, sich mit etwas gut zu fühlen, das für ihn ungewöhnlich war. Er entwickelte zudem eine Fähigkeit, mit der er die Zufriedenheit und Produktivität seiner Mitarbeiter steigern würde.

Die kleinen, aktiven Schritte mentalen Trainings lehrten Michael ein ganzes Bündel neuer Fähigkeiten sowie ein Gefühl dafür, wie leicht und lohnend es sein kann, jemanden zu loben. Nach drei Monaten stellte Michael fest, dass er regelmäßig auf dem Flur stehenblieb, um verdienstvollen Mitarbeitern 15 oder 20 Sekunden lang zu danken.«

Laut Phoebe Farrow Port, Vice President von Estée Lauder, verbringt Unternehmensgründer Leonard Lauder bei Ladenbesuchen nur wenig Zeit mit den Führungskräften. Er bevorzugt es, sich mit den Verkäufern im Laden zu unterhalten. Phoebe erzählt: »Einmal habe ich erlebt, wie er die Hand über die Ladentheke streckte und sagte: ›Entschuldigen Sie die Störung. Ich bin Leonard Lauder. Ich habe gehört, dass Sie eine meiner besten Schönheitsberaterinnen sind. Ich danke Ihnen für alles, was Sie für Estée Lauder tun.‹«

> »Anerkennung ist so leicht zu geben und kostet so wenig, dass es schlichtweg keine Entschuldigung dafür gibt, es nicht zu tun.«
>
> Rosabeth Moss Kanter, Autorin und Managementberaterin

Bei einer dieser Gelegenheiten sagte Phoebe zu ihm: »Mr. Lauder, Sie sind unglaublich gut darin, Menschen zu loben.« Er antwortete: »Vor Jahren habe ich es mir zur Pflicht gemacht, jeden Tag drei Menschen zu danken. Ich schlage vor, dass Sie das ebenfalls tun.« Phoebe fügt hinzu: »Wo dieser Mann auch hingeht, er hat für jeden ein paar persönliche Worte.«

Lob & Anerkennung in schriftlicher Form

Schriftliches Lob, das bei den Mitarbeitern an zweiter Stelle der Bedeutungshierarchie rangiert, gibt es in unterschiedlicher Form. Entsprechend der Wichtigkeit nannten die Mitarbeiter: »Lobesbriefe werden in der Personalakte des Mitarbeiters abgelegt« (72 Prozent), »ein schriftliches Lob erhalten« (61 Prozent), »eine schriftliche Dankesnotiz erhalten« (59 Prozent), »eine Dankeskarte erhalten« (48 Prozent).

In einer Studie der International Association of Administrative Professionals (IAAP) wurde festgestellt, dass 30 Prozent der Sekretärinnen mit einem schlichten Dankschreiben ihres Vorgesetzten zufrieden wären, aber nur 7 Prozent der Befragten haben jemals solch einen Brief erhalten. In einer anderen Studie wurde positive schriftliche Kommunikation als sehr motivierend identifiziert; genutzt wurde diese Technik jedoch nur von 24 Prozent der Manager.

Mitarbeitern, die eine gute Leistung gezeigt haben, am Ende des Arbeitstages ein Lob in Form einiger Worte zu übermitteln, sei eine wirksame Anerkennungsstrategie, sagt Steve Wittert, President von Paragon Steakhouse Restaurants mit Sitz in San Diego. Witterts Arbeitstage sind aber zumeist so hektisch, dass er zwischendurch nur selten Zeit findet, seine Angestellten persönlich zu loben. Er hat jedoch einen Stapel Notizkarten auf seinem Schreibtisch, und wenn sich gegen Feierabend das Tempo verlangsamt, nimmt er sich ein paar Minuten, um persönliche Worte an die Mitarbeiter zu schreiben, die an diesem Tag besonders viel bewirkt haben.

»Am Jahresende schreibe ich jedem meiner Mitarbeiter einen individuellen Brief und nenne ganz konkret die Höhepunkte seiner Leistung, auf die ich im Laufe des vergangenen Jahres besonders stolz war. Das nimmt weniger Zeit in Anspruch als man denken könnte, und die Auswirkung auf die Mitarbeiter ist bedeutender, als Sie glauben!«

> »Kein verbales Vitamin ist stärkender als Lob.«
>
> Frederick B. Harris

Joe Floren von Tektronix Inc., einem Hersteller von Oszilloskopen und anderen elektronischen Instrumenten, mit Sitz in Beaverton, Oregon, erzählt gern die Geschichte der »Gut gemacht«-Auszeichnung. Floren erinnert sich, wie er als ehemaliger Manager für Kommunikation vor Jahren bei einem Kaffee mit seinem Chef, einem Vice President, zusammensaß. Sein Vorgesetzter sagte, dass er über einem Problem brüte, das aus dem schnellen Wachstum des Unternehmens resultierte. Seiner Meinung nach wurde das Unternehmen allmählich so groß, dass es ein formelles Anerkennungsprogramm brauche. Er hatte ein paar Personalfachbücher zu dem Thema gelesen und erzählte Floren von verschiedenen Varianten der goldenen Armbanduhr, die traditionell für gute Arbeit verliehen wurde.

Floren tat den Vorschlag seines Chefs als ziemlich absurd ab. Daraufhin forderte dieser ihn auf, eine bessere Idee zu präsentieren. Floren schlug vor, Karten mit dem Text »Das hast Du gut gemacht« zu drucken und von Mitarbeitern an Kollegen überreichen zu lassen.

Zu seiner Überraschung stimmte der Vice President zu. Floren ließ ein paar dieser Karten drucken und begann, sie zu verteilen. Diese informellen Anerkennungen fanden Anklang und wurden Teil der Unternehmenskultur. »Wenn andere etwas Nettes zu dir sagen«, erklärt Floren, »wird die Bedeutung noch gesteigert, wenn sich die Betreffenden die Zeit nehmen, das Gleiche samt ihrem Namen auf ein Stück Papier zu schreiben. Die Mitarbeiter bringen dieses Lob meistens gut sichtbar an ihrem Arbeitsplatz an.«

Janis Allen, Performance-Management-Beraterin, berichtet von einer Gruppe von Offizieren, die sie im Heeresamt trainierte. Ein Oberst zeigte dabei großen Widerstand gegenüber dem Gebrauch von Bekräftigungen. Ungefähr eine Woche nach dem Seminar wollte der Vorgesetzte des Obersts – ein General – ihn für eine gelungene Präsentation loben. Der General nahm gelbes Bastelpapier, faltete es in der Mitte und schrieb »Bravo« auf die Vorderseite. Dann ergänzte er seine Kommentare auf die Innenseite.

Der Oberst wurde hereingerufen, gelobt und erhielt die Karte. »Er nahm sie entgegen und las den Text«, sagt Allen. »Nachdem er damit fertig war, stand er abrupt auf, mied jeglichen Augenkontakt, drehte sich wortlos um und verließ das Büro.« Der General dachte, er hätte etwas Falsches getan und den Oberst möglicherweise gekränkt.

Als er jedoch später nach dem Oberst sehen wollte, entdeckte er, dass dieser auf dem Rückweg an jedem Büro angehalten und seine »Bravo«-Karte vorgezeigt hatte. Er hatte gelächelt und alle hatten ihm gratuliert.

Der Oberst ließ sich anschließend eigene Anerkennungskarten drucken. Auf der Vorderseite steht: »Wunderbar«. Sie wurden seine persönlichen Bekräftigungen.

Bei Sea World San Diego überreichen die Teamleiter »Spotlight-Karten« an Mitarbeiter, wenn sie sehen, dass diese gute Arbeit leisten. Sie schreiben auf, was sie beobachtet haben und was ihnen daran gefällt. Dann bringen sie mindestens zwei weitere Teamleiter oder Vorgesetzte dazu, die Karte zu unterschreiben, und überreichen sie anschließend dem Mitarbeiter. Eine Kopie wird am Infobrett der Mitarbeiter ausgehängt.

Sagen Sie es schriftlich
- Verfassen Sie eine handgeschriebene Dankeskarte.
- Kleben Sie eine Dankesnotiz an die Bürotür des Mitarbeiters.
- Schreiben Sie einen »Lobesbrief« an Mitarbeiter, um ihre besonderen Beiträge und Leistungen zu würdigen; senden Sie eine Kopie an Ihren Chef oder noch höhere Manager und an die Personalabteilung.
- Versorgen Sie Manager mit reichlich gedruckten Dankeskarten. Diese können an Mitarbeiter vergeben werden, die außergewöhnlich gute Arbeit verrichten.
- Bitten Sie Ihren Chef, einen hochrangigen Manager oder den CEO einen Lobesbrief oder ein Dankesschreiben an einzelne Mitarbeiter oder Teams zu schicken, die herausragende Beiträge leisten.

> »Lob ist die günstigste und leicht anzuwendende Motivationstechnik, die dem Management zur Verfügung steht. Dennoch ist es befremdlich, wie wenig dieses Verbesserungswerkzeug genutzt wird.«
>
> Jim Clemmer,
> Autor und
> Firmenchef,
> The Clemmer Group

Kelly McNamara von der Raytheon Aircraft Gesellschaft wollte Mitarbeiter ohne bürokratischen Aufwand belohnen können. Deshalb führten sie und ihre Mannschaft das Mitarbeiter-für-Mitarbeiter-Dankeschön in Form des »Beechcraft Busy Bee«-Aufklebers wieder ein (vor vielen Jahren bei Beechcraft in Gebrauch, eine Gesellschaft, die Raytheon Anfang der 1980er-Jahre übernommen hatte), der untereinander vergeben werden konnte, ohne dass eine Genehmigung erforderlich war.

In Marietta, Georgia, führte Wellstar Health System ein einfaches Anerkennungsprogramm für Führungskräfte auf gleicher Ebene ein, genannt »Die sieben Eigenschaften von Stars.« Laut Wellstar handelt es sich dabei um: Kommunikationsfähigkeit, globales Denken, Personal entwickeln können, Bereitschaft zu lebenslangem Lernen, Innovationsfähigkeit, lösungs- sowie dienstleistungsorientiertes Handeln. Manager erhalten vorgedruckte Notizzettel. Darauf können sie die Eigenschaften ankreuzen, die von Kollegen verkörpert werden, und beschreiben, warum derjenige dafür gewürdigt werden sollte. Jede Führungskraft, der fünf oder mehr Eigenschaften zugestanden werden, wird beim nächsten vierteljährlichen Führungsmeeting öffentlich gewürdigt und kann sich eines von fünf Büchern aussuchen.

Fallstudie zu schriftlichem Lob

Wenn es darum geht, Mitarbeiter zu loben, haben die meisten Unternehmen Schwierigkeiten, ihre Manager dafür in die Verantwortung zu nehmen. Wie soll man auch jemanden zwingen, nett zu seinen Mitarbeitern zu sein? Und gesetzt den Fall, dass es gelingt – würden die Anweisungen dann nicht widerwillig befolgt und letztlich unterlaufen?

Bei der Bronson Healthcare Group in Kalamazoo, Michigan, sieht man das anders. Das Unternehmen wurde bereits vom *Fortune Magazin* als einer der besten Arbeitsplätze in Amerika eingestuft. Vor einigen Jahren entschied das Unternehmen, sich nicht länger auf die wenigen Mitarbeiter zu konzentrieren, die den Erwartungen nicht gerecht wurden, sondern stattdessen die 95 Prozent der Belegschaft zu belohnen, die gute Arbeit leisten. Es dauerte ungefähr vier Jahre, bis diese Philosophie verwurzelt war, aber die systematische Konzentration auf Anerkennungsmethoden hat das Unternehmen zu einem attraktiven Arbeitgeber gemacht.

Zum Beispiel sind alle Manager aufgefordert, pro Quartal zwölf Dankesnotizen zu verfassen und sie ihren eigenen Vorgesetzten als Beweis für anerkennendes Verhalten zu zeigen. Zusätzlich führte die Personalabteilung Zufallsstichproben bei Managern durch und fragte nach Kopien von Dankesnotizen. Und wenn ein Manager keine Lobesbekundungen vorzeigen konnte, wurde er oder sie zu einer »kleinen Unterredung« mit einem Topmanager der Gruppe eingeladen. Es war nie notwendig, mehr als ein solches Gespräch anzusetzen, bis die Manager verstanden hatten, dass das Unternehmen diese Maßnahme sehr ernst nahm.

Besser noch: Die Manager, die anfingen, solche Notizen zu verfassen, entdeckten schnell, dass sie von ihren Mitarbeitern dafür belohnt wurden! Neu eingestellte Führungskräfte werden jetzt vom ersten Tag an mit dieser Praxis vertraut gemacht.

Nutzen Sie Zeitungen, um Mitarbeiter öffentlich zu loben
➤ Schreiben und veröffentlichen Sie eine Anzeige oder einen Artikel in einer Lokalzeitung oder einer Unternehmenspublikation. Loben Sie darin jemanden für seine oder ihre hervorragende Arbeit.
➤ Schicken Sie eine Mitteilung über die Leistung an eine geeignete Fachzeitschrift und die Lokalzeitung in der Heimatstadt des Betreffenden.
➤ Schalten Sie jedes Jahr eine ganzseitige Anzeige in einer lokalen Zeitung und danken Sie jedem Mitarbeiter namentlich für seinen oder ihren Beitrag.

»Persönliche Anerkennung ist das Wichtigste – mehr noch als Gehalt, Boni oder Beförderungen. Die meisten Menschen – ob Ingenieure, Wirtschaftsmanager oder Maschinenarbeiter – wollen kreativ sein. Sie wollen sich mit dem Erfolg ihrer Tätigkeit und ihres Unternehmens identifizieren. Sie wollen dazu beitragen, der Gesellschaft ein angenehmeres, gesünderes und aufregenderes Leben zu ermöglichen. Und ihre größte Belohnung ist die Bestätigung, an etwas Bedeutungsvollem mitgewirkt zu haben.«

Paul M. Koch, Gründer und CEO, Raychem Corporation

Das Programm mit den Dankesnotizen hat sich ausgeweitet. Mittlerweile schicken die Manager auch Kurzmitteilungen an die Ehepartner der Mitarbeiter oder sogar deren Kinder (manchmal mit einem Gutschein für Eis, sodass die Kinder ihre Eltern einladen können), und Mitarbeiter senden immer mehr Dankesnotizen an ihre Kollegen.

Als Konsequenz dieser Haltung (und der damit verbundenen Verhaltensweisen) ist die Fluktuation bei der Bronson Healthcare Group drastisch zurückgegangen. Tatsächlich gibt es jetzt eine Warteliste für Bewerber, die in dem Krankenhaus arbeiten wollen. Das Unternehmen wird auch in mehreren nationalen Datenbanken als Best Practice im Hinblick auf die Verbleibquote der Krankenschwestern genannt, und wurde in die *Fortune*-Liste der besten Arbeitgeber für berufstätige Mütter aufgenommen.

> »Anerkennung zollen ist etwas, das Manager ständig tun sollten; es ist ein permanenter Dialog mit Menschen.«
> Ron Zemke, Leitender Redakteur, *Training*

Aber es gibt noch viel mehr Beispiele für wirksame schriftliche Anerkennung. Markeeta Graban, stellvertretende Direktorin der psychiatrischen Abteilung an der University of Michigan Health System berichtet:

> »Die unterschiedlichsten Dinge können benutzt werden, um Anerkennung auszudrücken. Vor mehr als drei Jahren malte ich einen Stern auf ein Stück Altpapier und gab den Stern jemandem, der mir an diesem Tag geholfen hatte. Dieser wiederum überreichte ihn einem anderen Kollegen. Mit jedem Gebrauch nahm die Bedeutung zu. Jetzt haben wir den Stern an einem Magneten befestigt und geben ihn an denjenigen weiter, der hilfsbereit war oder einen harten Tag hat. Die Menschen lieben es!«

»In unserem Team für Organisationsentwicklung versuchen wir zu fördern, dass gleichrangige Kollegen sich gegenseitig loben«, erzählt Debbie Liles, Leiterin Organisationsentwicklung bei der EMC Mortgage Corporation. Dazu wird unter anderem ein Anerkennungs-/Würdigungsformular genutzt. Teamkollegen füllen das Formular aus, wenn sie bei jemandem das von EMC Mortgage geschätzte Verhalten beobachten. Diese Formulare werden einen Monat lang in einer dafür vorgesehenen Schachtel gesammelt. Beim monatlichen Teammeeting werden alle Lobesbekundungen laut vorgelesen. Die Genannten dürfen sich Schokoriegel oder gesunde Snacks aus dem Belohnungssack aussuchen.

» Ein eher informeller Weg, wie wir die Leistung von Teamkollegen bei der EMC Mortgage Corporation in Irving, Texas, würdigen, ist die ›Mitteilung an meinen fantastischen Teamkollegen‹«, berichtet Debbie Liles weiter. Dazu werden Mitteilungen auf farbiges Papier geschrieben und dieses an der Wand im Zimmer des Teamkollegen angebracht. Dies geschieht in Abwesenheit des Betreffenden, sodass die »Fanpost« zu einer angenehmen Überraschung wird. Wenn die Blätter aufgebraucht sind, werden neue ausgegeben.

CalPERS, das Public Employees Retirement System von Kalifornien mit Sitz in Sacramento, nutzt Notizkarten, die in Form von Felsen gestaltet sind und die Aufschrift tragen: »Felsenfest«, sowie gebastelte Felsen zum Weitergeben, um die tagtägliche Leistung von Kollegen hinter den Kulissen anzuerkennen.

Das New England Aquarium erlaubt Mitarbeitern, Kollegen mit einem »Danke Dorsch« (eine Karte in Form eines Dorsches) Anerkennung zu zollen – ein Wortspiel mit dem New-England-Akzent. »Die eine Hälfte der Karte bekommt der Mitarbeiter und die andere Hälfte landet in der vierteljährlichen Verlosung von Geschenkgutscheinen für bezahlten Freizeitausgleich, den unternehmenseigenen Laden und lokale Restaurants«, berichtet Linda Hower, Lern- und Bildungstechnologin an der Gilbane Universität in Providence, Rhode Island.

> »In den innovativsten Unternehmen gibt es eine deutlich höhere Anzahl an Dankbekundungen als in Unternehmen mit niedriger Innovationsrate.«
> Rosabeth Moos Kanter, Professorin, Harvard Business School

Ginny Heard, Leiterin der Mitgliederkorrespondenz in einem AARP-Büro in Lakewood, Kalifornien, hat eine einfache und dennoch wirksame Anerkennungstechnik entwickelt, als sie noch bei Airborne Express beschäftigt war. Sie schnitt aus Bastelpapier einen Apfel aus, schrieb: »Lehrreiche Situationen erkennen« darauf, und benutzte ihn als Eisbrecher, um Lernansätze oder Lernfortschritte hinsichtlich der Leistung eines Mitarbeiters zu diskutieren. Der Spruch wurde populär und von anderen Managern übernommen. Jeder erhielt gern so einen Apfel und die Notizen wurden Sammlerstücke.

Wenn einer der Mitarbeiter von Marty Stowe im New-England-Regionalbüro von Paychex in Boston besonders hart arbeitet, sendet Stowe eine handschriftliche Notiz an dessen Ehepartner. Wenn sich dieser Mitarbeiter dabei auch noch selbst übertrifft, überreicht Stowe einen Geschenkgutschein für ein Abendessen zu zweit.

Bei Lands' End in Dodgeville, Wisconsin, geht CEO Mike Smith seine Post selbst durch. Wenn er dabei auf einen Brief von einem Kunden stößt, in dem ein Mitarbeiter namentlich erwähnt wird, verfasst er eine kurze Notiz an den Mitarbeiter und fügt eine Kopie des Briefes bei. Die Mitarbeiter lieben diese persönlichen Gratulationen des CEO und bringen sie an ihren Arbeitsplätzen an.

Timmy Collins, President von Chick-fil-A, einer Restaurantkette mit Sitz in Atlanta, schreibt persönliche Dankesworte auf die Gewinn- und Verlustrechnung, die er an die Restaurantbetreiber zurückschickt.

Zweifeln Sie daran, dass kleine Anerkennungen viel bedeuten können? In ihrem Buch *What I Saw at the Revolution* erwähnt die Redenschreiberin des ehemaligen Präsidenten Ronald Reagan Peggy Noonan eine persönliche Notiz, die sie vom Präsidenten erhalten hat. Nachdem sie bereits vier Monate lang Reden für ihn verfasst, ihn jedoch noch nicht persönlich getroffen hatte, schrieb

> »Männer und Frauen wollen ihre Arbeit gut machen und kreative Lösungen finden. Wenn sie die richtige Umgebung haben, werden sie es auch tun.«
>
> Bill Hewlett, Mitgründer, Hewlett Packard

Präsident Reagan »Sehr gut« auf einen ihrer Redenentwürfe. Zuerst starrte sie darauf. Dann nahm sie eine Schere, schnitt das Lob aus und klebte es auf ihre Bluse wie ein Zweitklässler seinen Stern. Damit lief sie ganzen Tag herum und strahlte, wenn andere es bemerkten.

Joan Padgett vom Learning Resources Center am Veterans' Medical Center in Dayton, Ohio, erzählt: »Vor einiger Zeit entschied ich mich, einer neuen Mitarbeiterin eine Willkommenskarte mit folgendem Text zu überreichen: ›Am Ende mancher Tage werden Sie sich beschwingt fühlen, an anderen dagegen ausgebrannt; aber mögen Sie Ihr Büro immer in dem Wissen verlassen, dass Sie etwas zum Erfolg dieses Unternehmen beigetragen haben.‹ Die Mitarbeiterin war begeistert und sagte, dass sie die Karte immer behalten würde. Ihre Reaktion hat mich davon überzeugt, wie viel es Mitarbeitern bedeutet, wenn man ihnen dankt oder gratuliert, sie begrüßt oder lobt.«

Angela Gann von Kaiser Permanente sendet jedem, den sie für einen Job interviewt, ein paar persönliche Zeilen. Für Neueinstellungen hält sie jedoch ein ganz besonderes Begrüßungsritual bereit: Am Morgen seines oder ihres ersten Arbeitstages schmückt sie den Arbeitsplatz des neuen Mitarbeiters mit Glitzersternen oder Bannern.

Laut der Abteilung für Organisation, Entwicklung und Training bei Busch Gardens-Tampa vergibt das Unternehmen die »Schulterklopfen«-Auszeichnung an Mitarbeiter, die herausragende Leistungen erbringen und vermerkt dies in der Personalakte des Betreffenden.

Die San Francisco Business Times ließ Pappkarten mit verschiedenen Aufschriften drucken. Zum Beispiel: »Hat den Tag gerettet«, »Hat in den sauren Apfel gebissen« und »Hat sich selbst übertroffen«. Diese wurden den Mitarbeitern für besonde-

---

»In den zwanzig Jahren meiner Tätigkeit und bei den Tausenden von Mitarbeitern, die ich interviewt habe, ist mir eine Sache immer wieder klar geworden: Wenn es um die Anerkennung ihrer Mitarbeiter geht, leisten Unternehmen einen miserablen Job. Nichts bekam ich von den Mitarbeitern häufiger zu hören als Sätze wie: ›Das Geld ist dabei gar nicht so wichtig; wenn mein Chef nur einmal Danke sagen würde, wenn er oder sie wenigstens merken würde, dass ich existiere. Ich werde nur angesprochen, wenn ich etwas vermasselt habe. Aber wenn ich meinen Job gut mache, wird das kommentarlos hingenommen.‹ Anerkennungsprogramme sind wichtig und müssen zu einem Bestandteil Ihres Vergütungssystems werden.«

Catherine Meek, President, Meek and Associates

re Leistungen überreicht. Bald hatte jeder etliche dieser Karten und die Mitarbeiter fühlten sich mehr geschätzt.

John Plunkett, Leiter Employment and Training bei der Cobb Electric Membership Corporation in Marietta, Georgia, erzählt: »Die Menschen sammeln gern Visitenkarten. Sie sollten immer einen Vorrat Ihrer Karten dabei haben, und wenn Sie sehen, dass jemand gute Arbeit leistet, dann schreiben Sie sofort ›Danke‹, ›Toller Job‹, ›Weiter so‹ und mit zwei bis drei Wörtern etwas über die konkrete Tätigkeit auf eine dieser Karten. Dann setzen Sie den Namen des Betreffenden auf die Karte und unterschreiben.«

»Ein Ingenieur aus meiner Belegschaft verbrachte für die Umweltbewertung von Unternehmen viel Zeit außer Haus«, erzählt Michael L. Horvath, Direktor für Umweltprojekte bei der First Energy Corporation mit Hauptsitz in Akron, Ohio. »Ich schickte seinen drei schulpflichtigen Kindern einen Brief, in dem ich ihnen erklärte, dass ihr Vater so oft lang arbeitete, weil er für unser Unternehmen als Geheimagent in besonderer Mission unterwegs sei. Am nächsten Tag rief die Frau des Mitarbeiters an, um zu berichten, wie aufgeregt ihre Kinder waren, dass ihr Papa ein ›Geheimagent‹ sei!«

Beim »Reward of Exellence«-Programm von Herbalife, einem Hersteller von Gesundheits- und Nahrungsergänzungsmittel in Inglewood, Kalifornien, werden zweiteilige »WOW!«-Karten überreicht, um jemanden zu loben. Mitarbeiter füllen die Karten aus. Sie danken Kollegen für Dinge wie deren Unterstützung oder die gute Zusammenarbeit. Eine Hälfte der Karte erhält der betreffende Kollege, die andere wandert in eine »Lobkiste«, deren Inhalt jeden Monat durch ein sechsköpfiges Anerkennungskomitee ausgewertet wird. Das Komitee wählt den besten WOW!-Karten-Mitarbeiter aus und hängt die Karte an das WOW!-Anschlagbrett. Der Gewinner erhält Punkte für Warenkäufe sowie Lose für eine Tombola, die alle sechs Monate stattfindet und bei der eine Kreuz-

---

»Ich bemühe mich, stets daran zu denken, dass Menschen – gute, intelligente, fähige Menschen – für ihre Leistung gelobt werden möchten und gern ein Dankeschön hören für ihre Leistung im Job. Ich ermahne mich, vom meinem Stuhl aufzustehen, meinen Computer auszuschalten und mich neben diese Menschen zu setzen oder zu stellen und zu sehen, was sie tun, sie nach den Anforderungen zu fragen und herauszufinden, ob sie Unterstützung brauchen, diese Hilfe soweit möglich anzubieten und vor allem ihnen in aller Aufrichtigkeit zu sagen, dass sie Wichtiges leisten: für mich, für das Unternehmen und für unsere Kunden.«

John Ball, Service Training Manager, American Honda

fahrt als Preis winkt. Zudem werden alle »Kartenträger« automatisch in das All-Star-Programm des Unternehmens für eine zusätzliche Anerkennung und Sichtbarkeit aufgenommen.

Um das Programm so erfolgreich wie möglich zu gestalten, setzte Herbalife zunächst eine dreimonatige Probezeit an, während der Feedback und Vorschläge gesammelt wurden. Als das Unternehmen dabei zum Beispiel feststellte, dass Mitarbeiter nicht gern Porto und Verpackung für die ausgewählten Waren bezahlen, wurden diese Beträge einkalkuliert und die Zahl der erforderlichen Punkte dafür leicht angehoben.

Neben gestiegener Anerkennung kristallisierten sich weitere Vorteile heraus. Ana Franklin, hochrangige Managerin der Abteilung für Bestellungsunterstützung, identifizierte drei: Erstens half das Programm den Mitarbeitern, spezifische Ziele zu setzen und erlaubte eine systematische Ergebnisverfolgung, zweitens kostete es weniger als vorherige Programme, hatte jedoch eine längerfristige Wirkung und ersetzte die bisherige, von wechselndem Erfolg gekrönte Vorgehensweise (das unsystematische Vergeben von Benzin- oder Geschenkgutscheinen) und drittens konnten die Mitarbeiter ihre Familien bei der Auswahl von Waren einbeziehen, was einen zusätzlichen Ansporn darstellte.

Jeffrey S. Wells, Senior Vice President für Human Resources bei Circuit City Stores, Inc. mit Sitz in Richmond, Virginia, lässt sich von seiner Sekretärin jeden Monat Informationen über Mitarbeiter auf den Schreibtisch legen, die ein Firmenjubiläum feiern. Diesen schreibt er ein paar persönliche Worte. Den Zeitaufwand ist es ihm wert und er genießt es, durch diese kleine Geste den Kontakt zu den Mitarbeitern zu halten.

Don Eggleston, Leiter Organisationsentwicklung bei SSM Healthcare in St. Louis, sagt: »Ich mache einen Vermerk in

> »Wenn Menschen nicht als Probleme, sondern als Potenziale wahrgenommen werden, die Stärken statt Schwächen aufweisen, fähig sind statt dumm und unzugänglich, dann können sie ihre Fähigkeiten entfalten und haben Erfolg.«
> Robert Conklin, amerikanischer Lehrer, Autor & Redner

> »Ich betrachte meine Fähigkeit, Begeisterung bei den Menschen zu wecken, als meinen größten Aktivposten. Durch Lob und Ermutigung kann ich das Beste, das in einem Menschen steckt, fördern.«
>
> Charles Schwab, Gründer, The Charles Schwab Corporation

meinem Kalender und sende Mitarbeitern Karten oder Blumen am Jahrestag wichtiger Ereignisse in ihrem Leben. Zum Beispiel habe ich Karten am Jahrestag des Todes eines Elternteils oder des Schulabschlusses oder Geburtstag eines Kindes verschickt. Damit kann ich die Mitarbeiter auf dezente Weise wissen lassen, dass sie mir nicht gleichgültig sind, ohne meine Nase in ihre Angelegenheiten zu stecken. Schließlich arbeiten wir mit Menschen zusammen und können alle umso leistungsfähiger sein, je besser wir uns in andere hineinversetzen.«

Lob & Anerkennung in elektronischer Form

Elektronisch übermitteltes Lob ist dem geschriebenen Lob ähnlich, aber es wird bereitwilliger übersandt und verursacht zumeist weniger Aufwand. Mittels E-Mail, Sprachnachricht, Mobiltelefon, Pager, Fax oder anderen Technologien zu loben wird für heutige Mitarbeiter zunehmend wichtiger, da diese immer häufiger über elektronische Kommunikationsmittel miteinander in Verbindung stehen und mehr Zeit am Computer verbringen als mit ihren Chefs oder Kollegen. Zwar führt die heutige Bürotechnologie zu höherer Effizienz, sie beinhaltet jedoch einen Entfremdungseffekt, bringt Distanz in Arbeitsbeziehungen und erzeugt mehr Stress, weil von uns zunehmend erwartet wird, rund um die Uhr erreichbar zu sein.

In einer von Pitney Bowes durchgeführten Studie zu Mitteln und Methoden der Nachrichtenübermittlung wurde festgestellt, dass amerikanische Arbeiter inzwischen über 200 Nachrichten pro Tag erhalten – mehr als jemals zuvor. Was ist die Folge dieses permanenten Nachrichtenbombardements und des gestiegenen Einsatzes von Bürotechnik? Wie können Manager überhaupt die Leistung ihrer Mitarbeiter würdigen, wenn sie diese über Wochen oder Monate nicht zu Gesicht bekommen?

Manager müssen proaktiv das Gefühl von Teamgeist fördern, indem sie regelmäßige, von allen akzeptierte Kommunikationszeiten einführen. Anrufe, E-Mails, Telefon- oder Videokonferenzen et cetera können zu vereinbarten Zeiten stattfinden. Zusätzlich können Informationsplattformen über den aktuellen Stand der Teamarbeit bezüglich entscheidender Aspekte informieren. Auf diese Weise miteinander zu kommunizieren gibt auch virtuell eingebundenen Mitarbeitern Gelegenheit, Ideen mit Teammitgliedern auszutauschen, Probleme zu besprechen, Verbesserungsmöglichkeiten zu diskutieren, den Teamfortschritt zu bewerten, Ideen auszutauschen, Feedback zu bekommen, gemeinsam neue Ideen zu entwickeln, Strategien zu besprechen und Erfolge zu würdigen.

Aus diesen Gründen wird es immer wichtiger, Technologie positiv zu nutzen, um gute Arbeit sowie menschliche Tatkraft zu fördern. Mitarbeiter empfinden elektronisches Lob zunehmend als wichtigen Motivator. So haben zum Beispiel in einer von mir durchgeführten Studie mehr als 70 Prozent der Mitarbeiter angegeben, dass für sie die Weiterleitung einer sie betreffenden positiven E-Mail sehr oder äußerst wichtig ist, gefolgt von »bei positiven E-Mail-Nachrichten auf CC zu sein« (65 Prozent), »ein Lob per E-Mail zu erhalten« (43 Prozent) und »ein Lob auf der Mailbox zu haben« (26 Prozent).

Im Folgenden finden Sie einige Anregungen, die dabei helfen, den menschlichen Aspekt bei der Arbeit trotz umfassendem Einsatz von Technik zu erhalten:

1. Lernen Sie die Menschen kennen, bevor Sie elektronisch kommunizieren. Alle engen Beziehungen erwachsen aus gemeinsamen Erfahrungen. Bei ausschließlich elektronischem Austausch ist es schwierig, Vertrauen und Respekt zu etablieren. Etwa 90 Prozent unserer Kommunikation findet auf nonverbaler Ebene statt. Die eingeschränkte Wahrnehmung bei Interaktionen kann Ihre Beziehungen beeinträchtigen.

2. Seien Sie sich bei der Kommunikation der Grenzen der Technologie bewusst. Lassen Sie nicht zu, dass elektronische Kommunikation ein persönliches Treffen ersetzt, nur weil es effizienter ist. Überlegen Sie, wann es angebracht ist, eine Sprachnachricht oder E-Mail zu verwenden und wann ein persönliches Meeting zu bevorzugen ist. Vermeiden Sie elektronische Kommunikation, wenn es sich um heikle oder komplizierte Themen handelt, die in einem persönlichen Gespräch mit Blickkontakt besser aufgehoben sind.

3. Verwenden Sie elektronische Kommunikation, um Beziehungen zu verbessern. Ich kenne einen Manager, der es sich zum Prinzip gemacht hat, über sein Mobiltelefon »Dankeschön«-Nachrichten zu versenden, während er jeden Abend nach Hause pendelt und über die Ereignisse des Tages nachdenkt. Er formuliert seine Nachrichten zu 100 Prozent positiv und vermeidet, dass sie in Probleme oder Mehrarbeit umschlagen. Ich kenne einen weiteren Manager, der seinen Vorgesetzten bei allen lobenden E-Mails auf CC nimmt, die er an seine Mitarbeiter sendet. Wenn der Zeitpunkt für Leistungsbewertungen und Gehaltsveränderungen kommt, stimmt der Vorgesetzte den Empfehlungen des Managers stets zu, weil er das ganze Jahr über in den Informationsfluss eingebunden war.

4. Nutzen Sie die Technik, um Ihren Anerkennungsrahmen zu erweitern. In Diskussionen und bei der Entscheidungsfindung kann die Technik Ihnen helfen, andere mit einzubeziehen, bei denen dies in der Vergangenheit mühsam gewesen sein könnte. Home Depot überträgt zum Beispiel einmal wöchentlich via Satellit in alle Geschäfte das »Frühstück mit Bernie und Ar-

thur«, dem Vorstandvorsitzenden und dem CEO. Dadurch erhält jeder die Chance zu hören, was es Neues gibt und wie die Dinge laufen. Beim Finanzdienstleister A. G. Edwards findet jede Woche eine Audiokonferenz statt, bei der sämtliche Mitarbeiter online zugeschaltet sind. Ich kenne ein anderes Unternehmen, das jeden Monat eine Mitteilung an die Mitarbeiter aufzeichnet, die diese bei passender Gelegenheit abrufen können. Webchats, Nachrichtenboards und speziell dafür vorgesehene Telefonleitungen mit direktem Zugang zum Topmanagement sind weitere Möglichkeiten, die Unternehmen heute nutzen, um ihre Mitarbeiter stärker einzubinden und ihnen zu ermöglichen, eine wichtige Rolle in der Organisation zu übernehmen.

5. Nutzen Sie die Macht der Technik, um gute Nachrichten zu verstärken. Finden Sie Wege, Ihrer Belegschaft positive Nachrichten zu übermitteln, wie das Weiterleiten von Neuigkeiten oder sich via E-Mail öffentlich zu bedanken. In einem Büro von Hughes Network Systems in San Diego zum Beispiel wird im Intranetsystem das elektronische Pop-up-Nachrichtenboard »Applaus« genutzt, in das jeder Mitarbeiter Dank und Lob für Kollegen einstellen kann. Jedes Mal, wenn sich ein Mitarbeiter einloggt, bekommt er oder sie das aktuellste Lob zu sehen. Bei all dem Druck und den ständigen Veränderungen in den meisten Organisationen heutzutage, ist es wie Balsam für die Seele zu erfahren, was gut läuft. Stress und Frustrationen werden dadurch gemindert. Nutzen Sie die Technik, um gute Nachrichten hervorzuheben, und vergessen Sie nicht, mittels E-Mail und Telefonnachrichten positive Dankesworte zu hinterlassen.

In den meisten Jobs ist der Grat zwischen Stress und Begeisterung heutzutage sehr schmal. Der konstruktive Einsatz von Technik kann entscheidend dazu beitragen, positivere Arbeitsbeziehungen und eine menschlichere, unterstützende Arbeitsumgebung zu schaffen.

>»Je mehr Hightech uns umgibt, desto stärker wird das Bedürfnis nach menschlichem Kontakt.«
>
> John Naisbitt, Autor von *Megatrends*

Chris Higgins, Senior Vice President für Projektplanung bei der Bank of America's Services Division in Virginia, sagt: »Es ist so wichtig, anderen Anerkennung zu zollen. Ich versuche immer herauszufinden, wer mehr tut als nur seine Pflicht. Meine Mannschaft ist gewöhnlich über das Land verteilt, also klinke ich mich in Telefongespräche ein oder tauche unerwartet bei Telefonkonferenzen auf. Das erfordert keine große Mühe, sondern vor allem Disziplin. Aber es hat eine enorme Wirkung.«

Barbara Green, Büroleiterin bei Buckingham, Doolittle & Burroughs, LLP in Canton, Ohio, berichtet: »Wir haben eine E-Mail an die gesamte Belegschaft geschickt und alle gebeten, um 16.00 Uhr zu den Schreibtischen unserer Mitarbeiter der Abteilung Office Services zu gehen und ihnen für ihren großartigen Einsatz zu applaudieren. Die Mitarbeiter dieser Abteilung arbeiten überall im Gebäude und sind selten zur gleichen Zeit an einem Ort, von daher war es ein fantastischer Weg, dass jeder dieser Mitarbeiter das Lob zur selben Zeit und auf die gleiche Art und Weise erhielt.«

Bei Business First in Louisville, Kentucky, sendet die Werbeabteilung täglich an alle eine motivierende Sprachmitteilung – das kann ein Witz sein oder eine Erfolgsgeschichte oder was immer der Mannschaft hilft, während des Arbeitstages gut gelaunt zu bleiben.

Edward Nickel, Regionalmanager Aus- und Weiterbildung bei Nordstrom, Inc. in Oak Brook, Illinois, berichtet, dass einige Nordstrom-Filialen morgens vor dem Öffnen ihre Mitarbeiter über die Lautsprecheranlage würdigen, indem Briefe vorgelesen werden, in denen sich Kunden für den hervorragenden Service bedanken. Anschließend werden die Briefe an das Schwarze Brett gehängt, wo alle Mitarbeiter sie lesen können. Jeder Filialleiter hat seine oder ihre eigene Vorgehensweise, aber es herrscht nie Mangel an Lobbekundungen, und von den Beispielen zu hören regt andere Mitarbeiter an, dasselbe zu leisten.

Fargo-Electronics mit Sitz in Eden Prairie, Minnesota, verwendet einen elektronischen Newsletter, um mit den Mitarbeitern in Verbindung zu bleiben. Informationen über Verkaufs- und Produktionszahlen, Kundenreaktionen sowie die aktuellen Daten zur Mitarbeiter-Gewinnbeteiligung werden täglich übermittelt. Am Ende jedes Werktages stellen die Abteilungsleiter die entsprechenden Informationen in das E-Mail-System des Unternehmens.

In einer Abteilung des Lebensmittelherstellers General Mills in Plymouth, Minnesota, werden unter dem Titel »Champions« Fotos von Spitzenleistern auf der Website veröffentlicht, berichtet Carl Bisson, verantwortlich für das Management der Einzelhandels-Coupon-Aktivitäten.

Bei Metro Honda in Montclair, Kalifornien, wird der Name des »Mitarbeiters des Monats« auf der elektronischen Werbetafel über dem Autohaus veröffentlicht. Auf ähnliche Weise nutzte die Stadt Philadelphia ein elektronisches Nachrichtenband, das um alle vier Seiten eines Wolkenkratzers im Zentrum läuft, um die Leiterin des örtlichen Schulwesens mit dem Schriftzug zu ehren: »Philadelphia gratuliert Dr. Constance Clayton zum 10-jährigen Dienstjubiläum.«

> »Wir können das ganze Geld der Wall Street in neue Technologien investieren, aber wir werden die Vorteile verbesserter Produktivität erst dann realisieren, wenn die Unternehmen den Wert menschlicher Loyalität wiederentdecken.«
>
> Frederick Reichheld, Geschäftsführer, Bain & Co.

Lob & Anerkennung in öffentlicher Form

Bei meiner Forschung kristallisierte sich heraus, dass öffentliches Lob heutzutage bei den Mitarbeitern eine hohe Priorität genießt. Als sehr oder äußerst wichtig eingestuft wurde: »Kundenbriefe werden öffentlich vorgelesen oder ausgehängt« (62 Prozent), »Der Mitarbeiter wird in einem Abteilungs-/Unternehmensmeeting gelobt« (54 Prozent), »Der Mitarbeiter wird bei einer entsprechenden Firmenfeier gewürdigt« (46 Prozent) und »Der Mitarbeiter wird im Newsletter des Unternehmens lobend hervorgehoben« (39 Prozent). Das deckt sich mit anderen Forschungsergebnissen, laut denen 76 Prozent der amerikanischen Arbeitnehmer die Würdigung bei einem Unternehmensmeeting als bedeutenden Ansporn werten.

Die meisten Mitarbeiter erachten öffentliche Anerkennung als sehr wünschenswert. Performance-Management-Beraterin Janis Allen weist darauf hin, dass positives Feedback auf einfache Weise wirksam eingesetzt werden kann, indem es weitergeben wird. »Wenn jemand etwas Gutes über einen Dritten sagt und ich dem Betreffenden davon berichte«, sagt Allen, »scheint derjenige mehr positive Bestärkung daraus zu ziehen, als wenn er das Kompliment aus erster Hand erhalten hätte.«

Die Möglichkeiten, Mitarbeiter öffentlich anzuerkennen, sind nahezu zahllos. Das Vorlesen positiver Briefe von Kunden am Anfang einer Mitarbeiterversammlung ist ebenso wirksam wie das Aushängen dieser Briefe am Brett für »Gute Nachrichten« neben anderen positiven Nachrichten über Mitarbeiter der Abteilung. Bei Childress Buick-Kia in Phoenix, Arizona, konzentrieren sich zum Beispiel die monatlichen Meetings auf das Besprechen von Zielen und Ergebnissen sowie die öffentliche Würdigung von Mitarbeitern, die von Kunden oder Kollegen für guten Service nominiert wurden. Sie können sogar Schlüsselkunden in Ihr Unternehmen holen, um verdiente Mitarbeiter zu würdigen und eine wirkungsvolle Botschaft über die Bedeutung von Kundenservice auszusenden.

Dr. Jo-Anne Pitera, Leiterin der Schulungs- und Weiterbildungsabteilung bei Florida Power and Light in Juno Beach, schlägt vor, ein Flipchart neben die Aufzugtür zu stellen, auf das Mitarbeiter für alle sichtbar Dankes- und Erfolgsmeldungen schreiben können. Pitera empfiehlt außerdem, Nominierungen für Auszeichnungen anzuregen und bei Abteilungsmeetings bekannt zu geben, vielleicht in Verbindung mit der Verlosung von Geschenken oder Geld. Sie können sogar eine »Ruhmeswand« gestalten, um Spitzenleister zu würdigen, wie es in der Zentrale von Kentucky Fried Chicken geschieht.

Sie können Zeit am Anfang von Abteilungs- oder Unternehmenstreffen dafür reservieren, Mitarbeiter zu würdigen. So hält man es im Kunstfaserwerk der Honeywell Inc. in Moncure, North Carolina, wo die Mitarbeiter beim morgendlichen Werkstreffen öffentlich Lob austauschen. Oder Sie nutzen das Ende von Sitzungen dafür. Norman Groh, Kundendienstmanager bei der Geschäftsstelle der Xerox Corporation in Irving, Texas, beendet seine Managementtreffen mit einem Höhepunkt: Er bittet alle Manager, ein Beispiel zu nennen, wie sie sich seit dem letzten Meeting bei ihren Mitarbeitern bedankt haben. Das sorgt nicht nur für einen Energieschub und den Austausch praktischer Ideen. Dadurch, dass er die Geschichten in das Informationsschreiben an alle Mitarbeiter aufnimmt, erhöht er zudem die Sichtbarkeit.

Mitarbeitern den Freiraum zu geben, sich gegenseitig bei Gruppenmeetings zu würdigen, kann ebenfalls sehr wirkungsvoll sein. Petro Canada, ein großes Energieunternehmen mit Sitz in Calgary, Alberta, veranstaltet »Prahlerei-Sitzungen«, um es Mitarbeitern zu ermöglichen, dem Topmanagement Fortschritte im Hinblick auf gesetzte Ziele mitzuteilen. Die Sitzungen machen Spaß, erzeugen eine feierliche Atmosphäre und motivieren dazu, die Bemühungen fortzusetzen.

Viele Unternehmen veranstalten zum Jahresabschluss ein Bankett, auf dem Auszeichnungen verliehen werden. Dieses bietet Gelegenheit, die Aufmerksamkeit auf Einzelpersonen und Gruppen zu lenken. Solche Zeremonien können lebendiger gestaltet werden durch Berichte über die Erfolge von Personen und die Hindernisse, die sie auf dem Weg zum Ziel überwinden mussten. Reservieren Sie bei allen Feiertagsfeiern, die Sie geplant haben, ausreichend Zeit, um sich bei der Belegschaft für das Engagement und die Leistung zu bedanken. Werfen Sie dabei auch einen Blick in die Zukunft und betonen Sie Anzeichen einer guten Entwicklung.

Die meisten Unternehmen nutzen Newsletter, um Mitarbeiter für die unterschiedlichsten Leistungen zu würdigen, sich bei Projektteams zu bedanken sowie über Mitarbeiterinteressen und -hobbys zu informieren.

Eine Abteilung von Hewlett Packard hielt in San Diego einen Tag der Würdigung für eine außergewöhnliche Mitarbeiterin ab, die Computerwissenschaftlerin Jennifer Wallick. Kollegen reservierten sich 10-minütige Zeitblöcke, um sie zu besuchen, ihr Blumen zu überreichen und sich bei ihr für das zu bedanken, was sie für das Unternehmen geleistet hatte. Den ganzen Tag über wurde sie alle 15 Minuten geehrt.

Peter Economy berichtet, dass zu seiner Zeit als Manager bei der City of San Diego Housing Commission alle Teilnehmer von einwöchigen Managementtrainings über jeden anderen Seminarteilnehmer eine positive Sache auf eine Karteikarte schreiben sollten. Ziel war ein »Stärkungs-Trommelfeuer«. Jeder erhielt seine oder ihre Karteikarten und las vor, was die anderen geschrieben hatten.

Connie Maxwell von West Des Moines Community Schools sagt: »Ich hänge positive Kommentare auf, die andere Abteilungen über einen von uns geschickt haben. Das motiviert die Mitarbeiter meiner Abteilung, positive Kommentare an andere zu schicken. Und das führt zu einem gegenseitigen Austausch von Dankesschreiben. Es ist eine Frage des Stolzes geworden, erhaltene Kommentare auszuhängen.«

Als sie bei Time Warner in Milwaukee arbeitete, verwendete Noelle Sment eine wirkungsvolle Anti-Stress-Strategie: Die »Schlechter-Tag-Tafel«. Auf dieser Tafel waren die Namen sämtlicher Mitarbeiter mit einem Magneten befestigt und konnten verschoben werden. Damit wurde angezeigt, wer unter starkem Stress stand, persönliche Probleme hatte, sich mit schwierigen Kunden abmühte und Ähnliches. Ursprünglich war die Tafel als Warnsystem für andere gedacht. Aber schon bald begann die Gruppe, jeden aufzumuntern, der einen »schlechten Tag« hatte – und das mit großer Begeisterung!

> »Herausragende Führungskräfte scheuen keine Mühe, um das Selbstwertgefühl ihrer Mitarbeiter zu steigern. Es ist erstaunlich, was Menschen leisten können, die an sich glauben.«
>
> Sam Walton, Gründer, Wal-Mart, Inc.

> »Sie entscheiden, wie Sie mit Ihren Leuten reden. Greifen Sie sich Einzelne heraus, um sie öffentlich zu loben und zu würdigen? Geben Sie den Menschen, die für Sie arbeiten, das Gefühl, wichtig zu sein.«
>
> Mary Kay Ash, Gründerin, Mary Kay Inc.

Bei der Xerox Corporation mit Hauptsitz in Stamford, Connecticut, gibt es eine Glockengeläut-Auszeichnung: Auf dem Flur wird eine Glocke geläutet, wenn ein Mitarbeiter geehrt wird. Bei Pacific Gas & Electric wird jedes Mal eine Schiffsglocke angeschlagen, wenn jemand etwas Herausragendes geleistet hat. Und die Abteilung für Spezialmärkte bei Workmans Publishing in New York City verwendet einen simplen Partykrachmacher, wenn ein Mitarbeiter der Gruppe gute Neuigkeiten mitteilen will. Jeder in Hörweite kommt rasch herbeigeeilt.

Chris Giangrasso, Leiter Management- und Organisationsentwicklung bei der Aramark Corporation in Philadelphia (Eventmanagement) empfiehlt, einen Anerkennungstag zu organisieren. Aramark plant einen ganzen Tag zu Ehren dieser Person (zum Beispiel den Bob-Jones-Tag) und schickt an alle Mitarbeiter eine Benachrichtigung, in der das Datum und der Grund für die Ehrung genannt werden. Der Geehrte kommt in den Genuss diverser Extras, wie Computerbanner und ein kostenloses Mittagessen.

> »In einer Umgebung, in der die Vision herausragender Leistung von allen geteilt wird, in der Menschen tagtäglich ihr Bestes geben, in der sie wissen, was von ihnen erwartet wird, verstehen, dass Belohnung mit Leistung gekoppelt ist, und glauben, dass sie etwas bewirken können, weil man ihnen zuhört, werden sie auch etwas bewegen. Sie werden unsere Erwartungen übertreffen und großartige Dinge werden geschehen.«
>
> Frederick W. Smith, CEO, FedEx Corporation

Chris Ortiz vom Johnson Space Center der NASA in Houston berichtet: »Nach der Lektüre von *1.001 Ideen, Mitarbeiter zu belohnen und zu motivieren* habe ich mir eine Auszeichnung für alle Teammitglieder ausgedacht, die mir geholfen haben. Ich nenne sie meine Tausend-Dank-Auszeichnung. Sie besteht aus einer Dankesnachricht, die an zehn 100-Grand-Schokoriegel befestigt ist. Die Empfänger teilen die zehn Riegel auf und geben sie an diejenigen weiter, die ihnen geholfen haben.«

Der Vorsitzende einer Lehrergewerkschaft in Vancouver schildert, dass während seiner Zeit in der Bauindustrie etwas, das ursprünglich als Scherz gedacht war, zu einer begehrten Ehre an Arbeitstagen wurde. Eines Morgens legte ein Vorarbeiter eine gelbe Gummiente auf den Schreibtisch desjenigen, der am Vortag hervorragende Arbeit geleistet hatte. Daraus wurde eine Tradition und bald war jeder gespannt, wer die Ehrung des Tages erhalten würde.

Ein Auftragnehmer der Regierung mit Sitz in Pensacola, Florida, erzählt uns: »Ich bin Wartungsmanager und beaufsichtige 64 Flugzeugmechaniker bei einer Firma, die für die Flugschule der amerikanischen Marine arbeitet. Diese gestandenen Männer lieben es, wenn ich ein Windrad oder einen Ballon an ein Flugzeug binde, an dem sie arbeiten, und damit signalisiere, dass der Düsenantrieb jeden Test mit Bravour bestanden hat.«

Bei Jossey-Bass Inc. in San Francisco, einer Sparte des Verlags John Wiley & Sons, haben alle Mitarbeiter vom ersten Tag an persönliche Türschilder aus Metall. Sie werden in ein Sichtfenster an der Tür des Mitarbeiters geschoben oder auf seinen Schreibtisch gestellt. Das gibt den Neulingen ein Gefühl des Willkommenseins und hilft den Kollegen, sich die Namen besser zu merken.

Erlauben Sie den Mitarbeitern, ihre Namen so oft wie möglich mit ihrer Arbeit in Verbindung zu bringen. Home Depot bringt die Namen von Arbeitern auf Schildern an, beispielsweise »Diese Regalreihe wird von Jerry Olson gepflegt.«

In einer Krankenhaus-Cafeteria in Bloomington, Indiana, werden belegte Brötchen nach den »Mitarbeitern des Monats« und denjenigen genannt, die das meiste Lob von Patienten erhalten haben. Die Namen stehen jeweils für sechs Monate auf der Karte.

> »Wir haben erkannt, dass die Belegschaft unser größtes Kapital darstellt, und dass Wachstum aus der Wertschätzung dieses Kapitals entsteht.«
>
> Larry Colin,
> Firmenchef, Colin
> Service Systems

Die Wells Fargo Bank hat einige ungewöhnliche Belohnungen entwickelt, die keine Kosten verursachen. Zum Beispiel wird ein Gericht in der Kantine nach einem verdienten Mitarbeiter benannt oder ein Sack Dünger überreicht, der von den Pflegern der Wells Fargo Postkutschenpferde geliefert wurde.

Der Namenszug aller Mitarbeiter bei Apple Computer in Cupertino, Kalifornien, die am ersten Macintosh-Computer mitgearbeitet haben, wurde innen am Produkt angebracht. Den Mitarbeitern der Cooper Tire & Rubber Company in Findlay, Ohio, ist es gestattet, ihre Namen auf die Innenseite der von ihnen hergestellten Reifen zu stempeln.

Nichts klingt schöner als … der eigene Name
- Sprechen Sie den Betreffenden mit Vornamen an, wenn Sie ihn loben.
- Grüßen Sie Mitarbeiter namentlich, wenn Sie Ihnen im Flur begegnen oder an deren Schreibtisch vorbeigehen.
- Wenn Sie mit Dritten über die Ideen eines Mitarbeiters sprechen, stellen Sie sicher, dass Sie ihm oder ihr das Verdienst zuschreiben.
- Nehmen Sie in Statusberichte die Namen der betreffenden Mitarbeiter auf und würdigen Sie deren Leistungen.
- Benennen Sie eine regelmäßig vergebene Auszeichnung nach einem hervorragenden Mitarbeiter.
- Bitten Sie fünf Menschen in Ihrer Abteilung oder Ihrem Unternehmen, im Laufe des Tages bei dem Betreffenden vorbeizugehen und zu sagen, »[Ihr Name] bat mich, Ihnen für [die Aufgabe oder das Ergebnis] zu danken. Tolle Leistung!«

Als Southwest Airlines das fünfte Jahr in Folge in puncto Pünktlichkeit und Gepäckabfertigung auf den ersten Platz kam sowie die wenigsten Beschwerden pro Kunden zu verbuchen hatte, widmete es seinen 25.000 Mitarbeitern ein Flugzeug, indem es deren Namen auf den Gepäckfächern über den Sitzen anbrachte.

Federal Express in Memphis schrieb auf die Nase jedes Flugzeugs, das es kaufte, den Namen eines Kindes eines Mitarbeiters. Das Unternehmen führte eine Verlosung durch, um den Namen auszuwählen, und flog die Familie des Kindes zur Taufe in das Herstellerwerk.

Die Ford-Motor Company, AT&T und Meridian Health in New Jersey lassen ihre Mitarbeiter in Werbespots mitwirken.

Halten Sie den Moment im Bild fest

➤ Gestalten Sie eine Ruhmeswand mit Fotos hervorragender Mitarbeiter.
➤ Schießen Sie ein Foto, wenn sein oder ihr Chef dem- oder derjenigen gratuliert. Bringen Sie Fotos von Spitzenleistern in der Lobby an.
➤ Erstellen Sie von einem erfolgreichen Projekt eine Fotocollage, auf der die Menschen zu sehen sind, die daran mitgearbeitet haben, die Entwicklungsphasen sowie Fertigstellung und Präsentation.
➤ Stellen Sie ein »Jahrbuch« zusammen, das in der Lobby ausliegt und ein Foto von jedem Mitarbeiter enthält sowie seine oder ihre beste Leistung in dem Jahr nennt.
➤ Stellen Sie eine Broschüre der »guten Ansätze« zusammen, um diejenigen zu würdigen, deren Neuerungen nicht ihr volles Potenzial erreichten. Weisen Sie darauf hin, was während des Projektes dazugelernt wurde, sodass diese Information andere weiterbringt.

Fallstudie zu öffentlicher Anerkennung

Innerhalb der Sparte Elektrooptik der Honeywell Inc. in Minneapolis führten finanzielle Schwierigkeiten zu einem gravierenden Sinken der Moral, was zusätzliche Probleme nach sich zog. Das Unternehmen musste aus der Krise herauskommen, was sich aber angesichts der Situation und des niedrigen Budgets äußerst schwierig gestaltete. Bei der Suche nach einer kreativen Lösung entwickelten die Manager ein Anerkennungsprogramm, das sie »Spitzenleister« nannten. »Die Sparte brauchte Spitzenleistung von ihren Mitarbeitern«, sagt Deborah van Rooyen, die Programmleiterin, »und das brachte mich auf den Gedanken, dass Spitzenleistung von Spitzenleistern kommt, und das wiederum ließ mich an Spitzenleister denken, die jeder kennt.«

Van Rooyen recherchierte einen ganzen Monat lang in der lokalen Bibliothek herausragende Leistungsträger in der Politik, Bildung, Sozialarbeit, Wirtschaft, Wissenschaft und den Künsten. Dabei stellte sie fest, dass alle Leistungsträger eine Gemeinsamkeit aufwiesen: Sie waren in der Lage, Hindernisse zu überwinden.

Van Rooyen kam auf die Idee, ein Programm zusammenzustellen, bei dem die bekannten Leistungen dieser Menschen zusammen mit denen von Spartenmitarbeitern gefeiert würden. Sie hoffte, dass die Möglichkeit, als Spitzenleister bezeichnet zu werden, die Mitarbeiter anregen würde, ihr Bestes zu geben. »Ein Turnaround beginnt mit kleinen Fortschritten«, sagt Van Rooyen, »also wollten wir vermitteln, dass jeder Job wichtig ist. Zum Beispiel wollten wir Sekretärinnen dazu ermuntern, einen Brief nur einmal tippen zu müssen, und Mitarbeiter in der Versandabteilung sensibilisieren, vorsichtig zu arbeiten, damit nichts kaputt geht.«

Das Management akzeptierte die Idee. Van Rooyen erstellte gemeinsam mit den Mitarbeitern der Sparte eine Liste vierzig berühmter Spitzenleister. Dabei achteten sie sorgfältig darauf, Männer, Frauen, Minderheiten und Teams gleichermaßen aufzunehmen.

Anschließend erfolgte eine Aufmacherkampagne, in der berühmte Spitzenleister mit einprägsamen Zitaten vorgestellt wurden. Die Mitarbeiter wurden aufgefordert, Spitzenleister im Unternehmen zu nominieren und die Gründe für ihren Vorschlag zu nennen. Ein Komitee von Freiwilligen prüfte die Vorschläge. Allen Nominierten wurde eine Ansteckhnadel in Form eines G (G für Great) überreicht und das Komitee wählte fünf Mitarbeiter aus, von denen es glaubte, dass diese den Geist des Programms am besten repräsentierten. Die Sieger wurden interviewt und ihre Geschichten auf Poster gedruckt, die genauso aussahen wie die von Berühmtheiten. Jedes Poster bestand aus einem Foto des Mitarbeiters, einem Zitat sowie der Beschreibung seiner Leistungen. »Die Poster waren eine sichtbare Methode, um das Selbstwertgefühl zu steigern«, erklärt Chuck Madaglia, Public-Relations-Manager der Sparte. »Die Idee war es, festzuhalten, wenn Mitarbeiter herausragende Leistungen zeigen, und sie stolz auf ihre Leistung zu machen.«

Die Resonanz war überwältigend positiv. Die Spitzenleister wurden über Nacht Berühmtheiten im Unternehmen und jeder wollte dazugehören. Viele bekamen eine Chance: Während des Jahres, in dem das Programm lief, wurden jeden Monat fünf neue Mitarbeiter ausgewählt. Die Moral verbesserte sich drastisch und das fortlaufende Programm ermutigte die Mitarbeiter, Änderungen an ihren Arbeitsgewohnheiten vorzunehmen, Verbesserungsvorschläge einzureichen, Ausschussware zu recyceln und die Qualitätskontrolle zu verbessern. Innerhalb von sechs Monaten war die Sparte wieder in den schwarzen Zahlen – auch Dank dieses Programms.

Bob Gaundi, Personalmanager bei Mental Health Systems in San Diego, sagt: »Natürlich ist die Anerkennung durch den Vorgesetzten wichtig, aber das Lob von Kollegen hat ebenfalls große Bedeutung. Deshalb ermöglichen wir es den Mitarbeitern, ihre Kollegen im monatlichen Newsletter zu würdigen. Die Mitarbeiter können eine kurze Beschreibung toller Leistungen verfassen, die sie bei Kollegen gesehen haben. Alle Beispiele werden in einer speziellen Rubrik unseres Newsletter veröffentlicht. Die Mitarbeiter lesen diesen Teil immer zuerst!«

> **»Sorgen Sie für positive, unmittelbare und sicher eintretende Konsequenzen. Dann werden die Menschen auch tun, was Sie wollen.«**
>
> Barcy Fox,
> stellvertretende Vorsitzende,
> Performance Systems, Maritz, Inc.

➤ Machen Sie das Topmanagement mit Personen und Gruppen bekannt, die wichtige Beiträge geleistet haben.
➤ Setzen Sie Charts oder Poster ein, um zu zeigen, wie gut ein Mitarbeiter oder eine Gruppe performt.
➤ Entwickeln Sie eine Auszeichnung mit dem Titel »Hinter den Kulissen« für diejenigen, deren Aktivitäten gewöhnlich nicht im Rampenlicht stehen.
➤ Benennen Sie einen Raum nach einem Mitarbeiter und stellen Sie ein Schild auf (zum Beispiel der Suzy-Jones-Flur).

> Ehren Sie gleichgestellte Kollegen, die Ihnen geholfen haben, indem Sie sie bei einem Meeting würdigen. Erwähnen Sie während eines Mitarbeitertreffens oder bei Meetings mit Kollegen und Managern die hervorragende Arbeit oder Idee, die ein Mitarbeiter eingebracht hat.
> Würdigen Sie Menschen, die andere würdigen.

Beim Supermarkt Stew Leonard's in Norwalk, Connecticut, strotzt der Newsletter nur so von Nachrichten über Erfolge, Kundenkommentare und Mitarbeiterwettbewerbe. Zum Beispiel werden demjenigen fünf Dollar in Aussicht gestellt, der ein Leistungsdiagramm entschlüsselt, das Aspekte des Ladenbetriebs bemisst.

In Jackson, Michigan, bringt die Marketingkoordinatorin von Chick-fil-A, Tara Hayes, einen Newsletter heraus, der über individuelle Verdienste sowohl bei der Arbeit als auch in der Gemeinschaft informiert. Auch Artikel über verdienstvolle Teams werden aufgenommen.

Bei Label House Group Limited, einem mittelständischen Unternehmen für Markenidentität und Verpackungslösungen (mit Standorten in Trinidad und Tobago), wird der interne Newsletter gern genutzt, um Mitarbeiter unter dem Titel: »Erwischt! Das haben Sie toll gemacht!« zu würdigen. Das erzählt uns Shelly-Ann Jaggarnath, Personalleiterin des Unternehmens. In einem vierteljährlichen Rhythmus werden Mitarbeiter, die erwünschte Handlungsweisen und Einstellungen repräsentieren oder sich über die reine Pflichterfüllung hinaus engagieren, im Newsletter porträtiert und erhalten als Symbol der Anerkennung kleine Geschenke wie eine Kühltasche.

Lob & Anerkennung in öffentlicher Form

Bei H. J. Heinz in Pittsburgh werden in internen Publikationen und Jahresberichten regelmäßig Informationen über Mitarbeiter auf allen Ebenen des Unternehmens veröffentlicht, einschließlich persönlicher Details über ihr Leben, ihre Aktivitäten außerhalb der Arbeitszeit und sogar Ergebnisse ihrer poetischen Ader. Bei Collins & Aikman Floorcoverings, einem Teppichhersteller in Dalton, Georgia, würdigt das Unternehmen die Leistungen der Kinder von Mitarbeitern in seinem Newsletter.

Publix Super Markets in Lakeland, Florida, bringt alle vierzehn Tage ein Infoblatt heraus, in dem Geburten, Todesfälle, Hochzeiten und ernste Erkrankungen von Mitarbeitern und ihren Familien aufgeführt werden. Seit mehr als zwanzig Jahren schickt der Firmenchef individuell verfasste Karten an die Familien von jedem, der in dem Infoblatt erwähnt wird.

Chuck King von der East Longview and Longview Mall Chick-fil-A-Filiale in Longview, Texas, stellt Mitarbeitererfolge in der lokalen Zeitung heraus und spendiert Sandwiches von Chick-fil-A an alle Schüler, die eine pflichtgemäße Teilnahme am Unterricht nachweisen können.

Bei Claire's in Wood Dale, Illinois, belohnen die Bezirksmanager einen Manager, indem sie seine oder ihre Filiale an einem Samstag für ihn leiten. Die Regionalmanager haben zudem einen Wanderpokal, den sie mit Süßigkeiten (und mit der Auszeichnung in Verbindung stehenden Dingen) füllen. Dieser Pokal wird von einem Bezirksleiter zum nächsten weitergereicht.

> »Jeder wird für seine Arbeit bezahlt, aber nicht jeder bekommt Anerkennung. Deshalb bedeutet es den Menschen so viel.«
>
> Bob Nelson

> Präsentieren Sie Ihren Mitarbeitern regelmäßige, aktuelle Statusberichte und würdigen Sie die Arbeit und Beiträge Einzelner und Gruppen.
> Richten Sie einen Platz für Kurzmitteilungen, Poster, Fotos und Ähnliches ein, würdigen Sie Fortschritte im Hinblick auf Ziele und danken Sie einzelnen Mitarbeitern für ihre Hilfe.

Bei Kragen Auto Parts mit Sitz in Phoenix, Arizona, servieren der Firmenchef und die anderen Topmanager allen Filialleitern bei der Jahresversammlung das Mittagessen als Dank für die gute Arbeit.

RHC (Resident Home Company), eine gemeinnützige Einrichtung in Cincinnati für Menschen mit Entwicklungsstörungen, organisiert vierteljährlich an einem Freitag, an dem die Gehälter gezahlt werden, eine Autowaschaktion für die 200 Mitarbeiter (und die Öffentlichkeit). »Wir glauben, dass es eine prima Motivation ist, wenn die Verwaltungsangestellten drei Stunden ihres Tages damit zubringen, denen zu dienen, die anderen helfen«, sagt Personalchef Larry Mullins. »Außerdem ist es eine tolle Möglichkeit, der breiten Öffentlichkeit zu zeigen, dass wir ein attraktiver Arbeitgeber sind. Das bietet uns Gelegenheit, den Leuten zu erklären, wofür wir stehen. Für eine gemeinnützige Einrichtung, die von der finanziellen und freiwilligen Unterstützung der lokalen Gemeinschaft abhängt, sind das wichtige Dinge.« RHC veranstaltet auch zweimal jährlich »Massagetage«, bei denen sie in einen Massagetherapeuten verpflichten und Mitarbeitern anbieten, sich für 15-minütige Behandlungen anzumelden.

Als die Norwest Bank (mittlerweile Teil von Wells Fargo) eine Vertriebs- und Dienstleistungskonferenz in Orlando, Florida, ausrichtete, stellten sich alle Führungskräfte auf dem Gehsteig auf und applaudierten den Mitarbeitern, als sie aus den Bussen ausstiegen und den Veranstaltungsort betraten. »Jeder fühlte sich als etwas ganz Besonderes«, berichtete Victoria Gomez, Bankvorstand in Columbia, Maryland.

Teil II

Informelle, immaterielle Anerkennung

Im zweiten Teil beschäftigen wir uns mit informeller Anerkennung, die über reines Lob hinausgeht: Unterstützung und Einbeziehung, Autonomie und Autorität, flexible Arbeitszeiten und Freizeitausgleich, Schulungen und Weiterbildung sowie Managerverfügbarkeit und -zeit, genannt in der Reihenfolge der Wertigkeit, wie Arbeitnehmer sie heutzutage angeben. Überraschenderweise stellt diese Gruppe nebulöser Konzepte und Aktivitäten heutzutage eine der größten Motivationsquellen für Mitarbeiter dar und unterstreicht grundlegendes Vertrauen sowie Respekt zwischen Managern und Mitarbeitern.

Nur wenige Manager betrachten die in diesem Kapitel genannten immateriellen Anerkennungen als eben solche. Dennoch gewinnen diese für Mitarbeiter zunehmend an Bedeutung. Dr. Gerald H. Graham, Professor für Management an der Wichita State University, hat festgestellt: »Manager haben herausgefunden, dass die Einbeziehung des Mitarbeiters bereits eine Motivation darstellt.« Ebenso motivierend ist es, jemanden in die Zielsetzung einzubeziehen, bei der Aufgabenverteilung wählen zu lassen, für die Mitarbeiter erreichbar zu sein, wenn diese am dringendsten Unterstützung brauchen, und die Mitarbeiter zu unterstützen, falls ihnen ein Fehler unterlaufen ist.

Die Vorschläge in diesem Kapitel werden umso motivierender sein, je besser Sie verstanden haben, wann und wie man sie einsetzt. Einen Mitarbeiter zum Beispiel an Ihrer Stelle an einem Meeting teilnehmen zu lassen, kann auf den ersten Blick wie ein Versuch Ihrerseits wirken, sich eine weitere langweilige Sitzung vom Hals zu schaffen. (Und möglicherweise ist es das auch!) Wenn Sie diese Aufgabe jedoch als Form von Anerkennung positionieren sowie als Gelegenheit, zu lernen und wahrgenommen zu werden, kann das für den entsendeten Mitarbeiter höchst motivierend sein.

Im Zuge meiner Forschung und auch der anderer kristallisiert sich heraus, dass informelle Anerkennung und Belohnungsmaßnahmen wichtiger sind als traditionelle, formale Belohnungen. Die Unmittelbarkeit betont die Wichtigkeit des Verhaltens oder der Leistung. Wird diese von jemandem verbalisiert, den der Mitarbeiter sehr schätzt – sei es sein oder ihr Vorgesetzter, ein Kollege oder Kunde – dann verleiht die informelle Anerkennung dieser Leistung besondere Bedeutung und stellt sie in einen Kontext. Das zieht wiederum ein Gefühl von Stolz im Berufsleben und eine engere Bindung an das Unternehmen nach sich.

Wie bei allen Formen von Belohnung und Anerkennung sind die Ideen in diesem Kapitel wie auch im gesamten Buch am wirkungsvollsten, wenn sie maßgeschneidert sind auf die individuellen Präferenzen des Mitarbeiters, dem sie zuteil werden. Sie können die Mitarbeiter einzeln befragen, was sie am meisten motiviert oder diese Information in einem Gruppenmeeting in Erfahrung bringen, wodurch auch andere erfahren, wie sie jemandem innerhalb der Arbeitsgruppe danken können. Sie können Anerkennung auch in Ihre Arbeitspläne integrieren, indem Sie fragen: »Wenn wir dieses Ziel erreichen, was wäre dann für Sie (oder die Gruppe) eine Belohnung?« Sie können die Verantwortung für die Anerkennung Einzelner auch innerhalb der Belegschaft rotieren lassen. Dadurch erhält jeder Mitarbeiter einmal die Möglichkeit, zu entscheiden, wer wann und wofür gelobt werden soll.

Die meisten Menschen halten Spontaneität für planloses Handeln, es ist jedoch möglich, Spontaneität zu planen.

Wenn es um Mitarbeiterbelohnung geht, ist die Wahrscheinlichkeit, dass Sie in der Lage sein werden, Anerkennungsmöglichkeiten zu nutzen, wenn diese sich ergeben, sogar umso größer, je genauer Sie planen. Das ist in jedem Fall besser, als Wochen oder Monate später zu denken, »dass Sie etwas hätten tun sollen.«

Information, Unterstützung & Einbeziehung

Zahllose Studien über Motivation zeigen, dass Mitarbeiter für gewöhnlich dem Erhalt von Informationen über ihre Tätigkeit, ihre Leistung und den Erfolg des Unternehmens einen hohen Stellenwert einräumen. Derartige Informationen helfen dem Mitarbeiter sowohl auf emotionaler wie auch auf praktischer Ebene. Bei allem »auf dem Laufenden« zu sein vermittelt das Gefühl, ein wichtiges Mitglied des Teams zu sein – jemand, der es wert ist, dass man ihn auf dem aktuellen Stand hält. Auf der praktischen Ebene tragen diese Informationen dazu bei, dass die Mitarbeiter ihren Verantwortungen besser nachkommen können. Informationen, die zeitnah und auf persönliche Weise vermittelt werden, rangieren dabei auf der Bedeutungsskala der Mitarbeiter ganz oben.

Im Zuge meiner Studie konnte ich feststellen, dass die Kategorie »Information, Unterstützung und Einbeziehung« bezüglich ihrer Wichtigkeit für die Mitarbeiter an oberster Stelle steht, gefolgt von Punkten, die als sehr oder extrem wichtig bewertet werden: »Der Vorgesetzte stellt dem Mitarbeiter die Information zur Verfügung, die er oder sie benötigt« (95 Prozent); »Der Vorgesetzte unterstützt den Mitarbeiter, wenn ihm oder ihr ein Fehler unterläuft« (95 Prozent); »Der Vorgesetzte fragt den Mitarbeiter nach seinen beziehungsweise ihren Ideen oder Meinungen« (92 Prozent) und »Der Vorgesetzte bezieht Mitarbeiter in die Entscheidungsfindung mit ein« (89 Prozent).

Laut einer Gallup-Studie stimmten 61 Prozent der Befragten zu, dass es ihnen wichtiger sei, an Entscheidungsprozessen beteiligt zu sein, als Unternehmensanteile zu besitzen.

Crillon Importers mit Sitz in Paramus, New York, ist der Importeur von Absolut Vodka. Gemeinsam mit Air France hat das Unternehmen im Jahr 2008 ein Programm ins Leben gerufen, das der Verbesserung der Kommunikation zwischen Mitarbeitern und Managern dient. Mitarbeiter können eine kostenlose Servicenummer anrufen, um an Befragungen teilzunehmen sowie Kommentare und Vorschläge für Manager zu hinterlassen. Die Anrufer »sammeln« dadurch »Air-Punkte«, die sie bei Flügen mit Air France

> »Ein Mitarbeiter, der keine Informationen erhält, kann auch keine Verantwortung übernehmen. Ein Mitarbeiter dagegen, der über Informationen verfügt, kann gar nicht umhin, Verantwortung zu übernehmen.«
>
> Jan Carlzon, CEO, SAS

einlösen können. Außerdem können bei den Anrufen auch Preise gewonnen werden, wie Walkmen und Telefone.

Die Bronson Healthcare Group in Kalamazoo, Michigan, hat einen Monatskalender »Gedanken des Tages« mit Informationen bezüglich des Krankenhauses und seiner Programme. Darin finden sich Eintragungen wie: »Wussten Sie, dass im Jahr 2002 mehr als zwei Millionen Dollar für Sozialleistungen für Mitarbeiter ausgegeben wurden?« Bei seiner internen Kommunikation verwendet das Unternehmen als Symbol für Anregungen eine Hand. Das geht auf die Idee eines Mitarbeiters zurück und heißt so viel wie: »Dabei hattest du die Hand im Spiel.«

Um die Moral der Fahrer zu verbessern, die sich ausgeschlossen fühlten, weil sie oft unterwegs sind, gibt Barr-Nunn Transportation aus Granger, Iowa, einen Newsletter heraus sowie eine vierstündige Kassette mit Neuigkeiten über die Branche und das Unternehmen und persönlichen Botschaften wie anstehende Geburtstage. Seit dies eingeführt wurde, verzeichnete das Unternehmen einen 35-prozentigen Rückgang der Mitarbeiterfluktuation.

> »Nichts erzeugt bei Mitarbeitern mehr Selbstachtung, als in den Prozess der Entscheidungsfindung einbezogen zu sein.«
>
> Judith M. Bardwick, Managementberaterin und Autorin von *Die Plateau-Falle*

Die Hydraulic Speciality Company in Fridley, Minnesota, informiert seine Mitarbeiter über Verkaufszahlen und Umsätze. Dadurch sehen alle, wie sich Verbesserungen unterm Strich auszahlen und alle ziehen an einem Strang – ohne Druck vonseiten des Managements. Terry O'Neal, Manager des Oak Ridge Chick-fil-A Restaurants in Tennessee gibt seinen Mitarbeitern Einblick in die Unternehmenszahlen und zeigt ihnen, inwiefern ihre Leistung die Einnahmen beeinflusst. Zudem koppelt er die Leistung der Mitarbeiter an monatliche Boni. Enterprise Rent-A-Car mit Hauptsitz in St. Louis, fördert eine sportliche Rivalität zwischen den Filialen, indem es die finanziellen Ergebnisse jeder Filiale und jeder Region veröffentlicht. Woody Erhardt, Manager der Filiale New Jersey, erklärt: »Wir stehen kurz davor, Middlesex zu übertrumpfen. Falls sie verlieren, müssen sie eine Party für uns schmeißen und wir dürfen entscheiden, was sie dabei anziehen.«

Bei den Mitarbeitertreffen der Republic Engineered Products in Akron, Ohio, sind die Mitarbeiter eingeladen, Präsentationen zu halten. Diese werden gefilmt und bei den Aktionärstreffen gezeigt.

Bei Precision Metalcraft in Winnipeg, Manitoba, hält das Management jeden Morgen »Kuddelmuddel-Treffen« ab, bei denen alle die Köpfe zusammenstecken, um die an diesem Tag anstehenden Aufgaben zu verteilen. Diese Meetings enden mit Beifall, bevor dann jeder an seine Arbeit geht. Um allen vor Augen zu führen, dass sie zu ein- und demselben Team gehören, hat Sheldon Bowles, Vorstand des Unternehmens, die Führungskräfte in den Produktionsbereich umziehen lassen und deren Büros in Lagerräume für die fertigen Produkte umfunktioniert.

> »Ich glaube fest an die Philosophie, dass Mitarbeiter umso wertvoller für das Unternehmen sind, je besser sie Bescheid wissen.«
>
> Gail Hering, CEO, Atmospherer Inc.

Die Akili Systems Group in Dallas verteilt Ausweisattrappen. Neue Mitarbeiter müssen darin mindestens 20 Stempel von ihren Kollegen sammeln, die sie für den Besuch einer Unternehmensveranstaltung erhalten, das Nacherzählen von Anekdoten aus der Firma oder das korrekte Zeichnen des Unternehmensorganigramms. Dieser Orientierungsprozess hilft den neuen Mitarbeitern, sich rasch mit den Unternehmenswerten und der Unternehmenskultur vertraut zu machen.

> »Man bekommt die beste Leistung von anderen nicht dadurch, dass man neben ihnen Feuer legt, sondern indem man es in ihnen entzündet.«
>
> Bob Nelson

Bei der FedEx Corporation mit Sitz in Memphis ist die beliebteste Rubrik des Newsletters diejenige über die Unternehmenskonkurrenz. Im Produktionswerk von Subaru in Illinois haben die Mitarbeiter darum gebeten, über neue Modelle, die das Unternehmen auf den Markt bringen will, informiert zu werden, um als bessere Botschafter für diese Produkte agieren zu können.

Shaheen Mufti, Leiterin der Damenabteilung in der Emporio-Armani-Filiale in Costa Mesa, Kalifornien, beschreibt den Durchbruch, den sie mit einem ihrer Mitarbeiter erzielte: »Als ich wieder damit konfrontiert war, einen Mitarbeiter wegen seiner mangelnden Produktivität und Arbeitsbereitschaft, der Nichteinhaltung des Dresscodes sowie seines völlig aus dem Rahmen fallenden Verhaltens zu ermahnen, war ich so frustriert, dass ich ihn mit vor die Ladentür nahm und anbrüllte: ›Ich bin echt enttäuscht von dir! Ich weiß genau, dass du diesen Job beherrschst, aber du wirfst dein Potenzial zum Fenster raus!‹ Zu meiner Überraschung entschied er sich, meiner positiven Erwartung von ihm gerecht zu werden. Im folgenden Abrechnungszeitraum wurde er zu einem Topverkäufer.«

> **Es ist sehr motivierend, wenn dir das Management durch Handlungen und nicht nur durch Worte zeigt, dass du ein wertvoller Mitarbeiter bist, egal auf welcher Ebene du arbeitest.«**
>
> Aaron Melick, Circulation and Marketing Administrator, Playboy Enterprises

Laut Robert Voyles, Vice President für Marketingdienstleistungen der Carlson Marketing Group in Minneapolis, besteht »eine Methode, damit Mitarbeiter am Arbeitsplatz glücklicher sind, darin, sicherzustellen, dass sie in der Firma Freunde haben.« Das ist einer der Gründe für das dortige Empfehlungsprogramm bei Neueinstellungen. Wenn jemand eingestellt wird, der von einem Mitarbeiter empfohlen wurde, erhält der Betreffende eine kleine Belohnung. Nachdem der neue Mitarbeiter ein paar Monate dabei ist, folgt eine etwas größere Belohnung. »Wenn jemand einen neuen Mitarbeiter empfiehlt, dann ist er stolz auf ihn – und fühlt sich verantwortlich für die Leistung dieses neuen Mitarbeiters«, sagt Voyles. »Falls sich der neue Mitarbeiter als Fehlgriff erweist, so fällt das zurück auf denjenigen, der die Empfehlung ausgesprochen hat.«

Studien zeigen, dass es die Erfolgschancen eines Mitarbeiters in einem neuen Job steigert, wenn ihm oder ihr persönliche Aufmerksamkeit zuteil wird. Außerdem erleichtert das den Sozialisierungsprozess, andere Kollegen kennenzulernen. Neue Mitarbeiter bei Syncrude, einem der größten Energiekonzerne Kanadas, bekommen einen Mentor zugeteilt, der ihnen mit Rat und Tat zur Seite steht, während sie sich mit ihrer neuen Position vertraut machen. Nokia Mobile Phones in San Diego stellt neuen Mitarbeitern einen »Kumpel« zur Seite. An ihrem ersten Arbeitstag erhalten die neuen Mitarbeiter zudem einen Trinkbecher und ein T-Shirt.

Im Department of Mental Health and Mental Retardation in Austin, Texas, berichtet Claudia Smith: »Wir stellen jedem neuen Mitarbeiter, der an Bord kommt, einen Mentor zur Seite, sodass sich die Neulinge von Anfang an zugehörig fühlen. Der Mentor steht für alle Arten von auftretenden Fragen zur Verfügung. Nach sechzig Tagen gibt es ein Nachgespräch mit dem Mentor, dem Mitarbeiter und dem Manager, um zu sehen, wie es läuft. Das hat große Auswirkungen auf unsere Verbleibquote gehabt sowie darauf, wie schnell die neuen Mitarbeiter sich als Teil des Teams fühlen.«

> Kontinuierliche, unterstützende Kommunikation von Managern, Vorgesetzten sowie Kollegen wird viel zu oft unterschätzt. Dabei ist dies einer der wichtigsten Motivatoren überhaupt.«
>
> Jim Moultrup, Berater, Management Perspectives Group

Die Produktionsstätte von Nissan North America in Smyma, Tennessee, finanziert für neue Mitarbeiter Familien-Orientierungsprogramme, auf denen unter anderem Erfrischungen gereicht werden und es einen Diavortrag über das Unternehmen zu sehen gibt. Jede Familie erhält einen Satz Trinkgläser mit dem Aufdruck »Nissan«. Am Vortag des ersten Arbeitstages wird der neue Mitarbeiter von verschiedenen Leuten angerufen, die ihn oder sie im Unternehmen willkommen heißen. Hewlett Associates ermuntert die Ehefrauen von Mitarbeitern dazu, ebenfalls an Einführungstagen und Tagen der offenen Tür teilzunehmen.

Beim Automobilhersteller Honda of America Manufacturing in Marysville, Ohio, werden die Arbeiter dazu ermutigt – und ermächtigt – sich gemeinsam mit ihren Managern aktiv an Entscheidungsfindungsprozessen zu beteiligen. Für den Mitarbeiterbeauftragten Donnie McGhee war es »verblüffend, herzukommen und zu erleben, in welchem Umfang die Mitarbeiter in Probleme und Entscheidungen einbezogen wurden, die ich bis dahin für reine Managementthemen gehalten hatte. Verantwortung wird hier geteilt. Es gibt den Manager, aber direkt neben ihm findest du einen Mitarbeiter. Sie sind beide da draußen, machen sich die Hände

> »Seit mittlerweile sechs Monaten besuche ich Arbeitsplätze in Amerika und führe einen simplen Test durch. Ich nenne ihn den ›Pronomen-Test‹. Dabei stelle ich den Arbeitern vor Ort ein paar allgemeine Fragen über das Unternehmen. Wenn die Antworten, die ich daraufhin bekomme, das Unternehmen mit Begriffen wie »die« und »sie« beschreiben, dann weiß ich, dass es sich um die eine Art von Unternehmen handelt. Wenn die Antworten mit Formulierungen wie »wir« oder »uns« ausfallen, dann weiß ich, dass es sich um eine andere Art von Unternehmen handelt.«
>
> Robert Reich, ehemaliger US-Arbeitsminister

schmutzig und lösen das Problem. Oftmals ist es schwierig, zu unterscheiden, wer der Manager ist und wer der Mitarbeiter.«

La Quinta Inns entsendet neue Mitarbeiter der Firmenzentrale in eines seiner Gasthäuser, wo sie in jeder Schicht und Position arbeiten müssen – sogar Toiletten reinigen. Wenn sie diesen Teil ihres Trainings absolviert haben, erhalten sie eine Trophäe mit einer Toilette darauf, die sie stolz ausstellen. DEI Inc, ein Architektur- und Bauunternehmen in Dayton, Ohio, weiß, wie es bei seinen freiwilligen Brainstorming-Treffen das Haus voll bekommt: Die Meetings beginnen mit einer Weinprobe.

Susan Frankel erzählt von einem lustigen Programm einer Versicherungsgesellschaft, bei der sie einst gearbeitet hat. Das Programm heißt: »Ein Ei ins Nest legen.« Dabei dürfen Mitarbeiter, die ein Projekt erfolgreich abgeschlossen haben, ihrem Vorgesetzten die Aufgabe übertragen, auf die sie am wenigsten Lust haben. Die Idee geht auf ein Feiertagsritual zurück, aber ihr Potenzial als Belohnungsmöglichkeit für den erfolgreichen Abschluss eines Projektes oder herausragende Leistungen wurde rasch erkannt.

Fallstudie zu Kommunikation und Einbeziehung

In den ersten beiden Monaten als Geschäftsführer eines neuen Bereiches für Kopierprodukte bei Eastman Kodak in Rochester, New York, traf Chuck Trowbridge fast alle Schlüsselpersonen innerhalb seines Bereiches sowie sämtliche Mitarbeiter anderer Bereiche von Kodak, die für das Kopiergeschäft wichtig sein könnten. Trowbridge führte Dutzende von Veranstaltungen durch, um die neue Ausrichtung zu betonen: wöchentliche Treffen mit den zwölf direkt an ihn berichtenden Mitarbeitern, monatliche »Kopierproduktforen«, in denen er sich mit Gruppen traf, die sich aus jeweils anderen Mitarbeitern jeder Abteilung zusammensetzten, Quartalstreffen mit seinen 100 Führungskräften, um erreichte Verbesserungen und neue Projekte zu besprechen sowie quartalsweise stattfindende Status-quo-Treffen der Abteilung, bei denen sich die Manager mit ihren eigenen Abteilungen zusammensetzten.

Einmal im Monat treffen sich Bob Crandall, Leiter Technik und Produktion, der direkt an Trowbridge berichtet, sowie seine direkten Mitarbeiter mit 80 bis 100 Mitarbeitern aus einem anderen Bereich von Trowbridge, um über Themen ihrer Wahl zu sprechen. Trowbridge und seine Manager treffen sich mit dem Topmanagement ihres größten Zulieferers jeden Donnerstag zum Mittagessen. Mittlerweile hat Trowbridge zudem ein Veranstaltungsformat ins Leben gerufen, das sich »Geschäftstreffen« nennt und bei dem sich Manager mit 12 bis 20 Mitarbeitern treffen, um über spezielle Themen zu sprechen, wie zum Beispiel den Lagerbestand oder die Gesamtplanung. Ziel ist es, jeden der 1.500 Mitarbeiter mindestens einmal pro Jahr bei irgendeinem dieser Meetings dabeizuhaben.

Trowbridge und Crandall nutzen außerdem schriftliche Kommunikation. Einmal im Monat erhalten die Mitarbeiter ein vier- bis achtseitiges »Kopierprodukte-Journal«. Ein Programm namens »Dialogbriefe« bietet Mitarbeitern die Möglichkeit, Crandell und seinen Topführungskräften anonym Fragen zu stellen und garantiert eine Antwort zu bekommen.

Die sichtbarste und stärkste Form der schriftlichen Kommunikation aber sind die Charts. Im Hauptgang neben der Cafeteria veranschaulichen riesige Diagramme die Qualitäts-, Kosten- und Auslieferungsergebnisse jedes Produkts, gemessen an hochgesteckten Zielen. Hunderte kleinere Versionen dieser Charts finden sich über den Produktionsbereich verteilt. Sie informieren über Qualitätslevel und Kosten bestimmter Arbeitsgruppen.

Diese intensiven Ausrichtungsprozesse führten innerhalb von sechs Monaten zu sichtbaren Ergebnissen, die auch noch über ein Jahr später zu erkennen waren. Diese Erfolge trugen dazu bei, Unterstützung für die neue Ausrichtung zu gewinnen. Innerhalb von vier Jahren stieg die Qualität einer der Hauptproduktlinien nahezu um das Hundertfache. Die Fehlerquote je Einheit fiel von 30 auf 0,3. Innerhalb von drei Jahren sanken die Kosten bei einer anderen Produktlinie um fast 24 Prozent. Termingerechte Auslieferungen

> »Mitarbeiter aktiv in die Geschäftsaktivitäten einzubeziehen ist die wirksamste Methode, ein Unternehmen zu schaffen, in dem die Mitarbeiter mehr wissen, sich intensiver kümmern und das Richtige tun.«
> Edward Lawler III., Professor, University of Southern California

> »Um sich in der heutigen Geschäftswelt einen Wettbewerbsvorteil zu sichern, versuchen Unternehmen, mit weniger Arbeitskräften mehr zu leisten. Von daher ist es unerlässlich, dass Mitarbeiter für Problemlösungs- und Entscheidungsfindungsfähigkeiten belohnt werden. Keine Tätigkeit ist wichtiger für ein Unternehmen.«
> David W. Smith, Vorstandsvorsitzender, Action Management Associates

> »Produktivität und Leistung steigen am meisten, wenn die Arbeit so organisiert ist, dass die Mitarbeiter über die Ausbildung, Möglichkeit und Autorität verfügen, wirksam an Entscheidungsprozessen teilzuhaben; sicher sein können, für ausgefallene Ideen nicht bestraft zu werden; wenn sie feststellen, dass sie nicht ihren Job verlieren, weil sie mit ihrem Wissen dazu beigetragen haben, die Produktivität zu steigern; und wenn sie wissen, dass sie einen gerechten Anteil an den Leistungsgewinnen erhalten.«
>
> Eileen Applebaum, wissenschaftliche Mitarbeiterin, Economic Policy Institute

stiegen innerhalb von zwei Jahren von 82 auf 95 Prozent. Der Lagerbestand verringerte sich innerhalb von vier Jahren um mehr als 50 Prozent, obwohl das Produktvolumen zunahm. Die Produktivität, gemessen in Einheiten je Produktionsarbeiter, stieg innerhalb von drei Jahren um mehr als das Doppelte.

Die Mitarbeiter von Federal Express profitieren von einem Guaranteed-Fair-Treatment–Ansatz (GFT), bei dem sie dazu ermutigt werden, sich zu beschweren, wenn sie das Gefühl haben, unfair behandelt worden zu sein. Das Konzept entstand aus einer Verfahrensweise bei Marriot International und schließt auch die Manager mit ein. In einem Fall hatte eine Managerin mittlerer Ebene Beschwerde eingereicht, weil sie der Meinung war, ungerechterweise nicht befördert worden zu sein. Ein Überprüfungsgremium entschied in ihrem Interesse und ordnete an, ihr eine vergleichbare Beförderung zu bewilligen. Statt für ihre Beschwerde bestraft zu werden, erhielt sie zwei Jahre später 5.000 Dollar Prämie für ihre herausragenden Leistungen in der neuen Position.

Autonomie & Autorität

Über Autonomie und Autorität zu verfügen, rangiert bei den Mitarbeitern als einer der wichtigsten Motivatoren weit oben. Im Zuge meiner Forschungen entpuppten sich die folgenden Punkte als sehr oder extrem wichtig für die Mitarbeiter von heute: »Der Mitarbeiter darf selbst entscheiden, wie er seine Arbeit am besten verrichten kann« (89 Prozent); »Der Mitarbeiter erhält größere Jobautonomie« (87 Prozent); »Der Mitarbeiter erhält umfassendere Jobautorität« (85 Prozent) sowie »Der Mitarbeiter darf Aufgaben selbst wählen« (67 Prozent).

Autonomie und Autorität schaffen die Grundlage an Vertrauen und Respekt, die heutige Arbeitnehmer so hoch schätzen. Sie liefern ihnen ein Gefühl von Unabhängigkeit und die Freiheit, ihrer Arbeit den eigenen Stempel aufzudrücken. Diese Freiheit fördert die Kreativität, den Einfallsreichtum und das Engagement der Mitarbeiter, was wiederum gesteigerte Leistung und höhere Zufriedenheit nach sich zieht. Durch Autonomie und Autorität fühlen sich die Mitarbeiter souveräner darin, die Initiative zu ergreifen und befähigter, sodass sich die Initiative, die sie ergreifen, auszahlt, zu besseren Resultaten und einer gesteigerten Fähigkeit führt, größere Aufgaben und Verantwortungen zu übernehmen.

Niemand arbeitet gern für eine autoritäre, detailorientierte Führungskraft. Allerdings sagen vier von fünf Arbeitnehmern, dass sie genau das tun, und einer von drei Beschäftigten hat deshalb sogar die Stelle gewechselt. Um das Potenzial zu erschließen, über das jeder Mitarbeiter verfügt, müssen Sie den Beschäftigten mehr Raum geben und sie ermutigen, Verantwortung zu übernehmen – und es auch entsprechend anerkennen, wenn die Mitarbeiter das tun.

Autonomie zu gewähren erfordert eine klare Definition der Resultate, die Sie erwarten, wenn sie eine Aufgabe oder Verantwortung übertragen, und gleichzeitig Offenheit und Flexibilität bezüglich der Art, wie diese Ergebnisse erreicht werden können – welche möglicherweise von Ihrer eigenen Vorgehensweise abweicht.

Autorität gewährt die Macht, in Ihrem Namen oder dem der Firma zu handeln, ob es sich dabei um das Verfügen über Ressourcen oder Versprechen gegenüber

Kunden handelt. Sowohl Autonomie als auch Autorität sind Entwicklungskonzepte, das heißt, sie können im Laufe der Zeit mit jeder Aufgabe und Entscheidung innerhalb Ihrer Arbeitsbeziehung gefördert werden – und nicht einfach alle auf einmal aktiviert werden, als würde man einen Schalter umlegen. Das ermöglicht Ihnen und Ihren Mitarbeitern, sich besser in die jeweiligen Rollen einzufinden.

Eine Zweigstelle von American Express in Phoenix, Arizona, bringt Managern zum Beispiel ein Konzept namens »Vernetze und benenne« für das Delegieren von Aufgaben an Mitarbeiter bei. Manager »benennen« was sie tun, indem sie über die Aufgabe und deren Bedeutung sprechen und darüber, warum sie diesen Mitarbeiter für besonders geeignet halten, um diese Arbeit zu übernehmen. Und dann »vernetzen« sie die Aufgabe mit etwas, das ihrer Überzeugung nach für den Mitarbeiter wichtig ist.

Zum Beispiel: »Jerry, die Budgetplanung steht an, und ich habe mir überlegt, dass du unser Abteilungsbudget für das kommende Jahre aufstellen könntest. Du bist mir in den letzten Jahren dabei zur Hand gegangen und könntest es dieses Mal federführend übernehmen. Ich unterstütze dich natürlich. Du könntest eine Menge dabei lernen, und da die Budgetplanung in unserem Unternehmen als eine Schlüsselqualifikation angesehen wird, würde es dich für die Managementposition qualifizieren, über die wir gesprochen haben und an der du interessiert bist. Denk mal darüber nach und gib mir Bescheid, ob du den Job übernehmen willst.«

> »Bevollmächtigung ist die Bestätigung, dass Arbeitgeber ihre Mitarbeiter nicht für dumm halten.«
> Darryl Hartley-Leonard, Vorstandsvorsitzender, Hyatt Hotels Corp.

Um Mitarbeiter zu ermutigen, bei ihren Jobs die Initiative zu ergreifen und Risiken einzugehen, ohne Restriktionen seitens des Managements fürchten zu müssen, dachte sich Richard Zimmermann, Vorstandsvorsitzender und CEO von Hershey Foods in Hershey, Pennsylvania, eine besondere Belohnung aus, den »Orden des langen Halses« für Mitarbeiter, die Möglichkeiten gefunden haben, über den Standard hinauszugehen. Zimmermann sagt, er »wollte Mitarbeiter belohnen, die bereit waren, das System zu beleben, sich ein bisschen unternehmerisch zu betätigen und bereit sind, dem Druck standzuhalten, wenn sie von ihrer Idee wirklich überzeugt sind.«

Sämtlichen Verkäufern der Kaufhauskette Parisian wird beigebracht, dass die einzige Person, die »Nein« zu einem Kunden sagen kann, der Filialleiter ist. Dieser Ansatz fördert, dass die Mitarbeiter selbstständig Entscheidungen fällen, statt immerzu an die Geschäftsleitung zu verweisen.

Das Management von AT&T Universal Card Services in Sioux Falls, South Dakota, gestattet es den Mitarbeitern, nach eigenem Ermessen zu entscheiden, ob sie Kunden Verzugszinsen erlassen oder den Kreditrahmen erhöhen, wenn sie mit diesen telefonieren. Das hat nicht nur die Kundenzufriedenheit erhöht, sondern auch die Effizienz der Mitarbeiter und hat ihnen ein Gefühl von größerer Kontrolle über ihren Job vermittelt. In ähnlicher Weise ist es den Mitarbeitern des Container Store freigestellt, wie viel Nachlass sie Kunden bei beschädigten Waren gewähren.

> »Solange wir nicht davon überzeugt sind, dass der Fachmann für einen Job derjenige ist, der ihn ausübt, werden wir das Potenzial dieser Person einschränken.«
>
> Rene McPherson, CEO, Dana Corp.

Die Krankenschwestern im San Diego Mercy Hospital sind befugt, etliche patientenbezogene Arbeiten durchzuführen, die vormals darauf spezialisierten Laboranten vorbehalten waren, wie Blutabnahmen und EKGs. Diese Veränderung hat die Betreuung der Patienten verbessert und es dem Management ermöglicht, die sechs bis sieben Führungsebenen auf drei bis vier zu reduzieren, sowie 35 verschiedene Stellenbeschreibungen auf lediglich vier herunterzuschrauben.

Das Managementteam der Phelps County Bank in Rolla, Missouri, fördert es schon seit Langem, den Mitarbeitern Verantwortung sowie Entscheidungsbefugnis zu übertragen. Je besser die Mitarbeiter lernten, ihre Probleme selbst zu lösen, desto weniger hatte das sogenannte Problem Busters Comittee zu tun – dessen Aufgabe es ist, Engpässe zu entzerren und Mitarbeiterbeschwerden zu bearbeiten.

> »Menschen müssen die Freiheit zum Handeln haben, sonst werden sie unselbstständig. Statt die Mitarbeiter zum Handeln aufzufordern, sollen sie dazu ermächtigt werden.«
> John R. Opel, ehemaliger Vorstand, IBM

Bei Xerox hat ein Kundenservicezentrum die Entscheidung über die Arbeitszeiteinteilung den Mitarbeitern selbst überlassen. Indem die Mitarbeiterteams die Verantwortung für die Planung übernahmen, stieg die Arbeitsmoral, verbesserte sich der Kundendienst und die Fehlzeiten reduzierten sich um 30 Prozent.

Harley-Davidson in Kansas City, Missouri, ermutigt die Arbeiter in der Produktion nicht nur dazu, sondern verlangt sogar von ihnen, innerhalb ihrer Arbeitsgruppen kein Blatt vor den Mund zu nehmen und selbstständig Entscheidungen zu treffen. Das Unternehmen stellt neue Mitarbeiter auf der Basis von Teamentscheidungen ein. Die Mitarbeiter lernen auch die Tätigkeiten der anderen kennen und bemühen sich um gemeinsame Problemlösungen.

Als der Leiter der Abteilung Mitgliederwerbung der Pfadfinderinnen von Santa Clara County, Kalifornien, die Organisation verließ, entschied die Geschäftsführerin Nancy Fox, die Stelle nicht neu zu besetzen, sondern übertrug die Verantwortung sämtlicher Abteilungsaufgaben an die Belegschaft. Jetzt sind die Mitarbeiter der Mitgliederbetreuung ermächtigt, ihre Arbeitspläne selbst festzulegen und zu entscheiden, wie sie ihre Jobs erledigen.

> »Menschen möchten Entscheidungsbefugnis bekommen, damit sie bessere Wege finden können, Dinge zu tun, und für ihre Umgebung Verantwortung übernehmen können. Ihnen das zu gestatten hat großen Einfluss darauf, wie sie ihre Arbeit verrichten und auf ihre Zufriedenheit innerhalb des Unternehmens.«
> James Berdahl, Vice President Marketing Business Incentives

Fallstudie 1 zu Mitarbeiterautonomie

Bei Johnsonville Sausage in Kohler, Wisconsin, treffen alle Mitarbeiter Entscheidungen über Zeitpläne, Leistungsstandards, Aufgaben, Budgets, Qualitätsmaßstäbe sowie umfassende Verbesserungen. Leistungsbewertungen werden von den Mitarbeitern selbst durchgeführt. Zum Beispiel füllen 300 Lohnempfänger gegenseitig Bewertungen auf einer Skala von 1 bis 9 in 17 verschiedenen Bereichen aus, die in drei Gruppen zusammengefasst sind: Leistung, Teamarbeit und persönliche Entwicklung. Die Ergebnisse werden anonym an ein Gewinnbeteiligungsteam übermittelt, welches fünf Leistungskategorien herausarbeitet: eine kleine

Gruppe herausragender Performer (etwa 5 Prozent der Gesamtmenge), eine größere Gruppe überdurchschnittlicher Performer (etwa 20 Prozent), eine durchschnittliche Gruppe zu der bis zu 50 Prozent der Belegschaft zählen, eine unterdurchschnittliche Gruppe von etwa 20 Prozent sowie eine kleine Gruppe schwacher Performer, die oftmals in Gefahr sind, ihre Jobs zu verlieren.

Der zu verteilende Profit wird durch die Anzahl der Arbeiter geteilt, um einen durchschnittlichen Anteil zu ermitteln, zum Beispiel 1.000 Dollar. Mitglieder der herausragenden Gruppe bekommen einen Scheck über 125 Prozent von diesem Betrag (1.250 Dollar). Mitglieder der nächsten Gruppe erhalten 110 Prozent (1.100 Dollar), die Mitglieder der großen Mittelgruppe bekommen 100 Prozent (1.000 Dollar) und so weiter bis 900 beziehungsweise 750 Dollar.

Die allgemeine Zufriedenheit mit dem System ist sehr hoch, zum Teil auch deshalb, weil es von Kollegen eingeführt wurde, von ihnen verwaltet und kontinuierlich überarbeitet wird, um es gerechter zu gestalten.

Bei 3M, einem diversifizierten Produktunternehmen mit mehr als 13 Milliarden Dollar Jahresumsatz und Hauptsitz in St. Paul, Minnesota, ist Kreativität ein hoch geschätztes Gut. Das Unternehmen erlaubt nicht nur, sondern ermuntert seine technischen Mitarbeiter dazu, 15 Prozent ihrer Arbeitszeit auf ihre eigenen Forschungsprojekte zu verwenden. Das hat zur Entwicklung vieler innovativer Produkte geführt, wie zum Beispiel den Post-it-Haftnotizzetteln. Einige investieren über 50 Prozent ihrer Zeit in eigene Projekte. Es ist den Mitarbeitern gestattet, für eine innovative Idee 100 Dollar auszugeben, ohne dafür erst eine weitere Erlaubnis einzuholen. Dieses Konzept ist so erfolgreich, dass 30 Prozent der Umsätze aller Geschäftsbereiche auf neue Produkte entfallen.

> »Die Fehler, die Mitarbeitern unterlaufen, sind weitaus weniger bedeutend als der Fehler, den das Management begeht, wenn es ihnen haarklein vorgibt, wie sie ihre Arbeit zu tun haben.«
>
> William McKnight, ehemaliger CEO, 3M

Bei Chaparral Steel in Midlothian, Texas, genießen die Mitarbeiter viele Freiheiten und das Vertrauen, Geld und Ressourcen der Firma für die Verbesserung der Arbeitsprozesse einzusetzen. Durch diese Freiheit waren zwei Wartungsmitarbeiter in der Lage, die benötigten Teile zu kaufen, um eine Maschine zum Verbinden von Stahlstäben zu Kosten von 60.000 Dollar zu erfinden und zu bauen – fast 200.000 Dollar weniger als die Kosten der alten Maschinen.

Bei dem Hersteller von Luft- und Raumfahrtprodukten United Technologies Corporation mit Hauptsitz in Hartford, Connecticut, werden die Mitarbeiter auf vielfache Weise eingebunden:

> Sich in Teams zusammenfinden und gemeinsam in Produktivitäts-Arbeitskreisen an der Lösungssuche mitwirken.

> Kunden unmittelbar kontaktieren, um Qualitätsprobleme zu erkennen und zu beheben.

> Meetings moderieren, um Probleme hinsichtlich Qualität, Produktivität, Großanlagenplanungen und Kundenbeziehungen anzusprechen.

> »Die Produktion stoppen«, wenn die Qualität nicht dem Standard entspricht.

> Sich aktiv an Führungen durch die Produktionshallen und Kundenpräsentationen beteiligen.

> Die Räumlichkeiten von Lieferanten besuchen, um mehr über deren Herstellungsprozesse zu erfahren, mit dem Ziel, die Qualität der gelieferten Produkte weiter zu verbessern.

Fallstudie 2 zu Mitarbeiterautonomie

Als Kip Tindell und Garrett Boone vor über 25 Jahren den Container Store eröffneten, wollten sie, dass ihre Lebensphilosophien auch zum Grundsatz ihres Unternehmens wurden. Sie hatten keine formale Geschäfts- oder Managementausbildung absolviert, trotzdem machten sie sich daran, »das beste Einzelhandelsgeschäft in den Vereinigten Staaten« zu schaffen und den Kunden die besten zur Verfügung stehenden Produkte anzubieten sowie ausgezeichneten Kundendienst und faire Preise zu bieten.

»Wenn Sie Mitarbeiter im Vertrauen fragen, was sie sich in ihren Jobs am meisten wünschen – vorausgesetzt, sie werden anständig bezahlt – dann werden sie Ihnen antworten, dass sie sich ein höheres Maß an Selbstwert wünschen ... Und ich glaube, dass das Übertragen von Verantwortung, Respekt und Autorität Mitarbeiter motiviert.«

Fritz Maytag, Firmenchef, Anchor Brewing Co.

Die Schlüsselstrategie waren ihre Mitarbeiter, von denen viele ursprünglich begeisterte Kunden waren. Sie achteten sorgfältig darauf, Mitarbeiter einzustellen, die begierig darauf waren, mit ihrem Job etwas zu bewirken, und verliehen ihnen so viel Autonomie wie möglich. Das betraf auch die Teilzeitkräfte, die als »Primetimer« bezeichnet wurden, »weil sie da sind, wenn man sie am meisten braucht.«

Die Unternehmenskultur zielt darauf ab, das Engagement sämtlicher Mitarbeiter anzuleiten. Barbara Anderson, die erste Mitarbeiterin des Unternehmens und Leiterin Unternehmenskultur und Weiterbildung sagt: »Jedes Unternehmen hat eine Kultur. Es mag sein, dass sie nicht zu dir passt, aber es gibt sie. Sie entsteht von innen heraus und es braucht Zeit, sie zu gestalten.« Die Unternehmenskultur von Container Store hat sich durch die ständige Anwendung einiger weniger Gründungsprinzipien etabliert – einfache, aber wirkungsvolle Konzepte, die dazu beitragen, die Einstellung und das tagtägliche Verhalten aller Mitarbeiter zu formen.

> »Du musst es so organisieren, dass die Mitarbeiter genügend Autorität besitzen, ihre Jobs zu tun. Aber du brauchst ausreichend Kontrolle, um zu wissen, was läuft.«
>
> Frank V. Cahouet, Vorstand, Mellon Bank Corporation

Ein Beispiel: »Füll den Korb des anderen bis zum Rand. Dann wird das Geldverdienen ein leichtes Unterfangen.« Diese Aussage wird Andrew Carnegie zugeschrieben und sie wurde zu einer der goldenen Regeln für das Geschäft. Sie gestaltete die Beziehungen zu Kunden, Mitarbeitern und Lieferanten gleichermaßen. Ein anderes Prinzip, »Mann in der Wüste«, verwendet die Analogie des in der Wüste verirrten Mannes, der um Wasser bittet, wenn er im Grunde sehr viel mehr braucht: Transport, Schutz vor der Sonne, Nahrung, Trost und so weiter.

»Die Intuition trifft nicht den unvorbereiteten Geist.« Dieses Zitat wird Albert Einstein zugeschrieben, und es ist ein weiteres der Gründungsprinzipien. Es wird von den Mitarbeitern erwartet, dass sie geradezu versessen aufs Lernen sind, damit sie in der Lage und bereit sind, ihr Wissen auf den einzigartigen lösungsorientierten Ansatz anzuwenden, dem Kunden zu helfen. Alle Vollzeitkräfte erhalten allein in ihrem ersten Jahr 235 Schulungsstunden – sowie die Möglichkeit, mit zusätzlichen, kontinuierlichen Schulungen belohnt zu werden, wenn sie im Unternehmen gute Leistungen zeigen.

»Schaffe eine Aufbruchstimmung« ist ein Gründungsprinzip, das die Verantwortung für die Energie von Interaktionen mit Kunden fair auf die Schultern aller Mitarbeiter verteilt. Und um diese Energie zu erhalten haben die Mitarbeiter eine Auswahl an Anerkennungsaktivitäten und -programmen wie die »Feier«-Mailbox-Nachricht in jedem Geschäft; symbolische, informelle Anerkennungsbelohnungen wie zum Beispiel eine Knetmassefigur »Gumby«, um Flexibilität zu belohnen; und von Kollegen nominierte Auszeichnungen wie den »Colorado Get-Away«, bei dem aus über tausend Nominierungen zwölf Mitarbeiter ausgewählt werden, die eine Woche in der Blockhütte des Firmengründers in den Bergen verbringen dürfen.

Hat sich die Vorgehensweise von Tindell und Boone bewährt? Zusätzlich zum finanziellen Erfolg und der Expansion durch die Eröffnung zahlreicher neuer Ladenlokale steht der Container Store seit seiner Gründung an der Spitze der »100 besten Arbeitgeber in den USA« der Zeitschrift *Fortune*. Es hat sich gezeigt, dass Mitarbeiter mit Freiraum zu zielorientierten Mitarbeitern werden, was wiederum zu gesteigertem Engagement, geringerer Fluktuation und größerem Erfolg führt. (Der Container Store weist eine 25-prozentige Fluktuation in einer Branche auf, in der dieser Wert jährlich in der Regel bei über 100 Prozent liegt.) Natürlich fühlen sich Arbeitskräfte von einem Unternehmen angezogen, in dem sie sich als etwas Besonderes erleben dürfen. Und die Kunden sind regelmäßig überrascht, wenn die Mitarbeiter nachfragen, um Kundenbedürfnisse genau zu verstehen, und dann die Kundenerwartungen übertreffen, indem sie die ganze Bandbreite ihrer Produktkenntnisse, ihre Erfahrung und ihr verkäuferisches Können einsetzen.

> »Machtlosigkeit korrumpiert. Absolute Machtlosigkeit korrumpiert gänzlich.«
> Rosabeth Moss Kanter, Professorin und Strategieberaterin, Harvard Business School

Flexible Arbeitszeit & Freizeit

Eine Belohnung, die in den meisten Unternehmen eingesetzt wird, ist Freizeit. Ob es sich um eine Stunde, einen Nachmittag, ein langes Wochenende oder ein sechsmonatiges Sabbatical handelt, diese Form der Anerkennung wird von Arbeitnehmern geschätzt. Laut meiner Studie stufen die Mitarbeiter Folgendes als sehr oder extrem wichtig ein: »Es steht dem Mitarbeiter frei, bei Bedarf eine Stunde früher zu gehen« (85 Prozent), »Der Manager gestattet flexible Arbeitszeiten« (79 Prozent), »Der Vorgesetzte gewährt dem Mitarbeiter zusätzliche Freizeit« (76 Prozent) und »Der Mitarbeiter darf Überstunden abfeiern« (66 Prozent).

Heutzutage gehen Mitarbeiter nicht davon aus, dass sie dem Job ihr Leben unterordnen müssen. Tatsächlich sagen 83 Prozent der Beschäftigten, dass sie lieber mehr Zeit mit ihren Familien verbringen würden und den Job lieber als Ergänzung des Privatlebens sehen. Clevere Arbeitgeber wissen das und versuchen den Arbeitnehmern in diesem Punkt so weit als möglich entgegenzukommen.

Die Arbeitszeiten um die Pendlerzeiten herum arrangieren? – Macht Sinn. Freigeben, um ein krankes Kind zu betreuen oder zur Schulaufführung zu gehen? – Kein Problem. Einen Arbeitsplan ändern, um der Urlaubsplanung entgegenzukommen? – Lassen Sie uns sehen, was wir tun können. Wenn der Arbeitnehmer herausragende Leistungen zeigt, fällt es natürlich umso leichter, derartige Wünsche zu erfüllen.

Eine Mitarbeiterin erzählte, dass sie gerade privat eine schwierige Zeit durchmachte, als mitten im Meeting ihr Manager zu ihr sagte: »Mary, ich möchte, dass du nach Hause gehst und dich um das kümmerst, was dort ansteht. Komm wieder ins Büro, wenn du bereit dazu bist.« Mary nahm sich ein paar Tage frei, um einige drückende Probleme zu lösen und kehrte dankbar und konzentriert an die Arbeit zurück. Seit ihr Manager so viel Rücksichtnahme gezeigt hat, denkt sie seit sieben Jahren jeden Tag daran!

Wie sehr wird Freizeit geschätzt? Die Zeitschrift *Entrepreneur* veröffentlichte eine von der Hilton Hotels Corporation durchgeführte Befragung. Darin gaben 48 Prozent der 1.010 Beschäftigten an, dass sie auf einen Tag Gehalt verzichten würden, wenn sie dafür jede Woche einen zusätzlichen freien Tag bekämen. (Dabei fielen die Antworten bei Frauen und Männern unterschiedlich aus: Während 54 Prozent der Frauen eine Gehaltseinbuße für mehr Freizeit in Kauf nehmen würden, war das bei nur 43 Prozent der Männer der Fall.)

Laut Michael LeBoeuf, Autor von *The Greatest Management Principle in the World*, gibt es drei Möglichkeiten, Freizeit als Belohnung einzusetzen:

1. Falls der Job es zulässt, können Sie den Mitarbeitern eine Aufgabe samt Deadline übertragen und die erwartete Qualität spezifizieren. Falls der Auftrag vor Ablauf der Deadline erledigt ist, kann der Betreffende sich die verbleibende Zeit freinehmen.

2. Falls der Job es erfordert, dass die Mitarbeiter den ganzen Tag präsent sind, sollten Sie eine bestimmte Menge an Arbeit festlegen, die innerhalb einer festgelegten Zeit zu erledigen ist. Geschieht dies fristgerecht und zufriedenstellend, können Sie den Mitarbeiter mit einem freien Nachmittag, Tag oder einer freien Woche belohnen. Sie können auch ein Punktesystem einführen, bei dem sich die Mitarbeiter eine Stunde Freizeit verdienen können für das Aufrechterhalten einer bestimmten Leistung innerhalb eines spezifizierten Zeitraums. Wenn sich der Mitarbeiter vier Stunden verdient hat, kann er einen Nachmittag freinehmen; acht Stunden entsprechen einem ganzen Arbeitstag et cetera.

3. Belohnen Sie Verbesserungen von Qualität, Sicherheit, Teamarbeit oder jede andere Verhaltensweise, die Sie für wichtig halten, mit Freizeit.

Die Walt Disney Company gönnt dem Mitarbeiter, der den Parkbesucher mit der weitesten Anreise findet, eine fünfminütige Extrapause (oder einen Schokoriegel).

Die Angestellten bei Human Dynamics im Research Triangle Park, North Carolina, haben die »Verrückte Stunde« eingeführt, bei der sie sich jeden Nachmittag um drei Uhr für dreißig Sekunden auf ihren Bürostühlen drehen, bevor sie wieder an die Arbeit zurückkehren. Auch eine kurze Pause hilft dabei, den toten Punkt am Nachmittag zu überwinden.

Die Filialleiter vom Einrichtungshaus Crate and Barrel in Houston haben für ihre Mitarbeiter ein Programm ins Leben gerufen, zu dem auch eine »unerwartete Stunde Freizeit« gehört. Einmal in der Woche sucht sich jeder Filialleiter einen Verkaufsmitarbeiter aus, übernimmt dessen Schicht für eine Stunde und sagt: »Du arbeitest hart, das weiß ich zu schätzen – nimm dir eine Stunde frei und komm ausgeruht zurück, um noch mehr zu verkaufen.«

Die Cygna Group, ein Ingenieurdienstleistungs- und Beratungsunternehmen in Oakland, Kalifornien, hat laut Maureen Leland, Leiterin Interne Servicebereiche eine »Nimm dir den Rest des Tages frei«-Belohnung. Nachdem zum Beispiel ein großes Projekt abgeschlossen wurde, kann der Manager den daran beteiligten Mitarbeitern spontan den Rest des Tages freigeben und mit ihnen zu einem Baseballspiel gehen – und Tickets und Getränke spendieren.

> »Wenn wir eine erstrebenswerte Arbeitsumgebung gestalten und es schaffen, eine ausgewogene Work-Life-Balance zu finden, werden wir die besten Mitarbeiter gewinnen und halten – und das ist unser Wettbewerbsvorteil.«
>
> Lewis Platt, ehemaliger CEO, Hewlett-Packard Co.

Laut Michelle Gillis, Vertriebsleiterin bei Career Track, einem Organisator von Managementseminaren in Kansas City, Missouri, schenkt das Unternehmen einem Mitarbeiter einen halben Tag bezahlten Urlaub, wenn er oder sie jemanden empfiehlt, der eingestellt wird und die 90-tägige Probezeit übersteht.

Um es den Mitarbeitern zu erleichtern, an einem langen Feiertagswochenende zu verreisen, bekommen die Mitarbeiter von Valassis, einem Marketingunternehmen mit Hauptsitz in Livonia, Michigan, an den Freitagen vor dem Memorial Day, Independence Day und Labor Day (Volkstrauertag, Unabhängigkeitstag und Tag der Arbeit) den Nachmittag frei. Bei NCH Marketing Services, einem Tochterunternehmen in Illinois, flexibilisiert das Unternehmen die Arbeitszeiten und gestattet es den Mitarbeitern an den Freitagen zwischen dem Memorial Day und dem Labor Day halbe Tage zu arbeiten, um während der Sommerferienzeit mehr mit ihren Familien unternehmen zu können.

Virginia Rego, stellvertretende Rektorin an der North Coast Distance Education School in Terrace, British Columbia, berichtet: »Als öffentliche Schule sind unsere Mittel für witzige Unternehmungen beschränkt. Eine Möglichkeit, mit der wir uns bei den Mitarbeitern für eine besonders hektische Woche revanchieren, besteht darin, dass am Freitag alle zur Nachmittagskaffeepause nach Hause gehen können. Ich bleibe in der Schule, solange das Telefon noch besetzt und die Türen geöffnet sein müssen. Unsere Belegschaft macht an hektischen Tagen regelmäßig Überstunden. Diese eine Stunde, die sie alle paar Monate früher gehen können, ist für die Schule keine große Entbehrung, für die Mitarbeiter jedoch ein Riesengewinn!«

Bei der Krankenversicherung BlueCross BlueShield in North Carolina werden die Mitarbeiter für verschiedene Leistungen mit halben oder ganzen freien Tagen belohnt. Sie erhalten Gutscheine, die sie einlösen können, wann sie wollen. Und wenn sie während ihrer Tätigkeit bei der Organisation einen akademischen Abschluss anstreben, wird ihnen ein »Ausbildungs-Sabbatical« von einer Woche für den B. A. bewilligt und zwei Wochen für ein Aufbaustudium.

Freizeit
- Bieten Sie eine zusätzliche Pause an.
- Gewähren Sie dem Betreffenden eine zweistündige Mittagspause und spendieren Sie ihm ein Dessert.
- Gewähren Sie einen freien Tag.
- Bewilligen Sie dem Betreffenden ein langes Wochenende.
- Gewähren Sie für besondere Leistungen spontan einen Freizeitausgleich.
- Bewilligen Sie dem Betreffenden eine Woche Zusatzurlaub und sorgen Sie dafür, dass seine Arbeit in der Zeit von jemand anderem erledigt wird.

»Unternehmen, die sich nicht um die Belange der Mitarbeiter hinsichtlich seines Privatlebens kümmern, untergraben deren Engagement. Unternehmen, die ihre Mitarbeiter proaktiv dabei unterstützen, mehr Zeit für ihre Familien zu haben, werden mit gesteigerter Produktivität belohnt. Dazu zählen Methoden wie: flexible Arbeitszeiten, unternehmensgesponserte Personalberatung und eine Politik der offenen Tür, bei der die Mitarbeiter für Arzttermine, Sportveranstaltungen der Kinder und Ähnliches gelegentlich um vier Uhr nachmittags Feierabend machen können.«

Robert Carey, Zeitschrift *Performance*

Jeff White, Manager bei Chick-fil-A im Renaissance Tower in Detroit belohnt Mitglieder seines Teams für besondere Leistungen mit einem zusätzlichen bezahlten Urlaubstag.

Aufgrund seines Engagements für eine ausgewogene Work-Life-Balance dürfen die Mitarbeiter des Bekleidungsgeschäfts Eddie Bauer kurzfristig einen Tag freinehmen. Die Filiale in Redmont, Washington, hat sogar einen Ausgleichstag eingeführt, einen zusätzlichen freien Tag für alle Mitarbeiter.

Integrated Genetics, ein Biotechnologieunternehmen in Framingham, Massachusetts, veranstaltete den »Ferries Bueller macht blau«-Tag. Sämtliche Mitarbeiter wurden zu einer Mitarbeiterversammlung bestellt – auf der dann bekannt gegeben wurde, dass sie statt dieses Meetings den ganzen Tag feiern würden. Sketche wurden aufgeführt, Filme gezeigt (einschließlich *Ferries Bueller macht blau*) und Erfrischungen sowie Popcorn gereicht. Die Mitarbeiter wurden dazu ermuntert, sich im kommenden Jahr einen Tag freizunehmen, um Spaß zu haben.

Bei der Nelson Motivation Inc. in San Diego erhalten die Mitarbeiter Gutscheine für Bonus-Urlaubstage, die sie im Laufe des Jahres nutzen können, wann immer sie wollen.

Dan Dipert Tours & Travel gewährt seinen Mitarbeitern im Dezember zwei zusätzliche freie Tage für Weihnachtseinkäufe und Festvorbereitungen. Zusätzlich können die Beschäftigten vor den Feiertagen weitere Tage mit halber Bezahlung freinehmen, solange das Büro ausreichend besetzt ist. Bei Apple Computer in Cupertino, Kalifornien, erhielten alle Mitarbeitern eine Extrawoche bezahlten Urlaub, als das Unternehmen das erste 100-Millionen-Dollar-Verkaufsquartal erreicht hatte.

> »Clevere Unternehmen haben verstanden, dass es Bestandteil guter Mitarbeiterführung ist, den Beschäftigten insbesondere in Stresszeiten unter die Arme zu greifen.«
>
> Dr. Ann McGee-Cooper, Beraterin

Bei Johnson & Johnson liegen die Fehlzeiten der Mitarbeiter, die von flexiblen Arbeitszeiten und Elternzeit profitieren, um durchschnittlich 50 Prozent niedriger als bei der Arbeiterschaft insgesamt. Das Dienstleistungsunternehmen Rippe & Kingston in Cincinnati bietet flexible Arbeitszeiten an und hat festgestellt, dass immer mehr männliche Mitarbeiter diese nutzen, um früher nach Hause zu gehen und Zeit mit ihren Familien zu verbringen.

Pro Staff Personnel, eine Kette von Zeitarbeitsfirmen, hat als Kampagne zum Rekrutieren und Halten von Mitarbeitern eine Verlosung für bezahlte Urlaubstage durchgeführt. Der Gewinner erhielt zwei zusätzliche Urlaubswochen, zwei weitere Gewinner bekamen jeweils eine Woche frei. Jeff Dobbs, Firmenchef von Pro Staff, erklärt: »Unsere Recherche zeigt, dass Freizeit für die Mitarbeiter einen hohen Wert darstellt.«

Beim Pharmahersteller Merck Frosst Canada & Company in Kirkland, Quebec, nutzen etliche Mitarbeiter flexible Arbeitsmodelle, unter anderem Job-Sharing und Telearbeit. Das Unternehmen hat zudem vor Ort eine chemische Reinigung, eine Post, Bankautomaten und eine Kinderbetreuung eingerichtet. Derzeit wird die Realisierbarkeit eines Fitnesscenters im Haus für die 950 Mitarbeiter überprüft, das den Abbau von beruflichem Stress erleichtern soll. Das Beratungsunternehmen Accenture hat eine »7 bis 7«-Reisepolitik: Niemand muss vor sieben Uhr früh am Montagmorgen zu Hause aufbrechen, und alle werden dazu angehalten, ihre Reisepläne so zu gestalten, dass sie freitagabends um sieben wieder zu Hause sind.

Pilar Dailinger, alleinerziehende Mutter von zwei Kindern, arbeitet in Irvine, Kalifornien im Marketing für einen Bereich des EDV-Netzwerkunternehmens Gandalf Technologies, Inc. Dort hat sie die Möglichkeit, an zwei bis drei Tagen pro Woche von zu Hause aus zu arbeiten. »Ich stehe morgens auf, checke meine E-Mails, dann mache ich den Kindern Frühstück«, sagt Dailinger.

> »Mitarbeiter wissen immer, wie man sich die Arbeit angenehmer gestalten kann; und wenn das Management gerade nicht hinschaut, tun sie es auch. Sie nutzen dann die Zeit, um ein halbwegs angenehmes Gemeinschaftserlebnis daraus zu gestalten – diskutieren über das Footballspiel vom letzten Sonntag oder Betsys Junggesellinnenabend oder arbeiten einfach in einem entspannten Tempo. Wenn die Unternehmen möchten, dass die Mitarbeiter damit aufhören, dann müssen sie ihnen im Gegenzug etwas Wertvolles dafür bieten – etwas, das die grundlegenden menschlichen Bedürfnisse nach sozialer Interaktion und finanziellem Wohlergehen erfüllt.«
>
> John Zalusky, Wirtschaftswissenschaftler, AFL-CIO

»Während die Kinder in der Schule sind, arbeite ich. Nachdem die beiden abends um halb neun im Bett liegen, setze ich mich wieder an meinen Compaq-Laptop. Ich arbeite mehr Stunden als bei meinem früheren Arbeitgeber.«

Schadensregulierer der Farmer's Insurance in San Diego arbeiten von zu Hause aus und sind online mit der Zweigstelle in Orange County verbunden. Sie erhalten die nötigen Informationen per Telefon oder E-Mail, überprüfen Fälle von Sachbeschädigung, kehren dann in ihr Home-Office zurück und schreiben ihren Bericht. Laut Laura Patefield »ist das die perfekte Mischung aus Kundenkontakt und Zeit allein, um den Papierkram zu erledigen. Niemand unterbricht mich oder schaut mir über die Schulter.« Sie fügt hinzu: »Ich würde auch nicht von Farmer's weggehen, wenn mir woanders ein höheres Gehalt angeboten würde.«

> »Ein Mitarbeiter mit einem funktionierenden Familienleben ist gesünder und produktiver.«
> Sylvia Sepielli, Entwicklerin von Anreizprogrammen, Hyatt Hotels

---

Bei Reader's Digest in Pleasantville, New York, haben die Mitarbeiter eine 35-Stunden-Woche und können sich die Arbeitszeit flexibel einteilen. Es gibt zwölf bezahlte Urlaubstage sowie bis zu fünf Gleitzeittage. Im Büro der Prüfungs- und Beratungsgesellschaft Deloitte Touche Tohmatsu in West Palm Beach, Florida, hat Ann Blanchard die Freiheit, zwischen Voll- und Teilzeit zu wechseln, während sie ihre Kinder aufzieht. »Ich habe sehr viele Möglichkeiten«, sagt Blanchard. Ihre Chefin, Susan Peterson, betrachtet diese Flexibilität als den einzig gangbaren Weg: »Ich kann es mir nicht erlauben, alle paar Jahre den Mitarbeiterstab neu aufzubauen.«

Der Arbeitstag der Mitarbeiter bei Northrop Grumman, einem Luft- und Raumfahrtunternehmen, sowie andere Auftragnehmer der Regierung in San Diego umfasst neun Stunden – dafür haben sie jeden zweiten Freitag frei. Mitarbeiterbefragungen haben ergeben, dass diese Regelung der Arbeitszeit von vielen höher geschätzt wird als Versorgungsleistungen im Gesundheitsbereich, und dass dies ein Schlüsselfaktor für die Mitarbeiterbindung ist.

> »Die Idee, unsere Arbeitswelt zu liberalisieren, ist keine Erleuchtung, sondern eine Wettbewerbsnotwendigkeit.«
> Jack Welch, ehemaliger CEO, General Electric

Karen Cora, stellvertretender Geschäftsführer bei Deland, Gibson Insurance Associates, Inc. in Wellesley Hills, Massachusetts, belohnt die Mitarbeiter mit einer Sommerzeit, die vom Memorial Day bis zum Labor Day dauert. An vier Tagen pro Woche darf jeder seine Mittagspause um fünfzehn Minuten verkürzen und dafür freitags eine Stunde früher nach Hause gehen. Zudem wird während der Mittagspause eine 15-minütige Massage angeboten, die gegen Bezahlung genutzt werden kann und sich bei den Mitarbeitern großer Beliebtheit erfreut. Cora berichtet, dass sie jedes Mal Dankesnachrichten erhält, wenn der Masseur im Büro ist, was etwa alle zwei Wochen der Fall ist.

Workman Publishing in New York bietet sogenannte »May Days« an, was bedeutet, dass die Mitarbeiter von Mai bis September einmal monatlich mit Zustimmung ihres Vorgesetzten entweder einen Montag oder einen Freitag freinehmen können. Auf diese Weise können sie während der Sommermonate verlängerte Wochenenden genießen.

Robert W. Baird, ein Finanzdienstleister in Milwaukee, bietet im Sommer flexible Arbeitszeiten und freie Freitagnachmittage an. Viele Mitarbeiter nutzen auch das Angebot »flexibler Arbeitsgestaltung«, wozu Job-Sharing, Telearbeit, flexible Arbeitszeiten, komprimierte Arbeitszeiten und Teilzeitarrangements zählen, um den Bedürfnissen des Familienlebens gerecht zu werden. Mehr als 20 Prozent der Mitarbeiter nutzen diese Möglichkeiten der flexiblen Arbeitszeitgestaltung.

Das Beratungsunternehmen CDA Management Consulting Inc. macht jeden Sommer eine Woche Betriebsferien, damit

> »So wie Kundendienst und Qualität sind auch Belohnung und Anerkennung sehr subjektiv. Genauso wie diese die sich verändernden Kundenbedürfnisse anzeigen, versuchen effiziente Führungskräfte ständig, die sich ändernden Vorstellungen und Werte jedes Mitarbeiters im Unternehmen zu erkennen.«
> Jim Clemmer, Autor und Firmenchef, The Clemmer Group

die Mitarbeiter Zeit mit ihren Familien verbringen können. Carolyn Pizzuto, Präsidentin des Unternehmens, berichtet, dass die meisten Kunden positiv auf die entsprechende Ansage auf dem Anrufbeantworter des Unternehmens reagieren und bereit sind, in der nächsten Woche wieder anzurufen.

Die Linnton Playwood Association, ein Sperrholzhersteller in Portland, Oregon, bietet den Mitarbeitern verlängerten, unbezahlten Urlaub. Der Sprecher einer Produktionsgruppe kann jeden Urlaubsantrag, der unter 30 Tagen bleibt, bewilligen. Über längere Urlaubszeiten entscheidet der Vorstand. Manche Mitarbeiter nehmen sich in einem Jahr mehrere Monate frei. Bisher wurde kein Antrag abgelehnt.

Die Mitarbeiter des Container Store in Copell, Texas, erhalten nach zehnjähriger Betriebszugehörigkeit Sabbaticals. McDonalds bietet seinen Mitarbeiter nach zehnjähriger Dienstzeit ein Sabbatical von drei Monaten an.

Nach sieben Jahren bei der Intel Corporation, dem Hersteller von Halbleitern, Speichern, Computersystemen und Software in Santa Clara, Kalifornien, sind die Mitarbeiter berechtigt, zusätzlich zu ihren drei Wochen Jahresurlaub acht bezahlte Urlaubswochen zu nehmen. Sie können sich außerdem für eine sechsmonatige bezahlte Freistellung bewerben, um im öffentlichen Dienst zu arbeiten, Lehraufträge zu übernehmen oder besondere Weiterbildungsmöglichkeiten zu nutzen.

Weiterbildung & Karriereentwicklung

Eine weitere sehr geschätzte Form immaterieller Anerkennung sind Weiterbildungs- und Entwicklungsmöglichkeiten. Im Zuge meiner Forschungen bewerteten die Mitarbeiter die folgenden Punkte als sehr oder extrem wichtig: »Vorgesetzte unterstützen den Mitarbeiter beim Erlernen neuer Fähigkeiten« (90 Prozent), »Die Vorgesetzten besprechen Karrieremöglichkeiten mit dem Mitarbeiter« (81 Prozent), »Der Mitarbeiter darf an Weiterbildungsmaßnahmen teilnehmen« (79 Prozent) sowie »Vorgesetzte besprechen nach Abschluss eines Projektes, was daraus gelernt werden kann« (66 Prozent).

Laut einer anderen Umfrage stellt eine Fachausbildung für 87 Prozent der amerikanischen Arbeitnehmer einen besonderen Anreiz dar, und das vor allem bei Mitarbeitern mit Hochschulabschluss. Eine Belohnung in Form von Trainings dient einem doppelten Zweck: Sie fördert erwünschtes Verhalten und verhilft dem Einzelnen, sich Fähigkeiten anzueignen, die seinen Marktwert steigern. Da die berufliche Entwicklung überwiegend im Job stattfindet, gibt es in den meisten Arbeitsumgebungen zahlreiche Möglichkeiten, Weiterbildung und Entwicklung zu fördern.

Eine Beförderung oder Ausweitung der Verantwortung ist eine langfristige Belohnung, die eingesetzt wird, um die andauernde Leistung eines Mitarbeiters zu honorieren. Allerdings wird diese zu wenig genutzt, lediglich 22 Prozent der Teilnehmer einer Studie hatten den Eindruck, dass ihr Unternehmen Leistung als Grundlage für Beförderungen nimmt, und das, obwohl ein derartiges Vorgehen für die Antwortenden einen hohen Motivationswert aufweist.

Aber auch ohne Beförderung können Verantwortung und Wahrnehmung von Spitzenleistern gesteigert werden. Top-Performern können besondere Aufgaben übertragen werden: Sie können zum Beispiel andere Mitarbeiter schulen oder zu einer anspuchsvollen Weiterbildung geschickt werden. Ein Spitzenleister kann auch als Kontaktperson zwischen Unternehmen und Mitarbeitern, die von zu Hause aus tätig sind, fungieren oder als Berater anderer Abteilungen. Falls es zwischen verschiedenen Abteilungen Schwierigkeiten oder Bedenken gibt oder ein abteilungsübergreifendes Projekt ansteht, sollten Sie überlegen, eine Arbeitsgruppe zu bilden, in der Sie sich von Ihren Top-Performern vertreten lassen.

Suchen Sie nach Möglichkeiten, hervorragende Mitarbeiter bei ihren gleichgestellten Kollegen herauszustellen. Indem Sie sie um Rat fragen, ihnen spezielle Aufgaben übertragen oder sie einen wichtigen Auftrag abwickeln lassen, vermitteln Sie den Betreffenden, wie sehr sie geschätzt werden. Andere Mitarbeiter werden das bemerken und eine ähnliche Anerkennung anstreben.

Falls Ihr Unternehmen eine Mitarbeiterzeitschrift herausgibt, können Sie einen Ihrer Spitzenleister ermutigen, einen Artikel über ausgewählte Geschäftsaspekte zu schreiben. Ihre Top-Performer werden schnell merken, dass jeder im Unternehmen sie kennt und ihre Leistung respektiert.

> »Falls Sie davon überzeugt sind, dass jeder in der Organisation sein ganzes Potenzial einsetzen muss, damit das Unternehmen nur so brummt, dann ist es unerlässlich, die Mitarbeiter zu schulen – und zwar alle.«
> General John M. Loh, US-Luftwaffe

Cunningham Communications, eine PR-Agentur in Palo Alto, Kalifornien, verfügt über eine simple, aber effiziente Methode, seine Mitarbeiter zur Weiterbildung zu motivieren. Während der Arbeitszeit wird täglich eine Stunde gelesen: Fachzeitschriften, Tageszeitungen, Wirtschaftsmagazine und was sonst noch mit Public Relations zu tun hat.

In einem Warenlager von des Outdoor-Spezialisten Timberland in Ohio, Kalifornien, können spanisch sprechende Mitarbeiter, die Englisch lernen möchten, direkt bei Timberland einen Kurs besuchen. Im Gegenzug sind alle Manager verpflichtet, in den hauseigenen Räumlichkeiten Spanisch zu lernen.

Paychex fliegt jedes Jahr seine 3.000 bis 4.000 neuen Mitarbeiter zur Weiterbildung in die Unternehmenszentrale. Führungskräfte nehmen ebenfalls daran teil. Pro Jahr investiert das Unternehmen etwa 113 Schulungsstunden in jeden Mitarbeiter.

Die Unitel Corporation in New York hat ein Mitarbeiter-Zertifizierungsprogramm konzipiert, um Mitarbeiter mit Kundenkontakt zu besserer Leistung zu motivieren sowie Weiterbildung und andere Dienstleistungen anzubieten. Wenn die Mitarbeiter vorher festgelegte Kriterien erfüllen, qualifiziert sie das für Gehaltserhöhungen. Das Programm ist vor allem deshalb bemerkenswert, weil es sich an Mitarbeiter richtet, die überwiegend keinen akademischen Abschluss haben.

Die A&M University von Texas schickt Teams von Referendaren an Schulen in der Umgebung, um dort zu unterrichten. Nach jeder Unterrichtsstunde gibt es Feedback von den anderen Referendaren, die ebenfalls in der Stunde anwesend waren. Die angehenden Lehrer sind dadurch eher bereit, neue Lehrmethoden auszuprobieren, weil Feedback und Unterstützung durch andere Studenten unmittelbar zur Verfügung stehen.

Die Teilnehmer eines Workshops zum Thema »Problemlösung und Entscheidungsfindung« beim Beratungsunternehmen Action Management Associates erhielten im Anschluss Zertifikate zur Erinnerung an ihre Leistungen bei der Anwendung der im Workshop erlernten Techniken. Das Programm führte zu Verbesserungen, Kostenreduzierung und einem Bruttogewinn – alles zusammen mit mindestens 20.000 Dollar zu beziffern. Ausbilder, deren Teilnehmer zusammengenommen mehr als eine Million Dollar einsparten, wurden in den Million Dollar Club aufgenommen.

Walt Disney World in Orlando bietet Managern anderer Unternehmen dreitägige Seminare an. Colin Service Systems aus White Plains, New York, ein Anbieter von Hausmeisterdiensten, ist eines der vielen Unternehmen, das seine Manager als Belohnung zu den Disney-Seminaren schickte.

Manche Unternehmen laden Organisationen wie Weight Watchers, SmokEnders, Toastmasters und den Rotary Club ein, um in ihren Räumen Veranstaltungen durchzuführen, die von den Mitarbeitern problemlos besucht werden können. Die Zentrale der Great American Bank in San Diego hat einen Besprechungsraum für eigene und die Mitarbeiter benachbarter Unternehmen reserviert.

> **Die Wirtschaftswelt erkennt zunehmend, dass es wichtig ist, eine geschulte und gut ausgebildete Belegschaft mit den benötigten Fähigkeiten zu haben, um die großen Wettbewerbsfortschritte, die wir in den letzten Jahren erzielt haben, zu halten.«
>
> Steven Rattner, Geschäftsführer, Lazard Freres & Co.

> »Wir sind moralisch dazu verpflichtet, den Mitarbeitern die entsprechenden Werkzeuge zu vermitteln, um anspruchsvolle Ziele zu erreichen. Es ist falsch, den Mitarbeitern nicht die benötigten Werkzeuge an die Hand zu geben, und sie dann zu bestrafen, wenn sie scheitern.«
>
> Steven Kerr,
> Leiter Personalentwicklung,
> The Goldman Sachs Group, Inc.

Die Versicherungsgesellschaft Northwestern Mutual in Milwaukee bietet Dutzende interne Trainingskurse an zu Themen, die von Erziehungsproblemen mit Teenagern bis zum Schnelllesen reichen. Der Büromaschinenhersteller Pitney Bowes mit Sitz in Stamford, Connecticut, bietet Kurse über Immobilien, Gold, Schneiderei, Tortendekoration, Aquarellmalerei und Fotografie an. Und bei der Forschungsabteilung Bell Labs in Murray Hill, New York, halten Experten Vorträge zu so unterschiedlichen Themen wie Brückenbau, Vogelnavigation und Walgesängen.

Neue Mitarbeiter von Stew Leonard's in Norwalk, Connecticut, besuchen Dale-Carnegie-Kurse, in denen es vor allem um Verhalten, Sozialkompetenz und Kundenbeziehungen geht. Ein Vollzeitmitarbeiter hat die Möglichkeit, einen einwöchigen »Qualitätslehrgang« zu besuchen, der im Unternehmen stattfindet. Spitzenleister dürfen nach Walt Disney World reisen und dort an Disneys Trainingsprogramm »People Management« teilnehmen.

Bei Shimadzu Scientific Instruments in Columbia, Maryland, werden herausragende Mitarbeiter für zwei Wochen zu Sonderassistenten des Firmenchefs »befördert«. »Das ist nicht nur ein toller Egotrip«, berichtet Louis H. Ratmann, Leiter der Verwaltung, »sondern verbessert auch das Verständnis der betrieblichen Vorgänge – und das ist die Sache wert.«

Die Produktionsstätte von Nissan Smyrna, Tennessee, hat ein Programm namens »Vergütung von Vielseitigkeit«. Je mehr Aufgaben jemand in seinem Bereich übernehmen kann, desto besser wird er oder sie bezahlt. Für diejenigen, die Interesse daran haben, sich zusätzliche Fähigkeiten anzueignen, bietet das Unternehmen Schulungen während der Arbeitszeit an.

Der Finanzdienstleister Advanta Corporation in Horsham, Pennsylvania (ehemals in Atlanta) erkennt Fähigkeiten an – und unterstützt beim Erwerb neuer Fähigkeiten – indem Spitzenleister gebeten werden, bei der Schulung neuer sowie befristeter Mitarbeiter mitzuwirken.

AT&T verfügt über ein Programm namens »Ressource-Link«, bei dem Mitarbeiter unterschiedlicher Ausbildungen und mit verschiedenen Management-, Technik- oder Berufskenntnissen ihre Fähigkeiten kurzfristig anderen Abteilungen zur Verfügung stellen. Dadurch wurde die Zufriedenheit und Verweildauer im Unternehmen immens gesteigert.

Pensionierten Mitarbeitern der H. B. Fuller Company, einem Hersteller von Klebstoffen und Dichtungsmaterial in St. Paul, Minnesota, werden freie Teilzeitjobs oder die Mitarbeit bei speziellen Projekten zuerst angeboten.

- Übertragen Sie Mitarbeitern, die Initiative gezeigt haben, besondere Aufgaben.
- Bitten Sie Mitarbeiter bei Projekten, die eine echte Herausforderung darstellen, um Unterstützung.
- Gestatten Sie Mitarbeitern, zusammen mit dem Firmenchef in einer Arbeitsgruppe mitzuwirken.
- Schenken Sie Mitarbeitern ein Abonnement für ein Journal, ein Magazin oder eine Tageszeitung.
- Übernehmen Sie für Ihren Mitarbeiter den Mitgliedsbeitrag für einen Berufsverband.

Die Ford Motor Company hat eine eigene Version eines Inuksuk (gesprochen I-nuhk-schuhk), einem Steindenkmal, das die Inuits jedem gesetzt haben, der ein Vorbild für andere war. Jedes Steinmännchen ist einzigartig, kann aus einem einzigen Gesteinsbrocken oder mehreren über- und nebeneinan-

> »Nicht nur Arbeiter müssen lernen und dazu motiviert sein, sondern auch die Manager. Es hat seinen Wert, dass Arbeiter ihre Kollegen schulen. Niemand kennt die Details eines Jobs so gut, wie derjenige, der ihn ausübt. Und Arbeiter erkennen die mit dem Job verbundenen Probleme am ehesten.«
>
> Dr. Mitchell Rabkin, Vorstandsvorsitzender, Beth Israel Hospital

der gestapelten Steinen oder aus einem Steinhaufen bestehen. Die Ford-Variante dieser Auszeichnung verkörpert das Wesen dessen, was nötig ist, um sich heutzutage im Markt hervorzutun: Menschen, die anderen beständig dabei helfen, sich weiterzuentwickeln und zu verbessern; die andere fördern, aufrichtig und begeisterungsfähig sind, ansprechbar für andere, proaktiv und zuverlässig; und die im Unternehmen einen positiven Einfluss ausüben.

Jeder kann jeden für diese Auszeichnung vorschlagen, und sie kann so oft erlangt werden, wie man nominiert wird. So wurde eine Managerin zum Beispiel im selben Jahr zweimal nominiert – zuerst vom Vice President und dann von ihrer Assistentin. Außerdem muss jeder Nominierer eine Geschichte darüber erzählen, was der Nominierte ihm oder ihr beigebracht hat. Mittels dieser Geschichten ehrt der Auszeichnungsprozess nicht nur den Nominierten, sondern dient als Instrument einer langfristigen Veränderung der Unternehmenskultur.

Fallstudie zur Belohnung von Lernbereitschaft

Bei Johnsonville Sausage in Kohler, Wisconsin, wurde die jährliche pauschale Gehaltserhöhung ersetzt durch ein System der Bezahlung nach Zuständigkeiten. Wenn Mitarbeiter neue Verpflichtungen übernehmen – zum Beispiel Budgetierung oder Weiterbildung – wird ihr Fixgehalt erhöht. Das vorherige System belohnte die Mitarbeiter für pure Anwesenheit, unabhängig von ihrem Beitrag. Das neue System ermutigt die Mitarbeiter, mehr Verantwortung zu übernehmen.

Das Unternehmen verfügt zudem über ein Team für Personalentwicklung, das einzelnen Mitarbeitern dabei hilft, ihre Karriereziele zu formulieren und das Unternehmen zum Erreichen dieser Ziele zu nutzen. Jeder hat die Erlaubnis, die Kurse zu belegen, auf die er Lust hat. Anfangs entscheiden sich Mitarbeiter manchmal für Koch- oder Nähkurse, einige sogar für Flugunterricht. Mit der Zeit konzentrieren sich aber immer mehr Mitarbeiter auf jobrelevante Themen. Mittlerweile nehmen mehr als sechzig Prozent der Mitarbeiter bei Johnsonville an irgendeiner Form formaler Weiterbildung teil.

»Anderen dabei zu helfen, ihr volles Potenzial zu entwickeln, ist eine moralische Verpflichtung – aber auch gut fürs Geschäft«, sagt CEO Ralph Stayer. »Das Leben ist ein fortwährendes Streben. Lernende, weiterstrebende Individuen sind glückliche Menschen und gute Mitarbeiter. Sie verfügen über Initiative und Vorstellungskraft, und die Unternehmen, für die sie tätig sind, werden sich so schnell nicht überholen lassen.«

Doug Garwood, Leiter Kundendienst und Produktmanagement bei Collins & Aikman Floorcoverings, einem Teppichhersteller in Dalton, Georgia, berichtet Folgendes: Nachdem achtzig Mitarbeiter über den zweiten Bildungsweg die US-Hochschulreife erlangt hatten, richtete das Unternehmen ein Mittagessen für sie aus und überreichte ihnen Jahrgangsabschluss-Ringe.

Bei Tektronix, Inc., einem Unternehmen für Messtechnik, wählen die Mitarbeiter aus ihrer Arbeitsgruppe einen Repräsentanten (einen Bereichsrepräsentanten für jeweils etwa vierzig Mitarbeiter). Einmal monatlich darf jede Arbeitsgruppe vierzig Minuten bezahlter Arbeitszeit für eine Aktivität nutzen, die der Bereichsrepräsentant organisiert. Die Repräsentanten nutzen diese Zeit, um mehr über die unterschiedlichen Aspekte des Unternehmens zu vermitteln. Zum Beispiel wird eine andere Tektronix-Anlage besucht, ein Kunde oder ein Zulieferer oder eine ehemalige Führungskraft eingeladen, um über ein bestimmtes Thema zu sprechen.

Jeden Monat halten die etwa 300 Bereichsrepräsentanten ein Forum zu einem interessanten Thema wie zum Beispiel Vergütung ab. Mitarbeiter aus dem gesamten Unternehmen geben ihren Repräsentanten Fragen an die Führungskräfte mit, die bei diesen Veranstaltungen einen Vortrag halten. Einmal im Jahr nimmt der Fimenchef an diesen Sitzungen teil und hält einen Vortrag über den

---

»Fragen Sie die Leute, was sie tun wollen. Wenn eine neue Aufgabe ansteht, beauftragen wir oft den Falschen damit – jemanden, der diese Tätigkeit nicht reizvoll findet. Um das zu verhindern, muss sich das Management die Zeit nehmen, die Belegschaft zu befragen und soweit wie möglich Pflichten mit Interessen zusammenzubringen. Jeder Arbeitsplatz bietet reichlich Möglichkeiten, und wenn wir diese mit den richtigen Leuten verknüpfen, erhalten wir erstaunliche Resultate.«

Cheryl Highwarden, Berater, ODT Inc.

Status quo bei Tektronix. Besonders schwierige Fragen und die Antworten des Presidents werden in voller Länge in der kommenden Ausgabe von *Tek-Week*, dem wöchentlich erscheinenden, firmeneigenen Newsletter abgedruckt.

Bei Iteris, Inc., einem Hersteller von Robotern und satellitengestützten Aufnahmegeräten in Anaheim, Kalifornien, hält Vorstandschef Joel Slutzky einen Kurs mit dem Titel »Industry 101 – oder wie Sie Ihre eigene Firma gründen und graue Haare bekommen.« Dieses Seminar steht allen Mitarbeitern zur Teilnahme offen.

Über ein gemeinsames Programm mit 24 Universitäten können die Mitarbeiter von General Electric ihren Hochschulabschluss nachholen. Außerdem besuchen jährlich mehr als 5.000 Mitarbeiter Kurse der unternehmenseigenen Akademie für Management-Weiterbildung.

> »Gehen Sie stets davon aus, dass sich jeder weiterentwickeln will und einen besseren Job anstrebt.«
>
> Steve Farrar,
> Senior Vice President,
> Wendy's International

Fünf Ideen zur Mitarbeiterentwicklung

1. Ermutigen Sie Mitarbeiter dazu, einen weiterführenden Abschluss zu erwerben.
2. Erlauben Sie den Mitarbeitern, sich selbst Weiterbildungskurse auszusuchen und diese auch zu besuchen.
3. Bevor Mitarbeiter einen Kurs besuchen, sollten Sie sich mit ihnen zusammensetzen, damit Sie ihnen sagen können, was Ihre Hoffnungen hinsichtlich des Lernerfolgs in diesem Kurs sind. Nach Beendigung des Kurses sollten Sie sich erneut treffen, damit Sie gemeinsam darüber sprechen können, wie das neue Wissen eingebracht werden kann.
4. Lassen Sie Mitarbeiter das, was sie in einem Kurs oder einer Tagung gelernt haben, an die anderen in der Gruppe weitergeben.
5. Stellen Sie für jeden Mitarbeiter einen individuellen Weiterbildungsplan auf. Kombinieren Sie die Fähigkeiten, die der- oder diejenige erlernen will, mit den zur Verfügung stehenden Möglichkeiten, einschließlich potenzieller Aufstiegsmöglichkeiten.

Im Zuge eines Austauschprogramms von Wissenschaftlern tauschen jedes Jahr sechs bis acht Mitarbeiter bei United States Shell Oil ihren Arbeitsplatz mit ihren Pendants in Großbritannien. Au Bon Pain, eine in Boston ansässige Bäckereikette, belohnt die Weiterbildung eines Mitarbeiters mit einem Bonus von 500 Dollar oder einem Stipendium in Höhe von 1.000 Dollar. Nach dreimonatiger Festanstellung übernimmt Burger King Unterrichtsgebühren. Ein Franchise-Partner bezahlte Mitarbeitern, die wöchentlich 10 bis 15 Stunden arbeiteten, einen Kurs am örtlichen College, zwei Kurse für 16 bis 25 Wochenarbeitsstunden und drei Kurse für 26 bis 40 Wochenarbeitsstunden. Cumberland Farms, eine Einzelhandelskette mit Firmensitz in Canton, Massachusetts, erstattet seinen Mitarbeitern die Kosten für Collegekurse. Sämtlichen Teil- und Vollzeitkräften bei Federal Express werden Unterrichtsgebühren erstattet. Steelcase erstattet die Kosten für jobrelevante Kurse. Time Warner zahlt 100 Prozent bei jobrelevanten Kursen sowie 75 Prozent von nicht jobrelevanten Kursen bei anerkannten Institutionen.

Teilzeitmitarbeiter, die mindestens zwei Jahre lang zwanzig Wochenstunden bei der in Atalanta ansässigen Chick-fil-A-Fastfoodkette gearbeitet haben, erhalten ein Stipendium in Höhe von 1.000 Dollar für ein College ihrer Wahl. Vierjahresstipendien in Höhe von 10.000 Dollar werden ebenfalls vergeben. Das Unternehmen hat seit dem Start des Programms mehr als 4,5 Millionen Dollar für diese Art von Belohnung ausgegeben.

Die Nucor Corporation, ein Stahlproduzent mit Sitz in Charlotte, North Carolina, bietet jedem Kind eines Mitarbeiters, der seit mindestens zwei Jahren bei der Firma tätig ist, ein Collegestipendium in Höhe von jährlich 1.400 Dollar an. Für die Kinder von Vollzeitarbeitskräften werden bis zu vier Jahre lang 2.200 Dollar jährlich für Collegegebühren bezahlt. Zusätzlich können Ehefrauen von Mitarbeitern bis zu zwei Jahre lang jährlich 1.100 Dollar an Ausbildungszuschüssen erhalten.

> »Wir übermitteln den Mitarbeitern die Botschaft, dass sie selbst für ihre Karriereentwicklung verantwortlich sind, wir sie aber dabei unterstützen, den besten Weg einzuschlagen.«
> Adele DiGiorgio, Corporate Employee Relations Director, Apple Computer, Inc.

Duncan Aviation erstattet jedem Mitarbeiter, der den Pilotenschein und eine Fluglizenz erwirbt, 5.000 Dollar.

Bei Mary Kay, Inc. werden Collegegebühren gestaffelt erstattet: 100 Prozent, wenn der Mitarbeiter mit A oder B abschließt, 75 Prozent für die Note C.

Polaroid mit Hauptsitz in Waltham, Massachusetts, legt großen Wert auf kontinuierliche Weiterbildung. Intern werden den Mitarbeitern über 100 Kurse angeboten. Jobrelevante Kurse, die außerhalb des Unternehmens belegt werden, werden voll erstattet. Reader's Digest in Pleasantville, New York, übernimmt 100 Prozent der Unterrichtsgebühren zur Erlangung eines Abschlusses oder Zertifikates, mit dem die Leistungsfähigkeit im Job gesteigert wird, 75 Prozent für nicht jobrelevante Kurse und Programme an anerkannten Schulen sowie 50 Prozent für alle Weiterbildungskurse, die aus rein persönlichem Interesse besucht werden – von Weight Watchers bis Kochen. Das Unternehmen bietet zudem Wellnesskurse sowie hauseigene Sportkurse an.

> »Ausbildung ist eine entscheidende Brücke zwischen Erkennen und Handeln; es stattet die Mitarbeiter mit den notwendigen Werkzeugen und Techniken aus, um Ziele zu erreichen.«
> Aus den »Quality Leadership Guidelines« von Baxter International, Inc.

Belohnen Sie Leistungsträger mit Trainings
- Schicken Sie Mitarbeiter in spezielle Seminare, Workshops oder Meetings außerhalb des Unternehmens, in denen es um Themen geht, für die sich der Betreffende interessiert.
- Lassen Sie die Mitarbeiter an einem Dale–Carnegie-Kurs teilnehmen, in dem es um Persönlichkeitsentwicklung, Sozialkompetenz und Kundenkommunikation geht.
- Räumen Sie Vollzeitkräften die Möglichkeit ein, an einem einwöchigen, internen Qualitätsprogramm teilzunehmen.
- Gestatten Sie es Spitzenleistern, zum Beispiele nach Disney World zu reisen, um an Disneys Trainingsprogramm »People Management« teilzunehmen.

Managerverfügbarkeit & Interaktion

Als letzte der immateriellen Formen von Anerkennung wollen wir uns mit der Ansprechbarkeit von Managern beschäftigen – vom unmittelbaren Vorgesetzten eines Mitarbeiters über das Topmanagement bis zum CEO des Unternehmens. Mitarbeiter haben folgende Kriterien als sehr oder extrem wichtig eingestuft: »Der Manager ist ansprechbar bei Fragen/Problemen (90 Prozent), »Der Manager nimmt sich Zeit, um den Mitarbeiter kennenzulernen« (68 Prozent), »Der Manager verbringt Zeit mit dem Mitarbeiter« (43 Prozent), »Der Manager hört dem Mitarbeiter zu, wenn es um jobfremde Probleme geht« (35 Prozent).

In den meisten Unternehmen wird zwar eine Politik der »offenen Tür« betrieben, bei der Mitarbeiter dazu angehalten sind, ihre Vorgesetzten bei Fragen oder Vorschlägen anzusprechen. Dieser Ansatz ist jedoch nichts wert, wenn diese Manager nicht aufnahmebereit oder zu beschäftigt sind. Dass Manager ansprechbar sind und Zeit für sie haben, zeigt den Mitarbeitern, dass sie ihm oder ihr und damit der Organisation wichtig sind. Implizit signalisiert der Manager dadurch: »Von allen Dingen, die ich erledigen muss, ist nichts so wichtig, wie jetzt hier zu sein und mir die Zeit zu nehmen, um mit dir zu sprechen.«

Sue Copening erzählt, dass sie vor ein paar Jahren auf die harte Tour eine Lektion zum Thema Zuhören erteilt bekam, als sie zur Filialleiterin einer Einzelhandelskette befördert wurde. Sie nahm sich nicht die Zeit, ihrer Belegschaft Aufmerksamkeit zu schenken. Als innerhalb weniger Wochen zwei Mitarbeiter kündigten, hatte einer von beiden den Mut, ihr zu sagen, dass sie eine unfreundliche Arbeitsatmosphäre erzeuge. Sue erkannte, dass sie Zeit dafür schaffen musste, den Belangen ihrer Mitarbeiter zuzuhören. Jetzt berichtet sie: »Der Job eines Managers besteht zu 95 Prozent daraus, ein Bewusstsein für die Mitarbeiter zu entwickeln und dafür zu sorgen, dass sie sich wohlfühlen. Es ist leichter, das eigene Verhalten zu ändern als zu erwarten, dass andere sich an dich anpassen.«

> »Das Motivierendste, was jemand für einen anderen tun kann, ist, ihm zuzuhören.«
>
> Roy Moody,
> Firmenchef, Roy
> Moody & Associates

Um den Mitarbeitern zu zeigen, dass sich die leitenden Manager bei Timberland nicht nur innerhalb der Geschäftsführungsebene bewegen, wird von ihnen erwartet, die Büros bei ihrem Geschäftsbereich zu haben. Diese Nähe erleichtert die Kommunikation und macht das Management für die Mitarbeiter erreichbarer. Dadurch fühlen sich diese stärker unterstützt.

Als Bestandteil des »In Touch Day« der Hyatt Hotel Corporation in Chicago fuhren alle der mehr als 375 Angestellten der Zentrale – von der Poststelle bis zur Vorstandsetage – in Hyatt Hotels der Region, um Gäste zu bedienen. Jim Evans, stellvertretender Vertriebsleiter, verbrachte etliche Stunden damit, Taxis heranzuwinken, Gepäck einzuladen und Trinkgeld zu kassieren, während er vor dem Eingang des Hyatt Regency Chicago stand; Vorstandsvorsitzender Darryl Hartley-Leonard servierte Mittagessen in der Cafeteria für Angestellte, winkte Taxis heran, checkte am Empfang Gäste ein und half an der Bar. »Wir arbeiten alle auf dasselbe Ziel hin«, sagte Hartley-Leonard. »Nach einem solchen Tag wissen wir, was ein Mitarbeiter im Betrieb wirklich leisten muss.«

> »Die Motivation des Mitarbeiters ist das unmittelbare Ergebnis der Summe von Interaktionen mit ihrem oder seinem Manager.«
>
> Bob Nelson

Ein früherer Manager des Beratungsunternehmens University Associates mit heutigem Sitz in Tucson, Arizona, übernahm oft spontan den Telefondienst für die vielbeschäftigte Rezeptionistin, um sich bei ihr für die harte Arbeit zu bedanken, die sie leistet. Das diente dreierlei Zwecken: Der Kontakt zur Realität an vorderster Front bleibt erhalten; man erfährt die Anliegen von Kunden aus erster Hand; und die Rezeption wird mit ein bisschen Freizeit belohnt.

Bei Mary Kay, Inc. arbeiten alle Büroangestellten einen Tag im Jahr in der Produktion.

Um das Vertrauen in ihre Mitarbeiter zu demonstrieren verließen sämtliche Manager der Druckerei Quad/Graphics beim jährlichen Spring-Fling-Tag und Management-Sneak für 24 Stunden die Firma. Der Druckereibetrieb lief ganz normal weiter, während die Manager Meetings abhielten und anschließend ins Kunstmuseum von Milwaukee gingen. Das Unternehmen hat dieses Ereignis im Laufe der Zeit zunächst auf zwei und dann auf drei Tage ausgedehnt, einschließlich Managementseminare an einem lokalen College. Während der Fling-Tage ist es keinem Manager gestattet, auch nur einen Fuß in den Betrieb zu setzen, es sei denn, ein Mitarbeiter bittet in einem Notfall um Unterstützung. Bisher ist jedoch noch nie ein Manager herbeigerufen worden.

Die leitenden Angestellten von FedEx Freight West besuchen regelmäßig die Betriebe, treffen sich mit den Mitarbeitern und grillen regelmäßig für diese als Anerkennung für besondere Verdienste wie das Übertreffen eines Sicherheitsrekords.

Gibt es einen besseren Weg, die Kommunikation mit seinen Mitarbeitern zu pflegen, als feste Zeiten dafür einzuplanen? Beim Wellnessanbieter Daired's Salon and Spa Pangéa in Arlington, Texas, wird das laut Personalleiterin Beverly Debysingh wie folgt gehandhabt:

1. Morgendliche Fünf-Minuten-Meetings in jeder Abteilung.

2. Jede Woche ein fünfminütiges Treffen mit jedem Mitarbeiter. Die Manager reichen im Anschluss eine Checkliste als Beleg für die Treffen an den CEO/Eigentümer weiter.

3. Mitarbeiter, die alle sieben zentralen Werte beispielhaft verkörpern, werden bei den vierteljährlichen Mitarbeitertreffen lobend hervorgehoben.

Die Preisträger in jeder Wertkategorie erhalten Gutscheine im Wert von 20 bis 25 Dollar für einen Kino- oder Restaurantbesuch. Die Zahl der Empfänger wird nicht begrenzt – Mitarbeiter können für so viele Werte belohnt werden, wie sie besitzen. Daired's berichtet von unmittelbaren Auswirkungen auf Moral und Produktivität, da sich die Mitarbeiter besser informiert, stärker einbezogen und motiviert fühlen, jeden Tag ihr Bestes zu geben.

> »In einem Großunternehmen verlassen sich die Manager auf Berichte; diese sind jedoch zu abstrakt. Man muss vor Ort sein – auf dem Spielfeld, in der Fabrik, draußen auf der Straße. Man lernt das Geschäft nicht von Vertriebsleuten oder Controllern. Man lernt das Geschäft von den Kunden – die es übrigens lieben, einen darin zu unterrichten.«
>
> Henry Quadracci, CEO, Quad/Graphics Inc.

> »Einen gewissen Zugang zum gehobenen Management zu haben ist wichtig für das Gefühl, das die Mitarbeiter gegenüber dem Unternehmen hegen, und wie sie sich selbst sehen. Wenn die Mitarbeiter wissen, dass die Entscheidungsträger ein offenes Ohr für sie haben, dann halten sie ihre Ideen für wichtiger … Es ist viel wert, wenn alle im Unternehmen – auf der untersten Ebene angefangen – an das glauben, was wir tun.«
>
> Darrell Mell, Vice President Telemarketing, Covenant House

Das Bekämpfen und Verhindern von Gerüchten ist ein herausforderndes Problem in Unternehmen. The Scooter Store in New Braunfels, Texas, hat daraus ein Spiel gemacht. Bei unternehmensweiten Versammlungen betritt Firmenchef und CEO Doug Harrison manchmal mit einem Geschenkekorb die Bühne, um »Gerüchtejagd« zu spielen. Die Mitarbeiter bekommen Geschenke, wenn sie allen Versammelten ein Gerücht erzählen, dass sie im Büro aufgeschnappt haben. Die pikantesten Gerüchte bekommen die besten Preise. Doug erhält dadurch die Möglichkeit, auf ehrliche und unterhaltsame Weise vor der gesamten Belegschaft zu jedem Gerücht Stellung zu nehmen.

Jeff Bezos, CEO von Amazon.com, füllt oft zusammen mit den Arbeitern die Regale auf, um deren Probleme aus erster Hand zu erfahren.

Eine Managerin bei Motorola, die beim Iridium-Satellitenkommunikationssystem in Schaumburg, Illinois, mitarbeitet, belohnte Spitzenleister für gute Arbeit mit einer besonderer Aufmerksamkeit. Sie lud eine bunte Mischung an Ingenieuren, Diplombetriebswirten, Vertriebsleuten und Kundendienstmitarbeitern zu einem einstündigen Brainstorming-Mittagessen ein, um über wichtige Geschäftsprobleme und mögliche Lösungen zu diskutieren. Die Mitarbeiter fanden es toll, dafür ausgewählt zu werden, und für die angesprochenen Probleme wurden gute Lösungen gefunden.

Einmal im Monat lädt Integrated Marketing Services in Princeton, New York, die Mitarbeiter zu einem »Bagel-Plauder-Treffen« ein, bei dem das Management die Leistung des vergangenen Jahres sowie Pläne für die Zukunft bespricht und anschließend Fragen aus dem Plenum beantwortet. Die Mitarbeiter sind dazu angehalten, jegliche Beschwerden vorzubringen, die ihnen auf der Seele liegen.

> Lassen Sie die Manager in die Fabrikhallen gehen und sich zwanglos mit den einzelnen Mitarbeitern unterhalten.
> Suchen Sie einmal pro Quartal zehn bis zwölf Mitarbeiter aus, die mit Führungskräften des Unternehmens zu Abend essen.
> Lassen Sie den CEO monatlich ein Frühstück oder Mittagessen abhalten, an dem jeweils ein Mitarbeiter aus jeder Abteilung teilnimmt – jeden Monat ein anderer, bis alle Mitarbeiter die Chance hatten, daran teilzunehmen.
> Treffen Sie sich mit jedem Ihrer Mitarbeiter mindestens einmal wöchentlich zu einem zwanglosen Gespräch. Finden Sie heraus, welche Aspekte ihnen im Job besonders wichtig sind, und wie Sie den- oder diejenige dabei unterstützen können.

Führungskräfte beim Marktforschungsunternehmen Arbitron betreiben eine Politik der offenen Tür und beteiligen sich am täglichen Betrieb des Unternehmens. Sie veranstalten Mitarbeiterversammlungen zu bestimmten Themen, nehmen an Podiumsdiskussionen teil, veranstalten Mittagessen mit ausgewählten Mitarbeitern und besuchen mehrmals im Jahr sämtliche Außendienststellen, um sich vor Ort ein Bild von den Einstellungen und Bedürfnissen der Mitarbeiter zu machen. Unter anderem beantworteten bei einer Veranstaltung Führungskräfte die von den Mitarbeitern gestellten Fragen.

> »Eine Führungskraft muss ständigen Kontakt mit den Mitarbeitern halten und täglich das Gespräch mit ihnen suchen.«
> Donald Petersen, Vorsitzender und CEO, Ford Motor Company

Mark Prestidge, der Firmenchef von Tom Thumb, und andere Topmanager verbringen Zeit in den Filialen ihrer Lebensmittelläden, um die Mitarbeiter in der anstrengenden Ferienzeit zu unterstützen. Am Tag vor Thanksgiving hat Prestidge sämtlichen Mitarbeitern der Unternehmenszentrale in Dallas Frühstück serviert.

Bob Small, ehemaliger Leiter von Walt Disney Parks & Resorts pflegte Minischichten – vier Stunden – mit Beschäftigten sämtlicher Abteilungen zu arbeiten, um aus erster Hand die Herausforderungen ihrer Arbeit kennenzulernen. Nach einer frustrierenden Schicht, in der er versucht hatte, Hunderte von Servietten zu falten, sagte sein Schichtkollege: »Gut, dass Sie die Firma leiten, denn diesen Job hier würden Sie nie auf die Reihe kriegen!«

Um die Kundenbetreuer motiviert zu halten, verlangt Winter-Silks, ein Versandunternehmen für Seidenbekleidung mit einem Jahresumsatz von 35 Millionen Dollar, von sämtlichen festangestellten Mitarbeitern bis hin zum Topmanagement, jährlich mindestens 50 telefonische Bestellungen entgegenzunehmen. Wo Bedarf ist, springen Führungskräfte ein.

Bei der Reiseagentur Rosenbluth International in Philadelphia gibt es ein Programm namens »Kollege des Tages«, das es jedem Mitarbeiter ermöglicht, einen Tag mit dem CEO zusammenzuarbeiten. Zweimal im Jahr veranstaltet das Unternehmen eine Gruppendiskussion zum Thema Mitarbeiter, bei der Probleme am Arbeitsplatz besprochen werden. Jeder neue Mitarbeiter verbringt zwei Tage in der Unternehmenszentrale, trifft Topmanager und spielt in Sketchen über gute Dienstleistungserfahrungen mit. Außerdem servieren leitende Führungskräfte den Neulingen den Nachmittagstee. Der CEO hat eine gebührenfreie Telefonnummer, über die Mitarbeiter ihn anrufen können – pro Tag erhält er sieben bis acht Anrufe. Der CEO von FedEx gibt allen Mitarbeitern seine Privatnummer, für den Fall, dass sie ihn anrufen wollen.

> »Hören Sie mit ganzer Aufmerksamkeit zu, suchen Sie nach dem Positiven bei anderen, zeigen Sie Sinn für Humor und bedanken Sie sich für gute Arbeit.«
> Paul Smucker, ehemaliger CEO, J. M. Smucker & Co

Die Führungskräfte von Tupperware mit Sitz in Orlando, Florida, verbringen jedes Jahr dreißig Tage außer Haus, um sich mit ihren 15.000 besten Verkäufern zu treffen.

Über die sogenannte President's Hotline ist an einem Tag im Jahr der Vorsitzende der H. B. Fuller Company für jeden im Unternehmen erreichbar. An diesem Tag kann ihn jeder über eine gebührenfreie Rufnummer erreichen, um Verbesserungsvorschläge für Produkte von Fuller einzureichen oder aber einfach zu sagen, was ihm oder ihr am Herzen liegt. Im Schnitt erhält der Vorsitzende an diesem Tag vierzig bis fünfzig Anrufe.

Bei der Versicherungsgesellschaft American General Life and Accident in Nashville, Tennessee, werden nach dem Zufallsprinzip zwölf Mitarbeiter ausgewählt, die sich mit dem Vorstandsvorsitzenden treffen und Unternehmensbelange mit ihm zu diskutieren.

Sämtliche Knight-Ridder-Redaktionsbüros haben »Management-Kaffeepausen«, in denen sich die Redaktionsleiter mit 20 bis 25 Mitarbeitern für anderthalb Stunden bei einem Kaffee zusammensetzen. Die Mitarbeiter können schon im Vorfeld Fragen an die Leiter schicken. Das Management-Meeting zum Jahresabschluss findet in einem großen Saal statt, sodass alle Mitarbeiter teilnehmen können.

Bei der Hyatt Corporation »haben die Mitarbeiter nicht nur die Pflicht, sondern auch das Recht, sich mit den Managern auszutauschen«, sagt Myrna Hellerman, Vice President Human Ressources. Das Unternehmen veranstaltet monatliche »Hyatt-Gesprächsrunden«, bei denen sich die Geschäftsführer mit einer nach dem Zufallsprinzip ausgewählten Gruppe von Hotelmitarbeitern zusammensetzen, um zwanglos über Tätigkeiten und Abläufe zu sprechen. Die Mitarbeiter sprechen Themen und Probleme an, die für sie von Bedeutung sind. Innerhalb einer Woche nimmt sich ein Mitglied des Führungskommitees das Problem vor und reagiert in schriftlicher Form darauf. »Wir wollen, dass die Mitarbeiter das Hotel als ›ihr Hotel‹ betrachten, einen Ort, an dem sie arbeiten wollen«, sagt Hellerman. »Diese Gespräche fördern das Familiengefühl, das wir herstellen möchten.«

> »Du kannst deine Mitarbeiter nicht als Individuen kennen, solange du nicht die Zeit investierst, dich mit ihnen zu unterhalten. Du musst aber mit ihnen reden, um zu erfahren, was sie motiviert.«
>
> Arthur Pell,
> Autor von
> *The Complete Idiot's Guide to Managing People*

Advanta Corporation, ein Finanzdienstleister in Horsham, Pennsylvania, lässt seine leitenden Führungskräfte eine Grillparty nach dem Motto »Grillen ist Chefsache« veranstalten, bei der sich die Manager als Köche anziehen und für sämtliche Mitarbeiter Hamburger und Hotdogs zubereiten.

Nick D'Agostino, Inhaber von D'Agostino's Supermarktkette mit Sitz in Larchmont, New York, macht jede Woche seine Runde durch alle 24 Filialen seines Unternehmens, plaudert mit den Verkäufern und beobachtet den Betrieb.

McDonald's ermutigt seine Franchisenehmer, vierteljährlich Gesprächsrunden abzuhalten. Für gewöhnlich setzt sich der Geschäftsinhaber mit einer repräsentativen Gruppe von Mitarbeitern zusammen und hört sich deren Vorschläge und Klagen an. »Dinge wie das Neuanordnen der Ausstattung oder Veränderungen von Abläufen gehen auf Vorschläge von Mitarbeitern zurück«, sagt Dan Gillen, Personalchef für Filialmitarbeiter. McDonald's stattet alle Franchisenehmer mit einem Handbuch aus, in dem Anreizprogramme aufgeführt sind, die sie in ihren Filialen anwenden können.

Teil III

Greifbare Anerkennung & Belohnung

Wenn es um Anerkennungen oder Belohnungen geht, denken die meisten Menschen an Gegenstände wie Pokale, Ehrentafeln und Urkunden. Greifbare, persönliche Anerkennungsformen – und andere, die von finanziellem Wert sind – bilden die Kategorien dieser Sparte:

➤ Auszeichnungen für herausragende Mitarbeiter und besondere Leistungen,

➤ Bargeld, Bargeldersatz und Geschenkgutscheine,

➤ nominelle Geschenke, Waren und Lebensmittel sowie

➤ Vergünstigungen, Sonderzulagen und Dienstleistungen für Mitarbeiter.

Diese Belohnungsarten bieten mehrere Vorteile. Zum einen haben sie einen Wert als Trophäe, die an Erreichtes erinnert. Ihr Wert übersteigt aber auch rein finanzielle Zuwendungen. Gemäß der Studie »People, Performance and Pay«, die vom American Productivity Center in Houston und World at Work durchgeführt wurde, sind in der Regel fünf bis acht Prozent der Vergütung eines Mitarbeiters notwendig, um sein Verhalten zu ändern, wenn die Belohnung in Form von Geld erfolgt – aber nur etwa vier Prozent, wenn sie in anderer Form erfolgt.

Waren und sogar Reisen haben einen dauerhafteren Wert als Bargeld, weil sie daran erinnern, wodurch sie erlangt wurden. Manchmal kann ein informeller Preis, der als einmalige Aktion gedacht war, so erfolgreich sein, dass er sich zu einem formaleren, regelmäßig verliehenen Preis entwickelt, der in der ganzen Organisation eingesetzt und gewürdigt wird.

Ob es Dankeskarten, Münzen, Anstecknadeln, Urkunden, Wanderpokale, Andenken, Spaßgeschenke, Geschenk- oder Rabattgutscheine, Kinokarten, Ad-hoc-Auszeichnungen oder substanziellere Waren sind, Sie sollten immer ein paar schnell und einfach zu handhabende Anerkennungen parat haben, die eines minimalen Verwaltungs- und Beurteilungsaufwandes bedürfen. Derlei Auszeichnungen können allen Managern zur Verfügung stehen oder nur einem bestimmten Bereich des Unternehmens, wie die personengebundene »Applaus-Karte« im Unternehmensbereich Medizinische Produkte bei Johnson & Johnson oder die »Danke-Münzen« bei Busch Gardens. Ein weiteres Beispiel ist die »Schatztruhe« von Chevron Texaco, die Vorgesetzte aufschließen können, damit sich ein Spitzenleister an Ort und Stelle ein Geschenk aussucht.

Um greifbare Anerkennungen am wirksamsten einzusetzen, sollten Sie versuchen, diese zu personalisieren und in einem öffentlichen Rahmen zu überreichen. Bringen Sie den Namen des Betreffenden auf der Auszeichnung an – und vielleicht das Firmenlogo – und halten Sie die Übergabe auf einem Foto fest. Bringen Sie den Vorstandsvorsitzenden Ihres Unternehmens dazu, sich mit den Ausgezeichneten zu treffen, sodass gleichzeitig eine soziale Verstärkung stattfindet. Wenn Sie sich bei Ihrem Team mit einem Geschenk bedanken, sollten Sie für jedes Mitglied eine persönliche Anmerkung hinzufügen, die den jeweiligen Beitrag zum Erfolg der Gruppenleistung hervorhebt.

Einen Rahmen zu schaffen ist ein Weg, der Auszeichnung eine größere Bedeutung zu verleihen, mit der sich mehr Menschen identifizieren können. Stellen Sie eine Verbindung zwischen der Auszeichnung und den Werten der Organisation, den strategischen Zielen des Unternehmens oder dem Teamgeist Ihrer Mannschaft her. Sie können beispielsweise sagen: »Wir haben uns diese tolle Feier verdient, weil wieder ein hervorragendes Jahr hinter uns liegt. Das wäre nicht möglich gewesen ohne den Einsatz und das Engagement der Menschen in diesem Raum.« Das wird der Auszeichnung oder der Leistung eine größere Bedeutung verleihen, die sowohl die Vergangenheit widerspiegelt als auch in die Zukunft weist. Die Auszeichnung gilt zwar der Person, die geehrt wird, aber sie wirkt auf alle Anwesenden; nehmen Sie sich also Zeit, um dem Lob eine Bedeutung zu geben, mit der sich jeder identifizieren kann.

Auszeichnungen für herausragende Mitarbeiter & Leistungen

Traditionelle Formen der Auszeichnung für herausragende Mitarbeiter und Leistungen beinhalten häufig Gegenstände wie Pokale, Ehrentafeln oder Urkunden. Laut meiner Studie bewerten 54 Prozent der Mitarbeiter eine »personalisierte Auszeichnung« als sehr oder äußerst wichtig, und 43 Prozent sagen, dass »Leistungs-Urkunden« eine ähnliche Bedeutung haben. Um möglichst große Objektivität zu wahren, basieren Auszeichnungen für herausragende Mitarbeiter häufig auf einem formalen Auswahlverfahren. Sie können für einen einzelnen herausragenden Erfolg eines Mitarbeiters oder seine Leistung über einen längeren Zeitraum verliehen werden. Die Bedeutung einer Auszeichnung ist in der Regel höher, wenn nicht nur das Management, sondern auch Kollegen auf gleicher Ebene den Träger ausgewählt haben und wenn es keine Sollquote hinsichtlich der Auszuzeichnenden gibt.

Tom Tate, Programmleiter der Abteilung Mitarbeiter- und Managementtraining des Büros für Personalmanagement der Bundesregierung in Washington, D. C., erzählt die Geschichte des »Wingspread Award«. Dabei handelt es sich um eine gravierte Plakette, die einst einem Mitarbeiter für besondere Leistungen durch den Abteilungsleiter verliehen wurde. Der Mitarbeiter reichte die Auszeichnung irgendwann an einen Kollegen weiter, der sie seiner Meinung nach verdient hatte. So wurde diese Auszeichnung immer weitergegeben und erreichte einen hohen Wert und viel Prestige, weil sie von gleichrangigen Kollegen kam. Die Empfänger können sie behalten, bis sie bereit sind, sie an einen anderen besonderen Leistungsträger weiterzugeben. Jedes Mal, wenn die Auszeichnung weitergegeben wird, wird ein feierliches Mittagessen ausgerichtet und eine Zeremonie abgehalten.

> »Wir begehren Anerkennung, die wir uns durch harte Arbeit verdienen.«
> Dennis LaMountain, Managementberater

> »Für besondere Anstrengungen brauchen Menschen Lob und Anerkennung. Die Belohnung muss gar nicht groß ausfallen. Die Mitarbeiter wollen lediglich einen spürbaren Beweis, dass Ihnen etwas an der Arbeit liegt, die diese Menschen verrichten. Die Belohnung ist lediglich ein Symbol dafür.«
>
> Tom Cash,
> Senior Vice President,
> American Express

Vor ein paar Jahren begann Norm Kane, stellvertretender Vorsitzender bei Synovate, einem globalen Marktforschungsinstitut mit Sitz in Chicago, die Auszeichnung »Goldener Bleistift« an Mitarbeiter zu vergeben, die vorbildliche Arbeit gezeigt hatten. Die Auszeichnung ist buchstäblich ein goldfarbener Bleistift mit der Gravur »Norm Kane's Golden Pencil Award«. Dieses kleine Dankeschön ist einfach, aufrichtig und kann häufig vergeben können – und das tut Norm Kanes Team auch. Mehr als fünfzig Bleistifte sind allein in den letzten zwei Jahren überreicht worden.

Ein Regionalleiter des Grußkartenherstellers Hallmark entwarf für jedes Mitglied seines Teams ein Leistungszertifikat, auf dem er eine wichtige Eigenschaft des Betreffenden nannte: »Für konsequentes Durchziehen, ohne dazu aufgefordert werden zu müssen« oder »Für das Einspringen, um anderen zu helfen – und das immer mit einem Lächeln«. Er las die Bewertungen auf einer Jahresabschlussfeier vor. Die Mitarbeiter mussten raten, auf wen sie sich bezogen. Es war für alle eine amüsante Team-Building-Erfahrung.

Sam Colin, Gründer von Colin Service Systems Hausmeisterdienstleistungen in White Plains, New York, pflegte herumzugehen und Bonbons namens »Live-Savers« an die Mitarbeiter zu verteilen. Aus dieser Tradition entwickelte sich eine dauerhafte Philosophie der Anerkennung, die heute Auszeichnungen wie »Hilfsbereitester Mitarbeiter« und »Nettester Mitarbeiter« einschließt. Mitarbeiter wählen die Preisträger aus ihren Reihen und Führungskräfte übernehmen die Verleihung.

General John M. Loh, Befehlshaber des Tactical Air Command der amerikanischen Luftwaffe, sagt, dass er Teammitglieder für die Lösung von Problemen mit Zertifikaten belohnt, die sie in ihren Büros aufhängen können.

Bei der Citibank in Oakland, Kalifornien, können Kunden (und andere Mitarbeiter) Mitarbeiter belohnen und sich bei ihnen mit einer Daumen-hoch-Urkunde bedanken, die gegen Waren eingetauscht werden kann. Nach der Einführung des Programms haben sich viele Mitarbeiter so sehr über die Auszeichnung gefreut, dass sie die Urkunde nicht sofort einlösten, sondern stolz an die Wand hängten.

> »Wenn die Grundvergütung angemessen ist, braucht man etwas Besonders und Konkretes, um Menschen zu größerer Leistung zu motivieren.«
>
> *Incentive*

Bekleidungshersteller Lands' End verleiht die Big-Bean-Auszeichnung, um Menschen zu würdigen, die mitdenken und zum Beispiel bei einer zeitkritischen Aufgabe mit anpacken, länger bleiben, um bei einem Projekt zu helfen, oder einen vielversprechenden Kandidaten unter den Bewerbern finden. Jeden Monat werden auf dem Meeting des Bereiches Mitarbeiterservice Kollegen nominiert, indem die teilnehmenden Mitarbeiter Nominierungsvorschläge in eine Wahlurne werfen (oder vor der Besprechung ein Online-Nominierungsformular ausfüllen). Am Ende des Meetings wird ein Name aus der Urne gezogen und der Glückspilz kann an der »Bean-Maschine« spielen – auch bekannt als Plinko –, wo er oder sie die Chance bekommt, tolle Preise wie einen Lands'-End-Sitzsack oder eine Gutscheinkarte für das Restaurant »Dry Bean« – oder weniger wertvolle Preise wie Schweinefleisch mit Bohnen, Kidneybohnen oder eine Beanie-Mütze zu gewinnen. Jeder, der nominiert wird, erhält zusammen mit einer Kopie der Nominierung eine spezielle Bean-Auszeichnung, und die Nominierungen werden einen Monat lang auf der Website des Mitarbeiterservice veröffentlicht.

Der *Charlotte Observer* in North Carolina vergibt FUIEE-Preise – was für Fun-Urgent-Informative-Energetic-and-Essential (Lustig-dringend-informativ-dynamisch-und-wesentlich) steht. Sie werden innovativen Mitarbeitern verliehen, beispielsweise einem Reporter mit einer tollen Story oder einem Mitarbeiter mit einer Idee für Kostensenkungen oder verbesserten Kundenservice. Die Zeitung vergibt auch Auszeichnungen, die auf Mitarbeiternominierungen basieren. Jede Woche prüft ein wechselndes Komitee die Nominierungen und gibt drei Gewinner bekannt, die einen der folgenden Preise erhalten: 50 Dollar Bargeld, Kinokarten oder die Nutzung eines bevorzugten Parkplatzes. Alle Nominierungen (einschließlich der Nichtgewinner) werden per E-Mail den Mitarbeitern mitgeteilt.

> »Sie bekommen, was Sie belohnen! Sie müssen wissen, was Sie bekommen wollen. Belohnen oder loben Sie die Menschen so, dass Sie es auch bekommen.«
>
> Bob Nelson

FedEx Freight West hat zahlreiche Anerkennungsprogramme, die von der EZTDBW-Auszeichnung (= Easy to Do Business With: Kann man gut mit zusammenarbeiten), die aus einem kleinen Geschenk und einem Anerkennungszertifikat besteht, bis zur Extra Mile Award reicht, einem größeren Geldpreis für außergewöhnliche Leistung. Diese unkomplizierten Auszeichnungsprogramme erlauben es Mitarbeitern auf allen Ebenen, sich gegenseitig spontan zu loben.

Um enge Gruppenbeziehungen zu schaffen und Erfolge anzuerkennen, vergibt das Marketing- und Kommunikationsunternehmen Phelps Group in Santa Monica, Kalifornien, nach den wöchentlichen Mitarbeitertreffen die »Atta Boy«-/»Atta Girl«-Preise. Die einfachen Plaketten, die mit großem Tamtam überreicht werden, werden von ehemaligen an die neuen Gewinner weitergegeben.

Syncrude Canada Ltd., eines der größten Energieunternehmen Kanadas, nördlich von Edmonton, Alberta, bemüht sich sehr darum, Anerkennung stets innovativ, persönlich und bedeutungsvoll zu gestalten. Zum Beispiel hat Produktionsleiter John Thomas die »Glücksprinzip-Auszeichnung« initiiert, eine Plakette, die von Mitarbeiter zu Mitarbeiter für vorbildliche Arbeit weitergegeben wird. Jeder Empfänger wird zweimal geehrt, sowohl beim Empfang des Preises als auch bei der Auswahl und der Übergabe an den folgenden Preisträger. Das Feedback ist sehr positiv.

Angestellte, die bei der KFC Corporation in Louisville, Kentucky, leistungsmäßig noch einen draufsetzen, wird der »Floppy-Chicken-Preis« übergeben – ein Dankesschreiben samt Gutschein über 100 Dollar. Der frühere Generaldirektor und CEO David Novak startete das Programm, als er in die Stadt eines Preisträgers flog und ihm persönlich ein Gummihuhn überreichte, das er aus einer zerknüllten Papiertüte zog. Ein Foto dieser Übergabe hängt am »Walk of Leaders«, einem exponierten Bereich in der Unternehmenszentrale.

Die populärste Auszeichnung bei Synovus ist die vierteljährliche Standing-Tall-Auszeichnung für Mitarbeiter, die über ihren Tätigkeitsbereich hinausgehen. Nominiert werden sie von Kollegen und die Gewinner werden dann von einem speziellen Komitee ausgewählt. Die Preise werden bei einem Mittagessen vom CEO und anderen leitenden Führungskräften überreicht. Jeder Preisträger erhält 100 Dollar, einen Tag Sonderurlaub und einen kitschigen rosa Flamingo mit einer Fliege, der gerade einmal 3,47 Dollar kostet. Die Angestellten stellen die Flamingos dennoch stolz an ihren Arbeitsplatz aus und ermutigen so andere, ebenfalls diesen Preis anzustreben.

> »Menschen wollen Neues lernen, einen Beitrag leisten und lohnende Arbeit tun. Den Wenigsten genügt Geld als Motivation. Menschen wollen spüren, dass sie etwas in der Welt bewirken.«
>
> Frances Hesselbein, Vorsitzender, The Leader to Leader Foundation

---

Die John-Lewis-Auszeichnung von Timberland, die ihren Namen zu Ehren des amerikanischen Kongressabgeordneten und langjährigen Bürgerrechtsaktivisten John Lewis aus Georgia trägt, wird jedes Jahr einem herausragenden Mitglied der Verkaufsmannschaft überreicht. Diese Person muss die Timberland-Kernwerte – Menschlichkeit, Bescheidenheit, Integrität und Spitzenleistung – aufweisen, indem sie durch ehrenamtliche Arbeit in ihrer Gemeinde etwas bewirkt. Der Preis besteht aus einer Spende von 5.000 Dollar für eine gemeinnützige Organisation nach Wahl des Siegers, einem Tag in Washington, D. C., mit dem Kongressabgeordneten Lewis und einer Gedächtnisplakette. 2004 überreichte John Lewis den Preis höchstpersönlich.

Angestellte von Robert W. Baird, einem Finanzdienstleister in Milwaukee, überreichen Kollegen den Blue-Chip-Preis, um deren gute Arbeit anzuerkennen. Die Empfänger erhalten eine kurze Mitteilung und einen kleinen »Baird Blue Chip« mit den Worten »Als Anerkennung für gute Arbeit«. Diese Preise werden in der Regel während eines Abteilungsmeetings durch den Manager vergeben, sodass sich andere Mitarbeiter dem Beifall für die Empfänger anschließen können. Viele Kollegen stellen die Blue Chips auf ihren Schreibtischen zur Schau, und einige Abteilungen haben an den Wänden einen besonderen Platz, um die Auszeichnungen aufzuhängen. Die besten zwei Prozent der Empfänger des Blue Chips werden bei der Jahresversammlung zusätzlich gewürdigt.

Baird hat darüber hinaus ein Kollege-des-Monats-Programm, das eine Anerkennung für die Kollegen gewährleistet, die durchweg einen höheren Beitrag sowohl für ihre Kunden als auch für das Unternehmen leisten. Die Vorschläge kommen von Kollegen, und der Monatssieger erhält Blumen, 100 Dollar in bar und einen Gutschein für ein Abendessen für zwei Personen, ein Kleidungsstück von Baird Clothing, eine Kollege-des-Monats-Urkunde und einen Wanderpokal, der für einen Monat auf seinem oder ihrem Schreibtisch bleibt. Der Preis wird gewöhnlich durch eine Gruppe von Kollegen und Mitarbeitern der Personalabteilung übergeben und der Sieger wird im Online-Newsletter des Unternehmens vorgestellt.

Die REI-Filiale in Ventura, Kalifornien, vergibt während der Mitarbeitermeetings »Anerkennungspreise«. Nachdem eines Tages die üblichen Preise vergeben waren, wurde die Aufmerksamkeit auf zwei Mitarbeiter gelenkt, die mehr als die übliche Anerkennung verdienten. Jedem von ihnen wurde der Ananas-Preis übergeben – eine frische Ananas mit einer üppigen Blätterkrone.

> Rufen Sie eine spezielle Auszeichnung für bestimmte Leistungen ins Leben und geben Sie ihr einen Namen, zum Beispiel den Gorilla-Preis.
> Führen Sie eine ABCD-Auszeichnung (=Above and Beyond the Call of Duty: über die Pflicht hinaus) ein, für Mitarbeiter, die die Anforderungen ihres Jobs mehr als erfüllen. Überreichen Sie ihnen zum Beispiel ein mit der »ABCD-Auszeichnung« verziertes Polohemd.
> Lassen Sie Mitarbeiter den besten Manager, Vorgesetzten, Mitarbeiter und Anfänger des Jahres wählen.
> Reservieren Sie den Parkplatz, der dem Firmeneingang am nächsten ist, für den »Angestellten des Monats«.

Die REI-Filiale in Tualatin, Oregon, belohnt Mitarbeiter mit dem Goldenen Kleiderbügel, wenn sie bei der Unterstützung des Verkaufspersonals ihre Pflichten übertreffen. Es ist ein einfacher Kleiderbügel, der goldfarben lackiert wird. Die Empfänger werden von Kollegen vorgeschlagen und erhalten die Auszeichnung bei Mitarbeiterbesprechungen. Bei jeder Zusammenkunft gibt es eine Auszeichnung. REI hat auch ein formelles Anerkennungsprogramm namens Anderson Award (benannt nach den Gründern Lloyd und Mary Anderson), für den Kollegen Nominierungen einreichen sowie den Gewinner wählen. Die Empfänger der Auszeichnung werden einmal jährlich von jeder Abteilung und jedem Geschäft geehrt. Sie erhalten Urkunden und einen Stein mit ihrem Namen auf einem Weg auf dem Gelände der Unternehmenszentrale. Sie sind auch teilnahmeberechtigt für den President Award, der an die zehn besten Angestellten des Unternehmens vergeben wird. Diese Gewinner werden (mit ihren Partnern oder Ehegatten) auf eine Abenteuerreise mit dem Firmenchef von REI eingeladen.

> »Vergütung ist, was Sie Menschen geben, um den Job zu tun, für den sie eingestellt wurden. Anerkennung dagegen feiert das über die Pflichterfüllung hinausgehende Engagement.«
>
> Aus »How to Profit from Merchandise Incentives«, Sonderbeilage, *Incentive*

Der Energie- und Wasserversorger Emerson Process Management Power and Water Solutions lässt seine Angestellten den Rising Star Award für gute Arbeit an ihre Kollegen verleihen. Sie veröffentlichen eine kurze Beschreibung der Leistungen des entsprechenden Kollegen auf der Rising-Star-Seite im firmeneigenen Intranet. Ein Preis-Formular mit der Begründung der Nominierung samt Kopie an seinen oder ihren Vorgesetzten wird elektronisch an den Mitarbeiter übermittelt. Der Mitarbeiter kann sich einen von mehreren Preisen im Wert von 5 bis 12 Dollar aussuchen, beispielsweise Kinokarten, Gutscheine für eine Autowäsche, Benzin oder die Videothek und Restaurant- oder Einkaufsgutscheine. Er oder sie kann aber auch eine Rising-Star-Anstecknadel erhalten, die viele an ihrem Arbeitsplatz als Ehrenabzeichen anbringen.

Jedes Jahr vergibt CEDRA, ein Chemieunternehmen im Bereich Bioanalytik, den »Buttkicker Award«, also ein Tritt-in den Hintern-Preis, an Mitarbeiter, die das Potenzial zur Führungskraft haben. Sie müssen von amtierenden »Buttkickern« nominiert und vom Management entsprechend strenger Selektionskriterien bestätigt worden sein. Der Name des Preisträgers wird einem Podest (in der Empfangshalle) mit einem Holzstiefel darüber hinzugefügt. Außerdem bekommt jeder Preisträger eine goldene Ansteck- oder Krawattennadel mit Diamanten und einen Ausflug mit dem Firmenchef in ein ortsansässiges Geschäft für Western-Ausstattung, um sich ein Paar Stiefel auszusuchen.

> »Was Mitarbeiter dazu bringt, zur Arbeit zu erscheinen, ist ein Gefühl von Stolz, Anerkennung und Erfolg. Arbeiter, die sich ihrem Job verpflichtet fühlen und dafür Anerkennung erhalten, werden so viele Stunden wie nötig arbeiten, um den Job zu erledigen.«
> Thomas Kelley, Vorsitzender der Society for Human Resource Development

Der Legend Award ist die höchste Ehre, die einem Mitarbeiter von Alaska Airlines zuteil werden kann. Er oder sie muss dafür eine einzigartige Mischung von Einstellung, Einfallsreichtum, Integrität, Professionalität und Sorgfalt repräsentieren. Einmal jährlich wird jede neue Generation von Preisträgern (etwa acht bis zwölf Mitarbeiter) in die Hall of Fame von Alaska Airlines eingeführt und zu einem feierlichen Mittagessen mit Gästen, Kollegen und dem Topmanagement eingeladen. In den letzten Jahren hat die Preisübergabe im Chateau Ste. Michelle Winery stattgefunden. Die Preisträger werden zuerst zur Unternehmenszentrale von Alaska Airlines geflogen, um ihre auf Marmorsäulen eingravierten Namen zu enthüllen, und dann mit einem Bus zum Spirit of Washington Dinner Train gefahren, der sie ins Chateau bringt. Jeder Preisträger erhält außerdem einen handbemalten Kugelpokal.

Great Plaines-Microsoft Business Solutions in Redmond, Washington, pflegte jedes Jahr den sogenannten Pioneer Day zu feiern, an dem Auszeichnungen an Mitarbeiter des Softwareunternehmens verliehen wurden, die sich besonders hervorgetan hatten: Ein Jesse-James-Preis für die Tolerierung von Verschrobenheit, einen Sodbuster-Preis für Innovationen, einen Heritage-Preis für Kundendienst und mehrere Preise für besondere Leistungen auf verschiedenen technischen Gebieten. Die Sieger wurden als Mentoren gekürt und andere wurden ermuntert, von ihnen zu lernen.

Die Autovermietung Avis hat mehrere Anerkennungsprogramme, wie den Destination-Excellence-Preis für Mitarbeiter, die im Umgang mit Kunden die Werte von Avis widerspiegeln und die das Geschäft quantitativ messbar beeinflusst haben. Der höchste Preis ist der Meilenstein-Preis, der durch den Vorstand an den Mitarbeiter vergeben wird, der den bedeutendsten Beitrag für das Unternehmen geleistet hat.

> »Unsere Anreizprogramme sagen uns, dass wir auch in der Zukunft bestehen werden, und das liegt an der harten Arbeit, die wir heute leisten.«
> Charles Gehl, Koordinator, Frank Implement Company

Beverly Cronin, Managerin bei Hastings, einem Geschäft für Bücher, CDs, Videos und Unterhaltungselektronik in Rio Ranch, New Mexico, erinnert sich daran, von einem Filialleiter in Akron, Ohio, in den 1960er-Jahren einen Zündkerzen-Preis erhalten zu haben – eine goldbemalte Zündkerze an einem Band. Bei der Übergabe sagte er zu ihr: »Das ist für Sie, weil Sie den Arbeitsplatz in Schwung bringen«. Sie verwahrt den Preis immer noch in ihrem Schmuckkasten, um das erste Mal in Erinnerung zu behalten, als sie für gute Leistung gewürdigt wurde.

Ziff Davis, in La Jolla, Kalifornien, vergibt Teufelskerl-Preise, eine Auszeichnung, die demjenigen gewährt wird, der über die Pflichterfüllung hinaus etwas Innovatives oder Nützliches tut. Die Preisträger werden regelmäßig per E-Mail im gesamten Unternehmen bekanntgegeben.

Die Cuna Mutual Group, ein Versicherungs- und Finanzdienstleister, schuf den Big-Bone-Preis, eine Anspielung auf das Motto »Big Dogs«, das sie derzeit für das formelle Anerkennungsprogramm verwendete. Ein (über einen Meter) großer Rohleder-Hundeknochen wurde (wie der Stanley Cup) an herausragende Mitglieder der Führungsmannschaft weitergereicht. Die Gewinner wurden von ihren Chefs ausgewählt und der Preis wurde bei einem der drei persönlichen Meetings jedes Jahr überreicht. »Der Gewinner musste den Knochen signieren, ihn als Flugzeug-Handgepäck nach Hause bringen (viele flogen zu den Sitzungsorten) und am Arbeitsplatz ausstellen«, erklärt Eileen Doyle Julien, Bereichsleiterin Verwaltung für die Marketingabteilung Nordwest von Cuna in Latham, New York. »Die Auswirkungen dieses Preises waren großartig!«, sagt Eileen. »Wie kann jemand, der diesen großen Knochen in einer Geschäfts- oder Flughafenumgebung sieht, nicht danach fragen?!«

> »Spitzenleister lieben es, gemessen zu werden, weil sie sich sonst nicht beweisen können, was sie leisten.«
> Dr. Robert N. Noyce, Mitgründer, Intel Corporation

Die BlueCross BlueShield Association in Chicago vergibt »Menschen sind Spitze«-Preise. Luftballons werden an den Schreibtisch des Betreffenden gebunden, Bauchtänzer engagiert und ein Lied oder eine Nachricht von jemandem im Gorillakostüm vorgetragen. Das Unternehmen würdigt herausragende Angestellte auch viermal pro Jahr mit der Superstar-Auszeichnung. Jeder Superstar bekommt einen Sparbrief über 500 Dollar, einen Stern und einen Pullover.

Beim jährlichen Bankett anlässlich der Gewinnbeteiligung vergibt das Management des Angus-Barn-Restaurants in Raleigh, North Carolina, Preise an die zehn besten Mitarbeiter. Das Restaurant erkennt Leistungsträger auch mit dem Publikumspreis an, der von Mitarbeitern verliehen wird.

Nelly Attwater, Leiterin Aus- und Weiterbildung der El-Torito-Restaurants in Long Beach, Kalifornien, berichtet, wie die Restaurants das »Sei ein Star«-Programm nutzen. »Wenn ein Manager oder Vorgesetzter sieht, dass ein Mitarbeiter gute Arbeit leistet – oder mehr tut, als nur seine Pflicht zu erfüllen – erhält dieser Mitarbeiter einen Stern-Dollar, der als Geldersatz dient. Jedes Restaurant verlost am Ende des Monats Preise (Bargeld, Fernseher et cetera), und jede Region veranstaltet ebenfalls eine Verlosung (1.000 Dollar Bargeld, Fernseher, Videorecorder et cetera). Jeder Mitarbeiter kann unbegrenzt viele Sterne für die Verlosungen haben«.

Nordstrom, Inc., eine Kaufhauskette mit Sitz in Seattle, vergibt den Tempomacher-Preis an Mitarbeiter, die Ziele um ein beträchtliches Maß übertroffen haben. Der Preisträger erhält eine Urkunde, neue Visitenkarten mit der Aufschrift »Tempomacher« und einen Abend mit allen Schikanen für zwei Personen einschließlich Abendessen, Tanz und Unterhaltung. Im folgenden Jahr erhält der Tempomacher einen Nachlass von 33 Prozent auf alle Nordstrom-Waren – das sind 13 Prozent mehr als der Standard-Mitarbeiterrabatt.

Bei der Ceramics Process Systems Corporation, einem Hersteller von technischer Keramik in Chartley, Massachusetts, wird jedes Jahr im Dezember der Preis für besondere Leistungen an Mitarbeiter vergeben, die die Erwartungen deutlich übertroffen haben. Firmenchef Peter Loconto sagt: »Wir haben damit gerungen, Ausstoß und Produktivität zu verbessern. Ein Mitarbeiter nahm die Sache selbst in die Hand. Er hat alle betroffenen Bereiche und die vorhandenen Probleme dokumentiert, sodass das Management klar erkennen konnte, wo die Hindernisse lagen«. Ein anderer Mitarbeiter, mit der Meinung des Managements konfrontiert, dass die Anforderungen eines Kunden hinsichtlich einer bestimmten Aufgabe zu hoch (sogar unvernünftig) seien, arbeitete – unaufgefordert – Tag und Nacht, um die Wünsche des Kunden zu erfüllen. Der Mitarbeiter schaffte die Aufgabe sogar termingerecht. »Als wir den Namen dieses Mitarbeiters verkündeten, standen alle auf und jubelten«, sagt Loconto. »Das war eine echte Anerkennung für die harte Arbeit dieses Mitarbeiters.« Die Namen der Ausgezeichneten werden auf einer Ehren-

> »Wenn Menschen wie der Motor der Unternehmensmaschine behandelt werden und nicht wie austauschbare Teile, werden Motivation, Kreativität, Qualität und Engagement steigen.«
>
> Robert H. Waterman, Direktor der Watermann Group, Mitverfasser von *Auf der Suche nach Spitzenleistungen*

tafel graviert, die in der Empfangshalle des Unternehmens aushängt. Außerdem erhalten die ausgewählten Mitarbeiter entweder Bargeld oder Unternehmensaktien.

Bei Meloche Monnex, einem Versicherungsunternehmen in Montreal, erhalten Spitzenleister einen persönlichen Brief vom Vorstandsvorsitzenden, der ihnen zu ihrer Leistung gratuliert. Außerdem bekommen sie eine Gehaltserhöhung, die doppelt so hoch wie die durchschnittliche jährliche Erhöhung ausfällt. Ein Teil der Erhöhung wird als Einmalbetrag ausgezahlt, wenn das Gehalt des Angestellten im oberen Bereich liegt. Diese Mitarbeiter werden auch bei der Wahl von zusätzlichen Verantwortlichkeiten und Trainings bevorzugt.

> »Sobald Mitarbeiter sehen, dass ihre Arbeit im Unternehmen etwas bewirkt und geschätzt wird, wird ihre Leistung ein höheres Niveau erreichen.«
> Rita Numerof,
> Firmenchefin,
> Numerof & Associates

Fallstudie zur Anerkennung herausragender Mitarbeiter

Bei Stew Leonard's geht der ABCD-Auszeichnung (Über die Pflicht hinaus – abgeleitet vom englischen Above and Beyond the Call of Duty) an Mitarbeiter, welche die Anforderungen ihrer Jobs übertreffen. Sie erhalten ein Polohemd mit dem Aufdruck: ABCD Award. Das Lebensmittelgeschäft hat auch ein »Superstar des Monats«-Programm. Dabei wählen die Mitarbeiter jeder Abteilung einen gleichgestellten Kollegen auf der Grundlage abteilungsrelevanter Kriterien – Hygiene, Sicherheit et cetera. Der Monat dieses »Superstars« beginnt mit einem beachtlichen Auftakt – einschließlich eines Fotos für die »Allee der Stars« (eine Bilderwand im Laden), Ballons und dem Jubel der Kollegen. Pokale, Geschenke, Geschenkgutscheine und Bargeld werden großzügig genutzt, um die Leistung anzuerkennen.

»Wir überreichen nicht einfach nur eine Plakette«, sagt der Unternehmensgründer Stew Leonard. »Jemand, der als Tier verkleidet ist, überreicht dem Preisträger Luftballons. Die Kollegen versammeln sich und wir präsentieren die Ehrentafel mitten im Geschäft. Es wird ein Foto geschossen, dieses veröffentlichen wir in den *Stew's News* [dem Firmennewsletter] und bringen es an einer Walnussholztafel an, die wir in der Allee der Stars aufhängen. Die Preisträger sehen täglich ihr Foto und fühlen sich gut.«

Basierend auf einer Mitarbeiterwahl gibt es jedes Jahr »Stewie«-Auszeichnungen für leitende Angestellte, Vorgesetzte, Mitarbeiter und Anfänger des Jahres. Der Manager mit der niedrigsten Fluktuation gewinnt ebenfalls einen Preis. Eine Auszeichnung für herausragende Leistungen wird jährlich an drei Spitzenangestellte verliehen, die von ehemaligen Gewinnern aus ungefähr zwanzig Vorschlägen des Firmenchefs ausgewählt werden. Die Auszeichnungen werden bei einem Bankett verliehen.

> »Verhalten ist immer abhängig von den Konsequenzen.«
> Bob Nelson

Southwest Airlines erlaubt den Stationsmanagern, die »Star des Quartals«-Mitarbeiter mit einer Feier zu belohnen. Der Preisträger lädt zum Beispiel die Kollegen zum Mittag- oder Abendessen ein und stellt das Menü dafür zusammen. Der Stationsmanager übernimmt Einkauf, Vorbereitung und serviert das Essen. Statt als zusätzliche Mühe empfunden zu werden, hat sich das Ereignis zu einer Team-Building-Maßnahme entwickelt, wobei mehrere Manager zusammenarbeiten, um alles zu koordinieren. Das ist nur einer der Gründe, warum es inzwischen (gemessen am Prozentsatz der akzeptierten Bewerber) schwieriger ist, einen Job bei Southwest Airlines zu bekommen als einen Studienplatz an der Harvard Universität!

Bei der Zeitschrift *Business First* in Columbus, Ohio, wird bei jeder Personalversammlung der Mitarbeiter des Monats gewürdigt. Der Herausgeber lobt dabei seine oder ihre Leistungen. Das Unternehmen verleiht auch den Ugly Ben Award, eine 100-Dollar-Note mit dem Konterfei von Benjamin Franklin, an denjenigen, der »das Monatsverkaufsziel trotz aller Widerstände erfüllt.«

Bei Home Depot, Inc., einer Baumarktkette mit Hauptsitz in Atlanta, wählt jeder Markt den Mitarbeiter des Monats: jemand, der sich in einem Bereich besonders engagiert hat, der eigentlich außerhalb seiner oder ihrer Verantwortung liegt. Der Geehrte erhält 100 Dollar, ein Verdienstabzeichen (für fünf Abzeichen gibt es noch einmal 50 Dollar) und eine Plakette, die an den Arbeitskittel geheftet werden kann. Außerdem wird der Name des Mitarbeiters in eine Tafel am Eingang des Marktes graviert.

Bei der ICI Pharmaceuticals Group in Wilmington, Delaware, wird der Preis für herausragende Leistung an Angestellte für jede Idee vergeben, die dem Unternehmen nützt, und an Angestellte, die ihre Pflicht mehr als erfüllen. Der Gewinner erhält 300 Dollar. Mitarbeiter können von jedem im Unternehmen für diesen Preis vorgeschlagen werden.

Bei Gregerson's Food, einer Lebensmittelkette in Gadsden, Alabama, werden in jeder Filiale herausragende Mitarbeiter zum Kollegen des Monats ernannt. Sie erhalten silberne Namensschilder, die mit dem Titel sowie Monat und Jahr der Auszeichnung versehen sind, und die sie so lange tragen, wie sie für das Unternehmen arbeiten. Die Namen der Angestellten werden auch auf einer Tafel in jeder Filiale verzeichnet.

Die Manager bei D'Agostino's, einer Supermarktkette, die in Larchmont, New York, beheimatet ist, nennen Mitarbeiter, die mehr als den verlangten Einsatz zeigen, All-Stars. Mindestens ein All-Star wird jeden Monat in jeder Filiale ausgewählt – bis zu 24 Menschen pro Jahr und Filiale.

Der Carlson-Himmelman-Preis wird durch die Westin Hotels mit Sitz in White Plains, New York, jährlich für herausragende Managementleistungen vergeben. Die Gewinner erhalten eine Weltreise.

> »Motivation ist immer abhängig von der jeweiligen Person. Was für den einen motivierend ist, ist es für den anderen nicht.«
>
> Crystal Jackson, Personalleiter, Companion Life Insurance Co.

Bei Valassis erhalten die Gewinner der Auszeichnungen »Innovator«, »Teamarbeiter«, »Risikoträger« und »Mitarbeiter des Jahres« 100 bis 200 Aktien des Unternehmens, einen Kristallpokal und begehrte Parkplätze. Die Preisträger werden von Kollegen auf gleicher Ebene vorgeschlagen, die dazu nur ein Formular ausfüllen müssen, und werden von einem freiwilligen Bewertungs- und Auswahlkomitee gewählt. 2003 vergab der CEO von Valassis auch einen »Integrator-Preis« – eine einwöchige Reise für zwei Personen an Bord der Queen Mary II – und 2004 den »Globaler-Denker-Preis« – eine Reise zu einem Ort nach Wahl einschließlich 3.000 Dollar Taschengeld.

Marriott International, Inc., mit Sitz in Bethesda, Maryland, ehrt jedes Jahr fünfzehn bis zwanzig Mitarbeiter mit dem J. Willard Marriott Award of Excellence, einem Medaillon, in das ein Bild von Marriott sowie die grundlegenden Werte des Unternehmens graviert sind: Engagement, Leistung, Präzision, Leidenschaft, Energie und Beharrlichkeit. Laut Gerald C. Baumer, stellvertretender Leiter Mitarbeiterkommunikation und Kreativdienstleistungen, stützt sich die Auswahl auf die Begründung des Vorschlagenden und die jeweilige Dienstzeit im Unternehmen. Die Preisträger repräsentieren eine bunte Mischung der Belegschaft: Tellerwäscher, Küchenchefs, Hausdamen und Warenmanager sind vertreten. Der Marriott-Preis wird bei einem jährlichen Bankett in Washington verliehen, an dem die Geehrten, deren Ehepartner, die Vorschlagenden und leitende Führungskräfte teilnehmen. »Wir wollen, dass die anderen Mitarbeiter zu diesen Menschen aufblicken«, sagt Baumer.

> **»Auf die Vortrefflichkeit folgt die Wertschätzung.«**
> William Makepeace Thackeray

Bargeld, Bargeldersatz & Geschenkgutscheine

Bargeld und Bargeldersatz, wie zum Beispiel Geschenkgutscheine, rangieren bei Belohnungen, die Mitarbeiter sich als Anerkennung für gute Arbeit wünschen, unter den Top Ten. Als sehr oder extrem wichtig werden dabei eingestuft: »Der Mitarbeiter erhält einen Geschenkgutschein oder eine Eintrittskarte (48 Prozent), »Der Mitarbeiter erhält einen symbolischen Geldbetrag« (46 Prozent) »Der Manager überreicht dem Mitarbeiter einen Gutschein für ein Abendessen zu zweit (43 Prozent) und »Der Mitarbeiter erhält Karten für eine Veranstaltung« (39 Prozent). Untersuchungsergebnisse bestätigten diese Aussagen: 95 Prozent der Befragten betrachten einen Bonus in Form von Bargeld als positiven und bedeutungsvollen Anreiz. Laut einer von Workforce Management durchgeführten Umfrage belohnen 15 Prozent der Befragten ihre Mitarbeiter mit Bargeldzahlungen und bei 2 Prozent gehören Sparbriefe zum Anreizprogramm des Unternehmens.

Die meisten Menschen genießen es, mehr Geld ausgeben zu können – vor allem um die Feiertage und bei unerwartetem Finanzbedarf. Bei Bargeld ist der Empfänger zwar am flexibelsten, wofür er den Betrag ausgibt, allerdings führt Bargeld häufig zu einer Erwartungshaltung. Wenn Sie drei Jahre hintereinander einen Bonus von 500 Dollar zahlen, dann werden die Mitarbeiter im vierten Jahr fest damit rechen. Ein weiteres Problem bei Bargeld ist, dass es keinen Trophäenwert besitzt – also keinen dauerhaften Wert, der an die Leistung erinnert. Von dem Geld werden meist Rechnungen bezahlt und es ist dann schnell vergessen.

Bargeldersatz und Gutscheine (wie Geschenkgutscheine, Coupons oder Punkte, die gegen Waren eingetauscht werden können) besitzen dagegen einen gewissen Trophäenwert. Die von den Mitarbeitern ausgesuchten Produkte werden sie an ihre Leistungen erinnern. Geschenkgutscheine haben zudem den Vorteil, dass sie schnell eingelöst werden können, flexibel hinsichtlich Betrag und Verfallsdatum sind und keine Versandkosten anfallen. Sie können in den unterschiedlichsten Geschäften und gegen alle möglichen Waren eingetauscht werden – von Feinkost bis zum Rasenmäher. Geldersatz kann eine wirkungsvolle Alternative zu Bargeld, das schnell ausgegeben und vergessen ist, sowie einem konkreten Geschenk darstellen, das der Betreffende vielleicht nicht gebrauchen kann oder das ihm oder ihr nicht gefällt.

Lowell G. Rein, Aufsichtsratvorsitzender bei LGR Consultants in McMurray, Pennsylvania, hat verschiedene Vorschläge für Belohnungen, die keine großen Kosten verursachen:

➤ Belohnen Sie gute Arbeit, gute Sicherheitsstandards oder geringe Fehlzeiten mit Silberdollars oder Goldmünzen.

➤ Überreichen Sie regelmäßig eine 20-Dollar-Note für besondere Leistungen an Mitarbeiter (oder Teams).

➤ Legen Sie kleine Geldbeträge zusammen mit einem Dankesschreiben in den Kalender oder die Schreibtischschublade des Betreffenden.

➤ Wählen Sie einen besonders leistungsstarken Mitarbeiter aus und erhöhen Sie sein Gehalt dauerhaft um einen kleinen Betrag.

➤ Vergeben Sie unerwartete Bargeldboni.

> »Vergütung steht einem zu; Anerkennung ist ein Geschenk.«
> Rosabeth Moss Kanther, Professorin, Harvard Business School

In Portland, Oregon, erhalten die Mitarbeiter von REI, die wegen Unterbesetzung kurzfristig arbeiten kommen, Fünf-Dollar-Gutscheine für Starbucks.

Rocky Laverty, Vorstandsvorsitzender der Discounterkette Smart & Final in Commerce, Kalifornien, überreicht Mitarbeitern für herausragende Leistungen »Rocky Dollars«. Die Auszeichnung besteht aus einem Silberdollar, der auf ein Zertifikat geklebt ist und den der Vorstandsvorsitzende dem Betreffenden persönlich überreicht und ihn öffentlich beglückwünscht.

Newell Rubbermaid Inc. mit Sitz in Atlanta, Georgia, belohnt Mitarbeiter für gute Arbeit mit »Gummidollars«, mit denen im firmeneigenen Geschäft Produkte des Hauses gekauft werden können.

Burger King belohnt Mitarbeiter mit Bargeld, wenn sie neue Kollegen auf Managerebene rekrutieren. Für das Anwerben von Mitarbeitern für eine Einstiegsposition erhalten sie »Burgerdollars«, die gegen Geschenkgutscheine für örtliche Geschäfte eingetauscht werden können.

Bei National Office Furniture in Jasper, Indiana, werden in speziellen Meetings Produktkenntnisse getestet und mit Spielgeld belohnt. Am Ende der Versammlung können mit dem Geld Preise ersteigert werden. Spitzenleistern werden zudem Karten für College-Footballspiele oder für den Grand Ole Opry, eine aus Nashville übertragene Radiosendung mit Kultstatus, überreicht. Wenn ein unternehmensweiter Slogan-Wettbewerb durchgeführt wird, erhalten die Gewinnerteams Jacketts.

Kyle Illman, Geschäftsführer von Messages on Hold in Perth, Australien, erzählt: »Unsere Kundenkontakte laufen übers Telefon. Deshalb müssen unsere Mitarbeiter in der Lage sein, die Kunden zu beeindrucken, um diesen Distanzfaktor zu überwinden. Bei Teamversammlungen lese ich die Namen von Geehrten laut vor und bitte sie, eine Karte aus einem ganzen Stapel zu ziehen. Für Karten von zwei bis neun erhalten sie den entsprechenden Betrag in Dollar. Für eine zehn oder eine Bildkarte bekommen sie zehn Dollar, für ein Ass gibt es zwanzig. Das macht Spaß und spornt die Vertreter an, die Kunden zu begeistern.«

Manager und andere Vorgesetzte bei Busch Gardens Tampa verwenden Dankeschön-Wertmarken mit der Aufschrift »Sich Freunde zu machen ist unser Geschäft«, um Mitarbeiter spontan dafür zu loben, dass sie mit ihrem Verhalten die zentralen Werte des Unternehmens wie Dienstleistungsorientierung, Teamarbeit und Sicherheit zeigen. Die Mitarbeiter können die Wertmarken gegen zehn Dollar eintauschen. Die meisten behalten jedoch lieber die Wertmarken. Das *Dallas Business Journal* hält immer einen Vorrat an goldfarbenen Münzen im Wert von zehn bezie-

> »Gegen einen Geldpreis ist nichts einzuwenden, aber er ist schnell ausgegeben. Scheinbar kleine Gesten – ein Parkplatz, eine Plakette, ein Schwarzes Brett mit Fotos von Mitarbeitern – können genauso wirkungsvoll sein wie ein großes Festessen oder Reisen.«
> Donald Gagnon, Ausbildungskoordinator, Brunswick Mining and Smelting Corp.

hungsweise zwanzig Dollar bereit. Manager überreichen die Münzen an Mitarbeiter für das Erreichen von Wochenzielen oder dem Abschluss größerer Verkäufe. Die Münzen können in jedem Laden des örtlichen Einkaufszentrums eingewechselt werden. Die Zeitung vergibt auch Kinokarten, kleine Bargeldboni und Gutscheine für Rückenmassagen im Büro.

Pitney Bowes mit Hauptsitz in Stamford, Connecticut, belohnt die besten mündlich und schriftlich gestellten Fragen bei der jährlichen Aktionärssitzung mit einem Sparbrief in Höhe von 25 Dollar.

Great Western veranstaltet ein Mitarbeiter-Anerkennungsbankett mit einer Besonderheit: Jeder Mitarbeiter bekommt Spielgeld in Höhe von 200 Dollar, um damit bei einer Auktion zu bieten. Ersteigert werden können Dienstleistungen von Managern wie Auto waschen, Babysitten, Housesitten, Kuchen backen, Essen kochen und für sechs Stunden die Arbeit eines Mitarbeiters übernehmen. Außerdem erhalten die Mitarbeiter zwei Goldstücke und ein mehrgängiges Abendessen.

Bei der Wells Fargo Bank in San Francisco erhalten die Mitarbeiter für besonderes Engagement und gute Arbeit Coupons im Wert von 35 Dollar. Diese können gegen Geschenke eingetauscht werden, wie eine Saisonkarte für eine Sportveranstaltung, einen reinrassigen Welpen, fünf Unternehmensaktien, Karten für die Rose Parade, Shoppingtouren, die Hypothek für einen Monat bezahlen sowie bezahlte Urlaubstage. Die Quad/Graphics Druckerei in Pewaukee, Wisconsin, zahlt Mitarbeitern 30 Dollar, wenn sie an einem Kurs teilnehmen, um sich das Rauchen abzugewöhnen, und 200 Dollar jedem, der ein Jahr lang nicht mehr raucht. Bei Celestial Seasonings, einem Abpackbetrieb von Kräutertee in Boulder, Colorado, bekommt jeder Mitarbeiter an seinem Geburtstag einen Scheck über 25 Dollar, an Thanksgiving einen Scheck über 50 Dollar und zu Weihnachten einen Scheck über 100 Dollar.

> »Wirtschaftliche Anreize wandeln sich zunehmend von einer Belohnung in ein Anrecht.«
> Peter F. Drucker, Autor und Managementguru

Vorteile von Bargeldanreizen
➤ Erwünscht
➤ Leicht zu verwalten und zu handhaben
➤ Werden von jedem verstanden
➤ Können ein langfristiges Programm verstärken

Mitarbeiter des Naval Publications and Forms Center in Philadelphia nominieren Kollegen für den Wilbur Award, benannt nach einem langjährigen Mitarbeiter. Dabei handelt es sich um einen Preis in Höhe von 25 Dollar. Für einen hervorragenden Vorschlag können Mitarbeiter mit dem Spitzenpreis von 35.000 Dollar ausgezeichnet werden.

Bei Anchor Communications in Lancaster, Virginia, erhält jeder einen Geschenkgutschein in Höhe von 50 Dollar, der das vierteljährliche Cashflow-Ziel erreicht. Anchor bittet seine Mitarbeiter zudem, Ressourcen zu sparen. Als Teil dieser Bemühungen hängt das Management Poster mit dem vierteljährlichen Liquiditätsziel überall im Gebäude auf und aktualisiert sie täglich. Wer in einem unangekündigten Test den aktuellen Kassenbestand richtig einschätzt, bekommt Reisegutscheine im Wert von 1.500 Dollar.

Die G. S. Schwartz and Company Inc., eine PR-Agentur in New York, veranstaltet eine Hitparade, bei der jede Woche derjenige PR-Repräsentant 50 Dollar bekommt, der die beste Berichterstattung von einem Event einreicht oder eine Story für einen Kunden entwickelt. Die Gewinner erhalten einen Punkt für den vierteljährlichen Hundert-Dollar-Preis. Die Zweitplazierten erhalten einen halben Punkt.

Mary Jo Stuesser-Yafchak, Vorstandsvorsitzende von Accudata in Fort Myers, Florida, fand eine Methode, ihre Mitarbeiter für den Besuch der monatlichen Trainingsseminare nach Feierabend zu motivieren. Sie veranstaltet jeden Monat eine Verlosung von 50 Dollar und nimmt den Namen jedes Teilnehmers in die Verlosung einer Reisegutschrift in Höhe von 1.000 Dollar am Jahresende auf.

Nachteile von Bargeldanreizen
- Kein Trophäenwert (das heißt: nicht dauerhaft)
- Nicht ausgefallen
- Kann nicht verstärkt werden
- Tendenz, eine »erwartete« Belohnung zu werden

Bei Hatfield Quality Meats in Hatfield, Pennsylvania, wird den Mitarbeitern jedes zweite Jahr anstelle eines Jahresbonus eine Auswahl aus einem Geschenkekatalog angeboten. Jeder Mitarbeiter hat den gleichen Betrag zur Verfügung und kann sich entweder einen teuren oder mehrere preisgünstige Artikel aussuchen.

Beim »Sei mein Gast«-Programm der American Express Company geht ein Incentive-Gewinner auf Kosten der Firma zum Abendessen aus. Der Mitarbeiter erhält eine Gutscheinkarte, der bei einem der teilnehmenden Restaurants eingelöst werden kann. Mit dieser Gutscheinkarte kann das Restaurant die Kosten des Abendessens der Firma in Rechnung stellen.

Beim Pfeiffer & Company Verlag, der mittlerweile zu John Wiley & Sons gehört, erhalten Mitarbeiter Geld dafür, dass sie ihre Geschäftsreise um einen Tag oder mehr verlängern. Wenn zum Beispiel das Flugticket für den Rückflug am Sonntagabend 150 Dollar weniger kostet als ein Rückflug am Freitag, dann erhält der Mitarbeiter 75 Dollar des eingesparten Geldes. »Es hat sich herausgestellt, dass dies eine wunderbare Methode für die Mitarbeiter ist, Kontakte mit Kunden, Händlern und Kollegen in anderen Städten zu intensivieren. Während der Woche hatte stets die Zeit für soziale Aktivitäten gefehlt«, berichtet Marion Mettler, ehemaliger CEO des Unternehmens.

Eine Managerin bei Gap Inc., einem Bekleidungsgeschäft mit Hauptsitz in San Francisco, wollte allen dafür danken, dass sie wie verrückt geschuftet hatten, um eine wichtige Deadline zu halten. Sie verteilte Gutscheine für Gesichtsbehandlungen oder Massagen in einem Wellnesscenter. »Nach dieser harten Zeit war das eine willkommene Methode, um wieder zur Ruhe zu kommen und sich zu entspannen«, berichtet Carol Whittaker, ebenfalls Managerin bei Gap.

Steve Ettridge, Vorstandsvorsitzender von Randstad North America LP, einer Zeitarbeitsfirma mit Sitz in Atlanta, hatte ein Problem mit jungen Arbeitskräften, die nicht zugeben wollten, wenn ihnen ein Fehler unterlaufen war. »Die meisten dieser Fehler hätten behoben oder in der Auswirkung begrenzt werden können. Aber ich entdeckte sie immer erst, wenn ein Riesenproblem daraus geworden war«, erzählt Ettridge. »Eines Tages holte ich 500 Dollar aus der Tasche und erzählte ihnen von einem Fehler, der mir in dieser Woche passiert war. Ich sagte, wer das überbieten könne, bekäme die 500 Dollar. Natürlich hatten sie Angst, dass es nur ein Trick war.« Ein Mitarbeiter gab schließlich zu, sich beim Eingeben von Daten vertippt zu haben. Das Ergebnis war eine Gehaltszahlung über 2.000.000 Dollar, die beinahe getätigt worden wäre. Er bekam die 500 Dollar. Seither vergibt das Unternehmen vierteljährlich 100-Dollar-Belohnungen an diejenigen, die zugeben, dass ihnen während der Arbeit ein Fehler unterlaufen ist. Ettrige sagt, dass der Preis eingeführt wurde, um es den Mitarbeitern zu erlauben, menschlich zu sein und auch mal ein Risiko einzugehen.

Victor Kiam, Generaldirektor von Remington Products in Shelton, Connecticut, unterhält einen frei verfügbaren Fond in Höhe von 25.000 Dollar, um Mitarbeiter spontan mit Bargeldzahlungen belohnen zu können, wenn diese ihren Vorgesetzten durch außergewöhnlich gute Leistungen aufgefallen sind. Kiam ruft diese Mitarbeiter in sein Büro und überreicht ihnen einen Scheck in Höhe von 200 bis 500 Dollar.

Beim Internal Revenue Service werden Belohnungen in Form von Bargeld von mindestens 100 Dollar (und in einigen Fällen sogar bis zu 4.000 Dollar!) für Ideen vergeben. Mitarbeiter, die bei ihrer Leistungsbewertung gut abschneiden, erhalten Boni von durchschnittlich 500 Dollar.

Als J. Pierpont Morgan, Gründer der JP Morgan Bank, 1912 verstarb, vererbte er jedem Mitglied seiner Belegschaft ein Jahresgehalt.

> »Geld hat auf leitende Führungskräfte nicht denselben Einfluss wie auf geringer bezahlte Mitarbeiter. Aber über Anerkennung freut sich jeder.«
> Martha Holstein, Associate Director, American Society on Aging

Fallstudie zu Bargeldanreizen

Solar Communications, eine Firma für Direktmarketing in Naperville, hat im Laufe der Jahre ein System von Bargeldboni entwickelt. Anfangs wurden Bargeldboni nur gelegentlich und auf beinahe bevormundende Weise vergeben. Am Ende der meisten Monate überreichte Gründer John F. Hudetz Schecks – in der Regel in Höhe von 20 bis 60 Dollar – wobei jeder denselben Betrag erhielt. Als das Unternehmen 2 Millionen Dollar Umsatz erreichte, wollte der Eigentümer ein klarer definiertes Programm. Die Mitarbeiter wurden speziellen Maschinen zugewiesen und in Teams von vier oder fünf Leuten aufgeteilt. Je mehr ein Team während eines vorgegebenen Monats produzierte, desto höher fiel der Bonus für jedes Teammitglied aus.

Das neue Anreizsystem zeigte sofort Wirkung. Die Packmaschinen liefen schneller als je zuvor, weil die Mitarbeiter um immer höhere Bezahlungen rangelten. In vielen Fällen verdoppelte sich die Produktionsrate. In guten Monaten bekamen die Arbeiter des besten Teams Boni von etwa 250 Dollar, während ihre Kollegen etwa ein Viertel davon erhielten. Durch den Produktionsdruck entstanden allerdings andere Probleme wie Maschinenausfälle, weil die notwendigen Wartungen nicht mehr regelmäßig durchgeführt wurden.

Jetzt belohnt das Unternehmen jeden für das Endergebnis nach einer eindeutigen Formel: Jedes Quartal setzen die Manager ein Ertragsziel, basierend auf dem, was sie für erreichbar halten. Gesetzt den Fall, dass das Unternehmen das Ziel erreicht – und die Zahlen werden innerhalb des Unternehmens öffentlich diskutiert – wandern 25 Prozent der Gewinnzuwächse in einen Bonus-Pool. Dieser Pool wird in Relation zum Verdienst eines Mitarbeiters im vorhergehenden Quartal aufgeteilt. Wenn zum Beispiel ein Mitarbeiter 0,5 Prozent der gesamten Gehaltssumme bekommen hat, dann ist er oder sie jetzt berechtigt, 0,5 Prozent aus dem Bonus-Pool zu erhalten, modifiziert durch zwei Faktoren: Man wird erst nach zwei Jahren voll in das Programm aufgenommen und unentschuldigtes Fehlen oder Unpünktlichkeit können den Betrag verringern.

➤ Verschenken Sie Karten für ein sportliches, musikalisches oder kulturelles Ereignis, je nachdem, was der Mitarbeiter für Vorlieben hat.
➤ Kleben Sie vor einem Mitarbeitertreffen Geschenkgutscheine auf die Unterseite der Stühle in den ersten drei Reihen.

Die Entwicklung des Bargeldanreizprogramms bei Solar Press
Interne Boni, unternehmensweit, 1977 bis 1984
➤ Vorteil: Keine Versprechen, leicht zu verwalten
➤ Nachteil: Mitarbeiter wussten nicht, wofür sie belohnt wurden, keine motivatorische Auswirkung

Produktionsboni, je Team, 1984 bis 1988
➤ Vorteil: Spornte Leistung und Kreativität an
➤ Nachteil: Löste Rivalitäten zwischen Abteilungen und einzelnen Mitarbeitern aus, erzeugte Maschinen- und Qualitätsprobleme, verwaltungstechnisch ein Albtraum

Gewinnbeteiligungsboni, unternehmensweit, 1987 bis heute
➤ Vorteil: Leicht zu verstehen, betont Teamarbeit und Zusammenarbeit der Abteilungen
➤ Nachteil: Der Einzelne hat weniger Einfluss auf das Ergebnis.

> »Gier ist immer noch eine großartige Motivation«
>
> Tom Staffkamp,
> Geschäftsführer
> Large-Car
> Operations, Chrysler

Während besonders arbeitsreicher Phasen herrscht bei der Nucor Corporation, einem Stahlproduzenten in Charlotte, North Carolina, die Sechs-Tage-Woche. Für den sechsten Arbeitstag gibt es Boni in Form von 50 Prozent Lohnzuschlag.

In Algoma, Wisconsin, hält die WS Packaging Group monatliche Bonus-Meetings ab, genannt STP (= Share the Profit: Teile den Ertrag). Das Unternehmen informiert über alle Einzelpositionen der Budgetplanung und teilt über die Ziele hinausgehende Profite mit den Mitarbeitern. Kommt es jedoch zu Verlusten, so müssen diese erst wettgemacht werden, bevor zusätzliche Boni ausgezahlt werden.

Der Kunstfaserbereich bei E. I. du Pont de Nemours & Company in Wilmington, Delaware, hat ein Achievement-Sharing-Programm, bei dem die Mitarbeiter sechs Prozent ihres Gehalts einsetzen und einen gleitenden Prozentsatz dieser Summe ausbezahlt bekommen, je nachdem, wie nah ihre Abteilung an die gesetzten Jahresziele herankommt. Weniger als 80 Prozent bedeuten keine Steigerung; 80 bis 100 Prozent bedeuten eine Steigerung zwischen 3 und 6 Prozent; 101 bis 150 Prozent bedeuten eine Steigerung um 7 bis 19 Prozent.

Bagel Works mit Sitz in Keene, New Hampshire, steckt alle vier Wochen 23 Prozent der Gewinne, die über dem Budget liegen, in einen Bonus-Pool, damit sämtliche Mitarbeiter daran teilhaben können.

Bei D'Agostino's Supermärkten mit Sitz in Larchmont, New York, ist jeder Mitarbeiter, einschließlich Teilzeitkräfte und Auslieferungsmitarbeiter, teilnahmeberechtigt am Gewinnbeteiligungsprogramm. Das Konzept ist einfach: Filialen, die im Quartal ihre budgetierten Gewinnziele übertreffen, teilen den größten Teil des Überschusses mit ihren Mitarbeitern. Die Gewinnbeteiligungsfonds werden auf Basis der einzelnen Abteilungen gebildet – falls beispielsweise die Abteilung für Fleisch- und Wurstwaren 25 Prozent des überschüssigen Gewinns einfährt, bekommen diese Mitarbeiter proportional mehr als eine Abteilung, die weniger Gewinnüberschuss zu verzeichnen hat. »Das ist ein Anreiz zur Zusammenarbeit, um die Leistung zu steigern und jede Abteilung zu motivieren, ihr Potenzial zu nutzen«, sagt Roi R. Tucker, Vizepräsident für Personal.

Mitarbeiter der Wells Fargo Bank können bis 25 Prozent ihres Jahresgehalts an Boni verdienen, wenn sie bestimmte Leistungslevel erreichen. Etwa 60 Prozent der Mitarbeiter erhalten jedes Quartal Boni. John Gavin, Bereichsleiter in Forth Ways, sagt: »Wir haben festgestellt, dass ein typischer Bonus lediglich als Teil des Gehalts betrachtet wurde. Jetzt wird jeder entsprechend seiner Leistung bezahlt. Der Unterschied im Verhalten der Mitarbeiter ist beträchtlich.«

Bei Jaycraft, einem Hersteller von Präzisionselementen für die Luft- und Raumfahrttechnik in Spring Valley, Kalifornien, haben Mitarbeiter ihre Kollegen für eine 50-prozentige Steigerung der Verkaufszahlen mit einem Bonus von 15 Prozent ihres Gehalts belohnt. Vorstandsvorsitzender Doug Van Vechtem erklärt: »Jaycraft war schon immer der Überzeugung, dass motivierte und produktive Mitarbeiter der Schlüssel zum Erfolg sind.«

Investieren Sie in Dinge, die Ihnen wichtig sind

- Bieten Sie einen steuerfreien Bargeldbonus an.
- Wenn ein Mitarbeiter Überstunden macht, schicken Sie eine 20, 50 oder 100-Euro-Note an den Ehepartner, mit einem kurzen Dankesschreiben für seine oder ihre Unterstützung.
- Überreichen Sie Mitarbeitern, die neue Kollegen anwerben, einen Bargeldbonus.
- Kaufen Sie dem Betreffenden einen Geschenkgutschein.
- Übernehmen Sie die Kosten für Nachhilfeunterricht des Kindes eines Mitarbeiters.
- Bezahlen Sie dem Mitarbeiter die Park- oder Fahrscheingebühren.
- Übernehmen Sie einen Monat lang die Hypothek eines Mitarbeiters.
- Spendieren Sie einem Mitarbeiter eine Hausreinigung.

Nominelle Geschenke, Waren & Lebensmittel

Nahezu jede Art von Produkten, Waren oder Lebensmitteln kann als Belohnung oder Anerkennungsform benutzt werden. Mitarbeiter haben berichtet, dass sie die folgenden Dinge als sehr oder extrem wichtig einstufen, wenn es um Belohnungen für gute Arbeit geht: »Der Manager sorgt für Verpflegung, um einen Erfolg zu feiern« (39 Prozent), »Der Mitarbeiter bekommt Blumen, ein Geschenk oder Andenken« (39 Prozent), »Der Manager spendiert dem Mitarbeiter ein Mittag- oder Abendessen« (36 Prozent), »Der Mitarbeiter erhält Gutscheine für Nahrungsmittel, Autowaschanlage oder Kino« (35 Prozent).

In einer von *Workforce Management* bei amerikanischen Arbeitern durchgeführten Umfrage haben 63 Prozent der Befragten Belohnungen in Form von Waren als bedeutsam eingestuft. Mehr als 50 Prozent der Befragten gaben an, dass Schmuck zum Anerkennungsprogramm ihres Unternehmens gehöre, und bei 41 Prozent waren es Uhren.

Güter als Belohnungen einzusetzen hat viele Vorteile. Warenanreize sind erwünscht und gut einsetzbar, da eine gute Wahl für jeden Geschmack etwas bieten kann und Leistungen unterschiedlicher Levels und zu unterschiedlichen Zeiten belohnt werden können. Die besten Waren für Anreizkampagnen sind von dauerhaftem Wert, spiegeln die Qualität der Leistungen des Ausgezeichneten wider, schüren Besitzerstolz, passen zum Lebensstil und Geschmack des Empfängers, entwerfen ein positives Bild des Unternehmens, können unverzüglich und problemlos realisiert werden, haben Garantie und können umgetauscht werden.

Fred Maurer, Vertriebsmanager für Spezielle Märkte bei Canon USA in Lake Success, New York, betont, dass die Mitarbeiter Waren im Wert des Ladenpreises erhalten, während das Unternehmen zum Großhandelspreis einkauft. »Die Tatsache, dass wir den Menschen mehr für ihr Geld anbieten, ist der Schlüssel zum Anreizgeschäft – und das wird nicht genügend publik gemacht«, sagt Maurer. Er selbst bevorzugt bei Anreizwaren »alles, was mit Home-Office zu tun hat, vor allem Faxgeräte und Kopierer für zu Hause. Es ist nicht nur schön, diese Dinge zu haben, sondern sie verhelfen den Menschen zu größerer Effizienz.«

Waren besitzen für die Menschen auch einen Trophäenwert und können direkt vom Hersteller ausgeliefert werden. Und nicht zuletzt erfolgt die Zahlung erst am Ende des Programms, sodass ein Großteil der Kosten erst anfällt, nachdem die Ergebnisse bereits vorliegen. Allerdings erfordern Warenanreize eine genaue Verwaltung und eignen sich nicht für Beschäftigte mit niedrigem Einkommen.

Laut einer von Speciality Advertising Association International gesponserten Umfrage schätzen die Menschen bei Waren mit Aufdruck am meisten Kleidung (T-Shirts, Jacken, Kappen), Schreibtisch- oder Bürozubehör, Schreibgeräte, Glaswaren und Keramik (einschließlich Kaffebechern) sowie Kalender. Zu den ausgefalleneren Dingen, die Mitarbeiter erhielten, gehören: Fliegenklatschen, Blumensamen, Besenstiele, Unterwäsche, Genitalschutz, Bauklötze sowie den Schal von einem Elvis-Imitator, was zeigt, dass – unter den passenden Umständen – alles Mögliche als Auszeichnung dienen kann!

Bei der Chevron Corporation mit Hauptsitz in San Ramon, Kalifornien, gibt es eine große, mit Vorhängeschloss versehene Kiste, die bis zum Rand mit allen möglichen Geschenken gefüllt ist. Der oder die Vorgesetzte besitzt den Schlüssel für die Kiste und bringt einen Mitarbeiter, der spontan für seine Leistung gelobt werden soll, zu der Schatztruhe. Der Mitarbeiter darf sich etwas daraus aussuchen: einen Kaffeebecher, ein Schreibset mit Stift und Papier, einen Geschenkgutschein, einen Gutschein für ein Mittag- oder Abendessen oder Kinokarten.

Anerkennung kann aber auch vonseiten der Kollegen kommen. Bei Boardroom Inc. in Stamford, Connecticut, hat CEO Martin Edelston einen Schrank voller witziger Dinge, die jeder Manager einem Mitarbeiter als spontanen Ausdruck der Anerkennung überreichen kann.

> »Einen Dollar für etwas Gutes und Einzigartiges auszugeben finden wir besser, als 50 Dollar in etwas Gewöhnliches zu investieren, das sofort wieder vergessen wird.«
> Richard File, Partner, Amrigon

Motivierende Waren

Elektronik: Geräte, die den Menschen zu mehr Effizienz verhelfen wie Smartphones, PDAs, Faxgeräte sowie Laptops.

Geräte: Kompaktgeräte sparen Platz, zum Beispiel kombinierte Wasch-Trocken-Maschinen, unter der Arbeitsplatte angebrachte Dosenöffner, Fernsehgeräte und Radios.

Dienstleistungen: Dienstleistungen helfen den Menschen, Zeit zu sparen, wie eine Putzfrau für ein Jahr, Babysitter-Gutscheine, Wellnessbehandlungen, kosmetische Gesichtsbehandlungen.

Einzigartige Geschenke: Maßgeschneiderte Geschenke haben einen zusätzlichen Wert. Zum Beispiel Sonderausgaben von Lithographien, Erstausgaben von Büchern, Antiquitäten sowie Kreditkarten mit Firmenaufdruck.

Die Manager der Bronson Healthcare Group in Kalamazoo, Michigan, stellen »Werkzeugkisten« zusammen, die mit von den Mitarbeitern vorgeschlagenen Gegenständen im Wert von 150 Dollar gefüllt sind, wie Kinokarten, Gutscheine für Eis, Freizeitausgleich, Parkservice und Restaurants. Diese Zeichen der Anerkennung werden eingesetzt, wenn ein Mitarbeiter gute Arbeit leistet. Bei Bedarf wird die Kiste wieder aufgefüllt.

An einem Januartag schneite es heftig in Livonia, Michigan, wo sich die Zentrale des Werbemittelherstellers Valassis befindet. CEO Al Schultz wollte seinen Mitarbeitern dafür danken, dass sie sich trotz des schlechten Wetters auf den Weg ins Büro gemacht hatten. Deshalb bestellte er für alle Beschäftigten an den drei Firmenstandorten in Michigan Pizza und Erfrischungsgetränke. Er selbst setzte sich zum Essen zu den Mitarbeitern in die Cafeteria, während draußen der Schnee fiel.

Dave Baldwin, Leiter der Führungskräftefortbildung bei Abbott Laboratories in Abbott Park, Illinois, erzählt, dass er einen Blumenstrauß, der von einer Armbanduhr zusammengehalten wurde, an eine Mitarbeiterin überreichte, die ihren Urlaub verschoben hatte und in der Firma war, als sie gebraucht wurde. Die Mitarbeiterin trägt die Uhr als Zeichen der Ehrung bis zum heutigen Tag. In einem anderen Fall ehrte sein Unternehmen eine Mitarbeiterin, die ein Managementmeeting außer Haus organisiert hatte, indem jede leitende Führungskraft ihr vor Beginn der Veranstaltung eine Blume mit ein paar persönlichen Dankesworten überreichte. Sie berichtet, dass sie zwar früher schon Blumen bekommen hatte, aber dass diese persönlichen Dankesworte der Führungskräfte die Anerkennung für sie zu etwas ganz Besonderem machten.

Das Büro der Maritz Performance Improvement Company in Fenton, Missouri, hat ein Programm namens »Ein Bündel Dank«, bei dem ein Blumenstrauß als Dank für besondere Leistungen und gute Arbeit an Mitarbeiter übergeben wird. Dieser Mitarbeiter überreicht wiederum jemand anderem einen Blumenstrauß. Jeder erhält dazu eine Dankeskarte. In bestimmten Abständen kommen die Karten in eine Verlosung, bei der es Sachpreise wie Ferngläser und Jacken mit Logo zu gewinnen gibt. Das Programm wird in Zeiten eingesetzt, die besonders stressig sind, oder wenn es extrem viel zu tun gibt.

Die Versicherungsgesellschaft Hartford Steam Boiler Inspection and Insurance Company in Hartford, Connecticut, gibt jährlich bis zu 50 Dollar in Form von maßgeschneiderten Geschenken für jeden Verwaltungsmitarbeiter entsprechend seiner oder ihrer Interessen aus, einschließlich Abendessen für zwei, Kinokarten oder Tickets für Sportveranstaltungen, Geschenkgutscheine und Gratiskaffee für einen Monat. Um die Belohnung zu erhalten, müs-

---

»Man kann nicht wissen, was ein bestimmter Mitarbeiter als Belohnung schätzt. Deshalb empfehlen wir, bei nicht monetären Belohnungen eine möglichst breite Palette anzubieten. Lassen Sie den Mitarbeiter selbst aussuchen, was ihm am besten gefällt.«

Barcy Fox,
stellvertretende
Vorsitzende,
Performance Systems,
Maritz, Inc.

sen vier Dinge erfüllt sein: Der Mitarbeiter muss teamfähig sein, bei der Problemlösung die Initiative ergreifen, Führungstärke bei der Unterstützung der Unternehmensziele zeigen sowie ein Verhalten an den Tag legen, das andere zu Bestleistungen motiviert. Sprecherin Karen Block sagt: »Wenn die Endergebnisse vorliegen, hat sich diese Investition mehrmals für uns bezahlt gemacht.«

David Walling, Schulungskoordinator für den Natural Resources Conservation Service in Champaign, Illinois, berichtet, dass er »Spot Awards« verleiht – speziell gestaltete Kaffeebecher, Uhren und Schreibsets – um sich für gute Arbeit erkenntlich zu zeigen. Außerdem überreicht er Mitarbeitern gerahmte Drucke von Wildtieren oder andere Fotos, je nachdem, was der Betreffende mag.

Die Houghton Mifflin Company in Boston und auch andere Verlage stellen maßgeschneiderte Bücher für bestimmte Anlässe im Auftrag von Firmen her. Dies ist auf unterschiedliche Weise möglich:

> Lassen Sie den CEO eine Widmung in das Buch schreiben, um an eine Gelegenheit oder Leistung zu erinnern.

> Bringen Sie auf dem Buchumschlag oder auf dem Buchrücken das Firmenlogo an.

> Ändern Sie den Titel eines Buches, um auf eine Marke oder ein Unternehmen hinzuweisen.

> Fügen Sie Produkthinweise in den Buchtext ein.

> Fügen Sie vor der Titelseite im Buch einen Brief oder eine kurze Botschaft des Unternehmens ein.

> Nehmen Sie ein passendes Kapitel eines Originalwerks und gestalten Sie daraus ein völlig neues Buch.

»Es geht nicht um das konkrete Geschenk, sondern um die Geste. Es ist schön, durchs Haus zu gehen, einen Gegenstand zu sehen und zu denken ›O ja, das habe ich 1984 bekommen, ich weiß noch genau, wofür.‹ Diese Erinnerung, die uns der Gegenstand beschert, ist so viel mehr wert als Geld.«

Barion Mills, Jr.,
Außendienstleiter,
State Farm Insurance

Als aufregende Alternative dazu, dass Mitarbeiter sich Waren aus einem Katalog aussuchen dürfen, veranstalten manche Unternehmen Shoppingtouren. Sie erlauben den Mitarbeitern, sich in einem Geschäft, das angemessene Preise führt, etwas auszusuchen. Die Carlson Marketing Group hat ihr Distributionszentrum in Dayton, Ohio, für die Mitarbeiter von Mobil, Toyota und Nabisco geöffnet. Die Carlson Vermarkter fliegen ihre Mitarbeiter am Abend vor dem vereinbarten Termin zu einer Einstimmungsparty nach Dayton. An dem betreffenden Tag führen Mitarbeiter die Gewinner durch das Lager und zeigen ihnen, wo die wertvollsten Sachen zu finden sind. Das gut 185.000 Quadratmeter große Warenlager beinhaltet 4.500 verschiedene Produkte, einschließlich Elektronik, Glaswaren, Golfschläger und Staubsauger.

Carlson empfiehlt, die Führung auf zwei Minuten zu beschränken. Dazu sagt Michael Barga, Distributionsleiter in Dayton: »Mehr als zwei Minuten werden für den Teilnehmer zu einem Kampf. Er rast durch die Gänge und wirft so viel wie möglich in den großen Einkaufswagen.« Im Schnitt tragen die Gewinner pro Minute Waren im Wert von 3.500 Dollar zusammen.

Die Smurfit-Stone Container Corporation in Chicago übertraf ein erfolgreiches Jahr, für das jeder Mitarbeiter einen Fernseher bekam, indem sie ankündigte, beim nächsten Mal gäbe es einen Videorecorder (damaliger Verkaufspreis mehrere Hundert Dollar). 24.000 wurden verteilt. Um das Geschenk anzukündigen, drehte das Unternehmen ein zehnminütiges Video mit zwei Schauspielern, die Roger Ebert und den verstorbenen Gene Siskel darstellten. Die Darsteller gaben einen Rückblick auf das Geschäftsjahr, und Bildmaterial der Unternehmensräumlichkeiten wurde gezeigt. Danach trat CEO Roger Stone ins Bild, hob beide Daumen und verkündete das Geschenk. Am Ende der Präsentation erhielt jeder Mitarbeiter ein Zertifikat, das einer Kinokarte ähnelte und zum Abholen eines Videorecorders berechtigte.

> »Ich mag kein Bargeld, weil das Kosten-Wert-Verhältnis 1:1 ist. Ich verschenke auch keine Reisen, denn dadurch ist der Gewinner gezwungen, seinen Urlaub für die Reise zu verplanen. Eine Reise als Bonus kann unsinnig sein, wenn sie in einen ›Zwangsurlaub‹ ausartet. Waren dagegen haben eine hohe Wertigkeit und Flexibilität. Bei Prämien gibt es eine sehr große Bandbreite zwischen Ramsch und Qualität.«
>
> Rod Taylor, Group Promotion Manager für Papierprodukte, Procter & Gamble

> Finden Sie heraus, welche Hobbys der Betreffende hat und überreichen Sie ein passendes Geschenk.
> Kaufen Sie dem Betreffenden etwas für sein oder ihr Kind.
> Überreichen Sie dem Mitarbeiter eine Ausgabe des neuesten Management- oder Wirtschaftsbestsellers.
> Schenken Sie dem Betreffenden ein Lieblingsbuch und schreiben Sie eine Widmung hinein.

Als Auszeichnung gedachte Gegenstände können um ein Thema herum konzipiert sein – wie zum Beispiel »Sommer«: Handtücher, Sonnenschirme, Luftmatratzen, Liegestühle und Kühltaschen funktionieren hervorragend als werbewirksame Strandausrüstung. Beim Thema »Barbecue« können Grillgeräte, Kochutensilien, Kochmützen und -schürzen verschenkt werden – und sogar ein Grill als individuelles Einzelstück sowie Gartenmöbel. Schwimmkörper sowie Schwimmringe können ebenfalls nach Kundenwünschen angefertigt werden. Als größere Preise können Unternehmen Kanus und Schlauchboote verschenken. Verwendet wurden derartige Preise bereits von Unternehmen wie Pepsi, Columbo Frozen Yoghurt, Sunkist Soda und Moosehead Beer.

In Dresden, Ontario, sind die Winter hart. Deshalb entschied Craig Buller, Manager bei TD Canada Trust, sich bei seinen Mitarbeitern auf wettergemäße Weise zu bedanken. Als es draußen stürmte und sich der Schnee immer höher türmte, schickte Craig eine Nachricht an sämtliche Mitarbeiter: »Zur Feier der aktuellen Ergebnisse unserer Niederlassung habe ich eine kleine Überraschungstüte in eure Autos gelegt, damit euer Weg immer klar und sicher ist. Darin sind drei Dinge:

1. Eine Flasche mit Scheibenwischerflüssigkeit, damit ihr immer gute Sicht habt.

2. Eine Schneebürste, um auf der Fahrt immer eine Nasenlänge voraus zu sein.

3. Einen Türschlossenteiser für einen guten Start.

Im Career Apparel Program bei Mary Kay, Inc. dürfen sich Vertriebsberaterinnen, die bestimmte Ziele erreicht haben, besondere Outfits aussuchen. Sobald sich jemand zum Beispiel für eine Position als Direktorin qualifiziert, wird sie eingeladen, an der Managementkonferenz von Mary Kay teilzunehmen und wird währenddessen auf Firmenkosten entsprechend gekleidet. Der Stil wechselt jedes Jahr. Laura Whittier, Leiterin Incentive Merchandising sagt: »Unsere Direktorinnen lieben diese Hosenanzüge, weil sie funktional sind und gleichzeitig Ausdruck ihres Erfolgs. Sich für dieses Outfit zu qualifizieren kennzeichnet einen hohen Status, es zu tragen sorgt für einen professionelleren Look, bei dem einem der Erfolg sofort angesehen wird.«

Fünf Arten, um Belohnungen in Form von Kleidung maßzuschneidern

1. Entwerfen Sie eine ins Auge fallende Grafik Ihres Firmennamens, Logos oder bekannten Produktnamens und bringen Sie sie gut sichtbar auf der Kleidung an.
2. Falls Sie eine dezentere Platzierung wünschen, kann man ein Etikett mit Namen oder Logo auf Ärmel oder Manschette anbringen.
3. Entwerfen Sie ein spezielles Etikett für die Innenseite der Kappe oder des Anzugs.
4. Bringen Sie einen schmalen Streifen mit dem Firmenlogo auf der Hemdtasche an, verwenden Sie dabei eine Farbe, die einen Ton dunkler ist als das Hemd.
5. Für Mitarbeiter, die dem Unternehmen schon lange treu sind, sollten Sie einen hochwertigen Markenartikel ohne Ihren Unternehmensnamen oder Ihr Logo parat haben, den Sie mit einer speziellen Karte überreichen, auf der Sie Ihren aufrichtigen Dank für die harte Arbeit und Unterstützung zum Ausdruck bringen.

Personalisieren Sie die Belohnung

➤ Verschenken Sie personalisierte Kaffeebecher oder Gürtel.
➤ Lassen Sie für den Betreffenden ein Schreibset gravieren.
➤ Personalisieren Sie das Etikett auf einer Weinflasche mit einer persönlichen Dankesnotiz.

> Lassen Sie einen Cartoon als Preis für einen Mitarbeiter personalisieren. Comic Arts von Wilton, Connecticut, können den Namen des Preisträgers, einen Team-Wimpel, ein Sportfoto sowie einen individuell angepassten Untertitel in einen Cartoon aufnehmen.

Die beliebtesten, personalisierten Artikel
> Kleidung,
> Schreibutensilien,
> Schreibtisch- und Bürozubehör,
> Glas- und Keramikwaren,
> Kalender,
> Sportartikel,
> Ansteckplaketten, Abzeichen und Bänder,
> Autozubehör,
> Haushaltswaren und -geräte.

»Essen muss jeder«, sagt Rick Farone, Produkt- und Programmkoordinator bei Royal Appliance mit Sitz in Glenwillow, Ohio. »Wenn du die Leute mit Nahrungsmitteln belohnst, dann weißt du, dass sie sie auch gebrauchen können. Essen macht die Menschen glücklich. Eine nahezu unendliche Vielfalt an Nahrungsmitteln kann dazu benutzt werden, Mitarbeiter zu belohnen. Obstkörbe sind nur eine Variante. Andere Möglichkeiten: Gutscheine für einen Bio-Lieferservice oder einen Feinkost-Lieferservice für Steaks, Meeresfrüchte oder Hummer; Marmeladen oder Gelees; Gewürze.

Die DDB Worldwide Communications Group, eine Werbeagentur mit Sitz in New York City, überreicht Mitarbeitern, die gute Ideen entwickeln, eine Flasche Champagner.

Wenn im Angus-Bam-Restaurant in Raleigh, North Carolina, ein Mitarbeiter »dabei ›ertappt‹ wird, wie er sich besonders gut um einen Gast kümmert«, kann er sich eine Vorspeise von der Menükarte aussuchen.

»Wenn es während der Sommermonate besonders heiß wird, gehe ich mit einer Kühltasche voller Eis am Stiel herum und verteile es an Mitarbeiter, die in nichtklimatisierten Bereichen arbeiten«, berichtet Cynthia M. Wood, Teammanagerin beim International-Paper-Büro in Eastover, South Carolina. »Sie sollten mal sehen, wie deren Gesichter strahlen!«

Stew Leonard's in Norwalk, Connecticut, hat ein »Geh zum Abendessen«-Programm, bei dem Mitarbeiter mit einem Abendessen für zwei belohnt werden, wenn sie etwas Besonderes leisten, wie zum Beispiel an ihrem freien Tag arbeiten kommen oder die Pause durcharbeiten. Jeder Manager ist befugt, ähnliche Auszeichnungen zu vergeben; einige tragen Coupons für ein Mittagessen in der Jackentasche bei sich, um sie spontan verteilen zu können.

Eine Praxis für Physiotherapie führte den »Margarita-Preis« für den Physiotherapeuten ein, der in der jeweiligen Woche oder dem Monat den schwierigsten Patienten behandeln musste. Dem Preisträger wird von den Kollegen eine Margarita Happy Hour beschert.

Mitarbeiter der Drogeriemarktkette Long's Drug, die bis spät in die Nacht arbeiten, um die Regale für den Schlussverkauf aufzufüllen, bekommen Gutscheine für Pizza und Erfrischungsgetränke sowie einen Freizeitausgleich an einem anderen Tag in der betreffenden Woche, damit sie Zeit mit ihren Familien verbringen können.

MetaSolv Software mit Sitz in Plano, Texas, veranstaltet Bierpartys, um neue Mitarbeiter mit den übrigen 350 Angestellten der schnell wachsenden Firma bekannt zu machen. Der neue Mitarbeiter steht am Zapfhahn und lernt alle kennen.

Ausgefallene personalisierte Artikel
- Boxershorts,
- Wecker in Form von Mick Jaggers Lippen,
- Jalapeño-Lutscher,
- tragbare Picknickbänke und -tische,
- Spielzeugeisenbahn für den Schreibtisch,
- Kaffeetasse mit Aufschrift, die erscheint – oder verschwindet – wenn die Tasse gefüllt wird.

Lass uns Mittagessen!
- Laden Sie den Betreffenden zum Mittagessen ein und nehmen Sie drei oder vier Kollegen seiner oder ihrer Wahl mit.
- Bringen Sie dem Betreffenden eine Woche lang Lunchpakete mit.
- Ermächtigen Sie die Manager, stets Coupons für Mittagessen bei sich zu tragen, die sie spontan überreichen können.
- Organisieren Sie für den Mitarbeiter ein Mittagessen mit dem Firmenchef.
- Legen Sie dem Mitarbeiter eine Karte mit einer Einladung zum Mittagessen seiner Wahl auf den Schreibtisch.
- Setzen Sie sich mit einem Mitarbeiter oder einer Gruppe von Mitarbeitern, den oder die sie normalerweise nicht sehen, beim Mittagessen oder zum Kaffee zusammen.

Persistence Software in San Mateo, Kalifornien stellt am ersten Arbeitstag eines neuen Mitarbeiters ein großes Frühstückstablett in die Nähe seines oder ihres Schreibtisches auf und alle 110 Kollegen sind eingeladen, das neue Mitglied zu begrüßen. Die meisten kommen vorbei, um sich einen Bagel oder Muffin zu nehmen, sich vorzustellen und kurz mit dem neuen Kollegen zu plaudern.

Liz Claibornes Personalabteilung organisiert den »Bagel-Freitag«, an dem Mitarbeiter reihum Bagel und Frischkäse für das gesamte Büro mitbringen. Es ist eine tolle Methode, freitags eine gute Viertelstunde Pause zu machen, sich in einem Besprechungsraum zu treffen und Gott und über die Welt zu plaudern. Was mit einer Tüte voller Bagel und ein bisschen Brotaufstrich begann, hat sich mittlerweile zu einem richtigen Festmahl entwickelt, bei dem der Nahrungsmitteleinkäufer der Woche sich Gedanken über ein Motto macht, entsprechende Tischdecken, Servietten und Dekoration besorgt und dann nicht nur Bagel kauft, sondern meistens auch Kaffee, Saft und andere Leckereien. Die Themen decken sich zumeist mit anstehenden Feiertagen oder Jahreszeiten wie »Sommerspaß in der Sonne« oder Ereignissen wie »Super Super Bowl.« Mitarbeiter, die an der Reihe sind, beginnen zumeist schon zwei bis drei Wochen vorher, sich den Kopf zu zerbrechen, wie sie das Frühstück der Vorwoche übertreffen können.

Ein Manager bei American Express Financial Advisors versorgt seine Mitarbeiter mit Mittagessen, das er von jemandem bei Taco Bell oder White Castle holen lässt.

Einmal in der Woche kocht und serviert jeweils ein anderer Mitarbeiter der Rock and Roll Hall of Fame in Cleveland das Frühstück für den Rest der Belegschaft. Das dient als großartige moralische Stütze für alle Beteiligten und verschafft den Leuten eine kleine Auszeit, um über die anstehende Arbeitswoche zu sprechen.

Lebensmittelproduzent Oscar Mayer in Northfield, Illinois, veranstaltet ein »Team Lunch«, bei dem Wissenschaftler gemeinsam Mittag essen. Sie essen Oscar-Mayer-Produkte, arbeiten an Problemlösungen und erzählen Geschichten über einander. Diejenigen, über die ausreichend Geschichten berichtet wurden, sind zu Firmenlegenden geworden.

Joan Cawley, Personalleiter bei der Advanta Corporation, einem Finanzdienstleister in Horsham, Pennsylvania, wendet folgende Anerkennungsformen an: Er überrascht die internen Serviceabteilungen wie Gehaltsabrechnung und Telefonzentrale/Empfang mit Donuts oder Schokoriegeln; organisiert in besonders hektischen

> »Essen ist allein deshalb ein guter Motivator, weil es dem Beschenkten ein Erlebnis mit Freunden und Familie beschert. Essen ist ein soziales Geschenk.«
>
> Jeffrey Gibault, Vertriebsmanager, Business Incentive Department, Omaha Steaks International

Arbeitsphasen für Mitarbeiterinnen Maniküretermine während der Mittagspause; kauft Ninja-Turtle-Dekoration für eine Mitarbeiterin, die zu viel zu tun hat, um die Geburtstagsparty ihres Kindes zu organisieren; überreicht eine Leinen-Aktenmappe mit Monogramm, um an die Beförderung eines Belegschaftsmitglieds ins Management zu erinnern; überrascht eine Abteilung damit, statt dem üblichen Freitagsmeeting ein Picknick im städtischen Park abzuhalten – einschließlich Champagner und Erdbeerkuchen, der vom Leiter der Abteilung gebacken wurde; überreicht den Life Saver Award – ein Dutzend Packungen Life-Saver-Bonbons sowie einen Geschenkgutschein von einem örtlichen Kaufhaus, um sich bei einem Mitarbeiter zu bedanken, der in einer Übergangsphase zwei Jobs gleichzeitig übernommen hat.

B ei Electronic Data Systems in Plano, Texas, werden Manager dazu angehalten, die Hobbys, Geschmäcker und Interessen ihrer Mitarbeiter zu kennen, damit sie Belegschaftsmitgliedern, die es sich verdient haben, mit entsprechenden Geschenken wie Karten zu einer Sportveranstaltung, für die Oper oder einem Abendessen mit der Familie im Restaurant danken können. Molly Edwards, Leiterin Recognition Services bei EDS, erzählt, dass ein Mitarbeiter für besonders gute Leistungen sogar eine Waschmaschine und einen Trockner erhielt. Ein anderer Mitarbeiter in Michigan kehrte aus dem Urlaub zurück und fand seine Küche komplett renoviert vor.

> »Waren funktionieren, aber es ist eine Herausforderung, das richtige Produkt für die jeweilige Zielgruppe zu finden. Wir legen bei der Auswahl von Belohnungen in Form von Waren vier Kriterien zugrunde: (1) Das Produkt muss von so hoher Qualität sein, dass es ein positives Licht auf das Image des Unternehmens wirft; (2) es muss etwas sein, das sich jeder wünscht, vorzugsweise ein topmoderner Gegenstand, der in der Verbraucherhierarchie noch weiter steigen wird; (3) das Produkt muss in Relation zu den Kosten einen hohen Wert verkörpern; und (4) der Markenname muss sofort positiv auffallen.«
>
> Mark Weinberger,
> Marketing Service
> Manager, Cathay Pacific
> Airways Limited

Privilegien, Vergünstigungen & Dienstleistungen für Mitarbeiter

Eine weitere Kategorie greifbarer Anerkennung, die Mitarbeiter als Lob für gute Arbeit schätzen, beinhaltet Privilegien und Vergünstigungen. Zwei Dinge wurden von ihnen dabei als sehr oder extrem wichtig eingestuft: »Mitarbeiter erhält Privilegien oder Vergünstigungen« (52 Prozent), »Mitarbeiter bekommt einen speziellen Parkplatz« (52 Prozent). Privilegien und Vergünstigungen können mit anderen Formen von Anerkennung einhergehen, die Ehre dieser Auszeichnungen verstärken und somit deren Begehrtheit. Sie können zudem für alle Beteiligten den Spaß und die Spannung an der Auszeichnung erhöhen. Idealerweise werden die Gegenstände dieser Kategorie abhängig von besonderem Verhalten oder besonderen Leistungen erteilt, obwohl wir in diesem Kapitel auch Dienstleistungen und Aktivitäten aufgenommen haben, die für jeden im Unternehmen erhältlich sind.

Bei der Managementweiterbildungs- und -beratungsfirma Management 21 in Nashville gewährt ein VIP-Ausweis dem Empfänger Privilegien für einen gewissen Zeitraum (einen Monat oder ein Quartal). Damit erhält der Ausgezeichnete zum Beispiel kostenloses Mittagessen in der Cafeteria, freie Mitgliedschaft im unternehmenseigenen Fitnessclub oder freies Parken in der Tiefgarage.

Je nach Standort des Büros bietet Robert W. Baird, ein Finanzdienstleistungsunternehmen mit Sitz in Milwaukee, Rabatte für das örtliche Fitnesscenter, für Bekleidungsgeschäfte, für die Mitgliedschaft in Clubs, für Dauerkarten des Kunstmuseums, für Tickets für Theateraufführungen, Sportveranstaltungen, Touristenattraktionen wie Disney World und lokale Events wie das Milwaukee Summerfest. Außerdem bietet ein örtlicher Dienstleister in den Räumlichkeiten des Unternehmens in Milwaukee Serviceleistungen wie Schuhputzen und -reparatur, chemische Reinigung und Fotoentwicklung an.

> »Jeder arbeitet pfiffiger, wenn für ihn mehr drin ist.«
> Michael LeBoeuf, Autor von *The Greatest Management Principle in the World*

> »Wir versuchen ganz bewusst, jegliche Differenzierung zwischen Management und allen anderen zu vermeiden. Aus dem Grund haben wir keine zugewiesenen Parkplätze und keine Cafeteria nur für Führungskräfte. Alle tragen die gleichen grünen Schutzhelme. Es gibt keinen goldenen Helm für den Generaldirektor.«
>
> Ken Iverson, CEO, Nucor Corp.

Bei der Iteris Inc., einem Hersteller von Robotern und satellitengestützten Aufnahmegeräten in Anaheim, Kalifornien, gibt es nur einen reservierten Parkplatz – nämlich für denjenigen, der zum aktuellen Mitarbeiter des Monats gewählt wurde.

Carla Levy, Trainingsspezialistin bei der Power & Light Company in Indianapolis, empfiehlt, einem Mitarbeiter als Anerkennung für gute Arbeit einen Monat lang die Parkgebühren zu bezahlen.

Corey Wedel, Managerin Employment Services an der Central Missouri State University, berichtet, wie ein Team von sieben Mitarbeitern angeboten hat, für die anderen Universitätsangestellten die Weihnachtsgeschenke einzupacken und sogar das Verpackungsmaterial zu stiften. »Wir holten die Geschenke an den Schreibtischen der Mitarbeiter ab und brachten sie verpackt zurück«, erzählt sie. »Die Leute waren begeistert! Sie haben den stressfreien Service und das Ergebnis genossen – vor allem ein Mitarbeiter, der acht Kinder hat.«

Bei General Mills mit Hauptsitz in Minneapolis können sich die Mitarbeiter aus einer umfangreichen Sammlung ein Kunstwerk für ihr Büro aussuchen. Auf vergleichbare Weise können die Mitarbeiter bei Mary Kay, Inc. für ihre individuell gestalteten Büros die Möbel und Kunstwerke selbst aussuchen.

Die Arbeiter in der Produktion bei Worthington Industries, einem Stahlverarbeitungsunternehmen und Hersteller von Plastikprodukten in Columbus, Ohio, können sich in der Firma beim hauseigenen Friseur für 2 Dollar die Haare schneiden lassen. Außerdem können die Mitarbeiter in ihrer Freizeit in einem gut gefüllten Teich in der Nähe der Firmenzentrale Barsche angeln.

Shannon Kearns, R. N., tätig im Qualitätsmanagement beim Jackson Health System in Miami, Florida, schreibt: »Wir wollten das Erscheinungsbild unserer Wachleute verbessern. Deshalb haben wir denen, die in voller Uniform zur Arbeit erschienen, als Belohnung erlaubt, sich die Arbeitszeiten selbst auszusuchen. Überrascht mussten wir feststellen, dass Gruppendruck am besten wirkt. Zu Beginn jeder Schicht ließ der Schichtkommandant alle in korrekter Uniform aufstehen, und die Belegschaftsmitglieder haben sich gegenseitig auf etwaige Schnitzer aufmerksam gemacht.«

Betreiben Sie Ahnenforschung

Family Connection geht der Geschichte von Familiennamen nach. Die Information wird auf einem 30 x 35 Zentimeter großen Zertifikat aus Pergamentpapier überreicht. »Wir notieren sämtliche Details der Geschichte eines Nachnamens. Die Informationen reichen zurück bis zur ersten schriftlichen Nennung«, sagt Martin O'Shea, Vorstandsvorsitzender des Unternehmens. »Abgesehen von der Information über Ursprung und Bedeutung des Namens nennen wir berühmte Personen mit demselben Namen und besorgen wenn möglich Familienwappen.« Das Unternehmen verfügt über einen Datenbestand von mehr als 300.000 Nachnamen in seinem Computer.

Mitarbeiter bei Wilton Connor Packaging, Inc. (mittlerweile zu Weyerhäuser gehörend) in Charlotte, North Carolina, können ihre Wäsche mit zur Arbeit bringen und sie als kleine Aufmerksamkeit des Unternehmens gewaschen, getrocknet und gefaltet wieder mit nach Hause nehmen. Außerdem gibt es im Unternehmen einen Handwerker, der für die Mitarbeiter kostenlos Reparaturen durchführt. Materialkosten werden auf mehrere Monate verteilt vom Gehalt abgezogen. »Wir haben praktisch keine Fluktuation, keine Qualitätsprobleme und nur wenige Vorgesetzte«, sagte Wilton Connor, Geschäftsführer des Unternehmens, einmal. »Das sind die nüchternen betriebswirtschaftlichen Gründe für unser Vorgehen.«

> Bieten Sie einem Mitarbeiter, der es sich verdient hat, eine Änderung seines Titels an.
> Geben Sie dem Betreffenden ein schöneres Büro: größer, bessere Lage, bessere Ausstattung et cetera.

Außendienstmitarbeiter bei Emerald Publications in San Diego dürfen freitags in legerer Kleidung ins Büro kommen. Einer der Mitarbeiter sagt dazu: »Freitags ist oft mein bester Verkaufstag, weil ich mir keine Gedanken darüber machen muss, wie ich aussehe oder ob alles richtig sitzt. Ich wünschte, wir hätten an anderen Tagen auch mehr Freiheiten.« American Airlines erlaubt seinen Beschäftigten in der Unternehmenszentrale in Fort Worth, Texas, mittlerweile, jeden Tag in legerer Bürokleidung zu kommen. Diese Richtlinie betrifft etwa 20.000 Verwaltungsangestellte. Jayne Allison, Vice President Human Relations erklärt: »Unsere Angestellten haben uns gesagt, dass sie das Gefühl haben, in legerer Kleidung produktiver zu sein.«

Um den Stress langer Arbeitsstunden abzubauen, engagieren viele Unternehmen, wie zum Beispiel S. C. Johnson & Son in Racine, Wisconsin, für die Mitarbeiter eine Massage im Büro. Tatsächlich spezialisieren sich viele Massagesalons auf Unternehmensklienten und kümmern sich an jedem Wochentag um ein anderes Unternehmen. Bei Nelson Motivation Inc. in San Diego werden an jedem Valentinstag Masseure ins Haus geholt, die den Mitarbeitern Nacken- und Schultermassagen verabreichen.

> »Anreize zu bieten ist die positivste Art, das Erreichen von Zielen zu belohnen, Dienstleistung zu verbessern und kostenreduzierende Programme zu entwickeln.«
>
> Anzeige für Thomson Consumer Electronics, Inc.

Beim Beratungsunternehmen Accenture sorgt ein Concierge-Service dafür, dass jemand das Haus eines Mitarbeiters hütet, wenn ein Fernsehtechniker kommt, oder dass jemand den Wagen aus der Werkstatt abholt. George Trojack, Leiter Finanzen im Chicagoer Büro von Accenture, benutzt den Service etwa zweimal die Woche für Dinge wie Fahrkarten für die U-Bahn besorgen oder auf die Möbellieferung warten. »Wenn etwas zu erledigen ist, gestaltet es sich weitaus weniger stressig, weil sich ein Concierge darum kümmern kann«, sagte Trojack.

Die Bronson Healthcare Group bietet eine ganze Reihe unterschiedlicher Dienstleistungen für Mitarbeiter an, wie Concierge-Service, »Bronson Bucks« (als Zahlungsmittel im firmeneigenen Snack Shop oder Athletic Club) sowie Parkservice für Schwangere. Der CEO veranstaltet Sprechstunden, »Schneetag-Camps«, wenn die Schule geschlossen bleibt, und viele Mottoveranstaltungen.

Arbitron bietet eine Reihe von Dienstleistungen im Concierge-Stil an, um das Leben weniger stressig zu gestalten. Zum Beispiel kommen Automechaniker in die Firma, um kleinere Reparaturen und Wartungsarbeiten wie Ölwechsel durchzuführen, es gibt einen Beratungsdienst für Kranken- und Altenpflege, Rabatte bei den größten Kaufhäusern, Mitgliedschaften in Fitnessclubs und Gemeindegruppen sowie das Ausrichten wohltätiger Veranstaltungen.

Die Zentrale von PepsiCo in Purchase, New York, hat einen Concierge eingestellt, um den 800 Mitarbeitern Zeit bei persönlichen Erledigungen einzusparen, wie einen Tisch im Restaurant oder Theaterplätze zu reservieren, Veranstaltungen für die Kinder und Reparaturen im Haushalt zu organisieren. Das Unternehmen hat diesen Service eingerichtet, nachdem eine Umfrage gezeigt hatte, dass die Mitarbeit keine Zeit für derartige Erledigungen haben. Zu weiteren zeitsparenden Dienstleistungen, die das Unternehmen anbietet, gehören eine chemische Reinigung im Gebäude der Zentrale, zweimal monatlich ein Ölwechselservice auf dem Parkplatzgelände sowie der Verkauf von Abendessen zum Mitnehmen – täglich um 16.30 Uhr in der Cafeteria. Mittlerweile ist auch ein Schuster vor Ort tätig, und das Unternehmen überlegt, einen Schneider in den Räumlichkeiten der Firma unterzubringen. Für etwa 20 Dollar im Monat können Mitarbeiter außerdem eine Finanzberatung nutzen.

WRQ, ein Softwareunternehmen mit Sitz in Seattle, bietet Anlegeplätze an einem Kai für kajakfahrende Pendler sowie einen Raum mit Futons für ein Mittagsschläfchen, Massagen vor Ort und flexible Arbeitszeiten (die 94 Prozent der Mitarbeiter nutzen).

Replacements, Ltd. in Greensboro, North Carolina, ein Anbieter von antikem und neuem Porzellan, Kristall, Silber, Schmuck und Sammelobjekten erlaubt seinen 565 Mitarbeitern, jeden Tag ihren Hund mit zur Arbeit zu bringen. Das Unternehmen berichtet, dass die Fehlquote dadurch um zehn Prozent gesunken sei. Jeden Tag kommen etwa 25 bis 30 Hunde mit zur Arbeit. Glücklicherweise ist es bisher weder zu Hundekämpfen noch zu zerbrochenem Inventar gekommen.

> »Bei so vielen Möglichkeiten, jemanden zu belohnen, fragen Sie sich vielleicht: ›Wie soll ich herausfinden, was für den Einzelnen die beste Belohnung ist?‹ Die Antwort ist einfach: Fragen Sie ihn einfach.«
>
> Michael LeBoeuf,
> Autor von
> *The Greatest Management Principle in the World*

Bei Parrett Trucking in Scottsboro, Alamaba, erlaubt Mike Parrett den Fahrern, ihre Haustiere mitzunehmen. Den Zugang zum Pausenraum musste er jedoch auf Hunde und Katzen beschränken, nachdem ein Fahrer mit seiner Boa Constrictor um den Hals hineinkam und leichte Panik bei den Büroangestellten verursachte.

In einem Büro der Xerox Corporation in Palo Alto, Kalifornien, tummelten sich schon fünfzig Hunde am »Hunde-am-Arbeitsplatz-Tag« in der Firma, während es im Vorjahr nur dreißig gewesen waren. Systemingenieur Greg Newell sagt, dass es seitens der 500 Mitarbeiter nicht eine Beschwerde gegeben habe.

ADVO, Inc., eine Werbe- und Vermarktungsfirma mit Sitz in Windsor, Connecticut, bietet für all ihre Mitarbeiter den Abschluss einer Krankenversicherung für Haustiere an. »Das hat keiner langen Überlegungen bedurft«, sagt Leslie Lenser, Leiterin Benefits des Unternehmens. »Die Leistungen werden komplett von MetLife getragen, einem Anbieter, mit dem wir vorher bereits eine Geschäftsbeziehung hatten.«

- Melden Sie sich freiwillig, jemandem die letzte Aufgabe, die er an diesem Tag noch zu erfüllen hat, abzunehmen.
- Nehmen Sie einen Nachmittag lang die Anrufe des Betreffenden entgegen.
- Waschen Sie während der Mittagspause auf dem Parkplatz den Wagen des Betreffenden.

Kaufen Sie ihren Mitarbeitern einen Stern

Etliche Unternehmen führen ein Stern-Register, das es Ihnen ermöglicht, für jemanden einen noch unbenannten Stern zu kaufen. Dieser bekommt ein Zertifikat mit einer Himmelskarte, auf der zu erkennen ist, wo er des Nachts seinen Stern am Himmel finden kann.

Levi Strauss & Company mit Hauptsitz in San Francisco hat einen »Ruheraum«, in dem sich Mitarbeiter allein entspannen, gegen die Wände hämmern, schreien, meditieren oder lesen können. Das Beratungsunternehmen Lowney Associates in Palo Alto, Kalifornien, hat in seinem Hauptquartier einen Entspannungsraum, in dem Mitarbeiter allein und in Ruhe eine Pause einlegen können.

Magic Pencil Studios, ein Kreativdienstleistungs-Unternehmen mit Sitz in Los Angeles, hat einen »Auszeit-Raum« komplett eingerichtet mit Kindermöbeln und -spielzeug, das jeder Mitarbeiter benutzen darf – manchmal mit seinen oder ihren Kindern, die mit zur Arbeit gebracht werden dürfen.

FedEx Freight West mit Sitz in San José, Kalifornien, verfügt über »Dienstfrei-Räume« für seine Fahrer und Hafenarbeiter, in denen es Poolbillardtische, Videospiele, Farbfernseher mit Videorecordern, Kühlschränke und Verkaufsautomaten mit gesunden Erfrischungen gibt.

365 Ideen für informelle Anerkennung

Im Folgenden finden Sie eine Liste von besonderen Vergünstigungen, um Mitarbeiter zu belohnen. Zusammengestellt wurde diese Liste von Rita Maehling und The Tennant Company in Minneapolis.

Zeitschriftenabonnement
Gutschein für ein Abendessen
Karten für eine kulturelle Veranstaltung
Übernachtung in einem Hotel
Brief mit Kopie an den Manager
Teilnahmebestätigung
Karten für ein gesellschaftliches Ereignis
Golfbälle
Spezieller Stuhl/Thron
Weiterbildungskurs
Karten für eine Sportveranstaltung
Lieblingssnack
Familientag im Büro
Trikot eines Teams
Geschenk zum Jahrestag
Freies Porto für ein Jahr
Bezahlter Sabbatical
Schlüsselanhänger
Brief mit Kopie an die Familie
Wochenende auf einer Hütte
Freie Video-/DVD-Ausleihe
Golfausflug
Firmenwagen für ein Jahr
Mittagessen mit dem Vorstandsvorsitzenden/CEO
Leitende Führungskräfte richten eine Party aus
Ein Jahr lang bezahlte Vorsorgeleistungen
Ein freier Tag, um es sich gut gehen zu lassen
Veranstaltungskarten für die ganze Familie
Einen Tag an der Spitze stehen
Eine Woche lang Übernahme der Benzinkosten
Schokolade
Trophäe
Bevorzugter Parkplatz
Motto in der Cafeteria
Jacke
Leistungszertifikat
Plakette
Vorgesetzter für einen Tag
Taschenrechner
Kaffeebecher
Bargeld für den Mitarbeitereinkauf
Reise zum Standort des Kunden
Dienstleistungszertifikat
Reisetrophäe
Besonders viel Freiraum bei einem Projekt
Anstecknadel mit einem Stern
Artikel in der Tageszeitung
Aufkleber
Blumen
Mitgliedschaft in einem Berufsverband
Einen Monat lang Gratiskaffee

Bahntickets
Sparbrief
Kinokarten
Skiausflug
Lotterielos
Limousinendienst zur Arbeit und wieder nach Hause
Eine Woche lang ein Chefbüro
Brief vom Vorstandsvorsitzenden
Besuch einer Berühmtheit
Frühstück
Die Möglichkeit, von zu Hause aus zu arbeiten
»Titel«
Ein neues Paar Schuhe
»Sie setzen Maßstäbe«-Lineal
»Experten«-Status
Dem Betreffenden die Hand schütteln
Dessertgutscheine
T-Shirt
Eine Party für Freunde ausrichten
Stofftiere
Hosenträger
Sammelpunkte für einen Preis
Bezahlter freier Tag
Standing Ovations
Foto in der Ruhmeshalle
Parkservice
Füllfederhalter

Schulterklopfen
Armband mit Anhängern
Angelausflug
Urlaub in der Karibik
Firmenprodukte
Ein Jahr lang Übernahme der Kosten für die chemische Reinigung
Auftritt im Fernsehen
Den neuesten Buchbestseller
Besuch einer Fachmesse
Einen Monat lang ein kostenloses Handy
Porsche für einen Monat
Luftballonstrauß
Lächeln
Bonus
Violinspieler am Schreibtisch des Betreffenden
Sport auf dem Crosstrainer
Ein Tag im Zeltlager
Spaghettieis
Flug mit dem Heißluftballon
Spontane Bargeldzahlung
Poolparty
Gutschein für den Supermarkt
Besonderes Feiertagsfest
Besuch vom Vorstandsvorsitzenden

Persönliches Briefpapier
Armbanduhr
Ständchen einer Band
Trainingsseminar
Valentinsgrüße
Spruchband
Spezielles Namensschild
Foto am Schwarzen Brett
Gruppen-/Familienfoto
Gummistempel
Geschenkekatalog
Besuch am Standort des Zulieferers
CDs
Öffentliche Bekanntmachung
Wöchentliche Anerkennung
Popcorn-Party
Gedicht
Kostenloses Mittagessen
Projektstart-Party
Kostenloser Haarschnitt
Geburtstagskarte
Barbecue
Ausgefallener Ausflug
Aktie
Dartscheibe »Du bist der Gewinner«
Kostenloses Babysitting
Skulptur im Vorgarten
Willkommensbrief
Fernseher

- Ein Monat bezahlter Urlaub
- In den Himmel geschriebene Botschaft
- Bootstour
- Einen Monat lang kostenlos Mineralwasser
- Einen Monat lang eine Eigentumswohnung der Firma nutzen
- Reinigungsdienst für zu Hause
- Ring
- Sportgeräte
- DVD-Player
- Shoppingtour
- Anstecknadel
- Kinoabend
- Kappe
- Komfortablerer Arbeitsbereich
- Urlaubstag
- Software
- Autoaufkleber
- Mitgliedschaft im Fitnesscenter
- Nutzung von Firmenausstattung
- Hardware
- CD-Player
- Eine private Taco-Party veranstalten
- Ehepartner-Tag
- Bungeesprung
- Ansteckplakette
- Thermometer
- Arbeitshandschuhe
- Karten für einen Comedy Club
- Kostenlose Fotobearbeitung
- Umlaufnachricht
- Schneefeger
- Flugtickets
- Foto als Plakat
- Büroreinigungsdienst
- Video über die Leistungen
- Studiogast bei der Lieblings-Fernsehshow
- Kostenloser Schneeräumdienst
- Das College beenden
- An einem Managementmeeting teilnehmen
- Thermoskanne
- Frühstücksmeeting
- Party für interne Kunden
- Dienstwagenpauschale
- Gürteltasche
- Name an der elektronischen Tafel
- Wagen für einen Monat
- Erlebnisausflug
- Stipendium
- Kostenlose Feiertagsgrußkarten
- Party für die Kinder
- Besuch in einem Erlebnisrestaurant
- Haushaltsgerät
- Abteilungsübergreifendes Lob
- Übernahme der Kfz-Versicherungsprämie
- Kostenlose Brille/Kontaktlinsen
- Werkzeug
- Freizeitausgleich
- Gürtelschnalle
- Haustier
- Atlas
- After-Work-Party
- Größeres Büro
- Schutzbrille
- Besuch in der Zentrale
- Begleitung zu einer Veranstaltung
- Leihwagen für sechs Monate
- Aushilfe für einen Tag
- Konzertkarten
- Scherzartikel
- Stirnbänder
- Kostenlose Wagenwäsche
- Magneten
- Benzin
- Gebackener Fisch
- Akkusauger
- Sammlerobjekte
- Olympiade-Party
- Ölwechsel
- Schreibtischutensilien
- Job-Rotation
- Sicherheitsprotokoll veröffentlichen
- Küstenfahrt
- Längere Mittagspause
- Styling
- Gesungenes Telegramm
- Autositz
- Abend in Las Vegas

Monatskarte für den Bus
Zugreise
Eine Stunde früher Feierabend
Ehrentafel des Unternehmens
Am Geburtstag frei haben
Abendessen, zu dem jeder etwas mitbringt
Decke
Taschenlampe
Unterhaltungslektüre
Schmuck
Türklopfer
Schiffsreise
Ein Blaues Band
Party am Seeufer
Popcorn-/Bierflaschenhalter
Kalender
Trinkflasche für Sport
Teilnahme an Feldexperimenten
Halstuch
Haarspange
Brotbox
Ein Tag beim Pferderennen
Reisetasche
Wellnesstag
Erste-Hilfe-Kasten fürs Auto
Gemeinsame Reise mit dem Ehepartner
Mottoparty
Sweatshirt
Regenschirm
Brieföffner
Wertmarken für Punkte
Gruppensprecher
Reisekaffeebecher
Gebührenfreies Girokonto
»Geld« fürs Kasino
Job-Sharing
Karten für Disney World
Lotterielose
Barbecue mit dem Team
Gerahmtes Andenken
Sich drehende Geburtstagstorte
Klausur
Bekanntmachung auf einer Reklametafel
Briefbeschwerer
Besuch der Landeshauptstadt
Neue Büromöbel
Wok-Kochparty
Autoverzierungen
Anglerausrüstung
Bowling-Party
Geschenk an eine Wohlfahrtseinrichtung
Überlebenspaket
Starthilfekabel für den Winter
Tennisschläger
Barometer
Karten für eine Kunstausstellung
Meldung in der Tageszeitung
Gesellschaftliches Ereignis
Truthahn
Firmenblazer
Golfschläger
Kühlbox
Frühjahrsputz beim Betreffenden zu Hause
Für eine Woche einen Assistenten
Plakatwand
Gartengestaltung
Foto-Tasse
Aktenmappe
Feuerlöscher
Erste-Hilfe-Kasten
Golfstunden
Kunstwerk
Massage
Kosmetikbehandlung
Tanzunterricht
Frisbee
Ein Nachmittag im Einkaufszentrum
Durchsage über die Beschallungsanlage
Kongenialitätspreis
Ein vom Chef gekochtes Essen
Arbeitsbeginn eine Stunde später
Rasenpflege
Pony
Reise-Upgrade
Tragbarer CD-Player

- Auszeichnung für Tapferkeit
- An einer Konferenz teilnehmen
- Pflanze
- Urheberschaft
- Socken
- Krawattennadel
- Schokoriegel
- Sonnenbrille
- Gepäck mit Monogramm
- Kostenlose Hundepflege
- Abonnement einer Tageszeitung
- Mitgliedschaft für Clubs oder für die Metro
- Kundenkarte für den Coffeeshop
- Maniküre
- Pediküre
- Personal Trainer
- Speziell komponiertes Lied
- Hundetraining
- Hundeausführer
- Persönlicher Einkäufer
- Kostenlose Lebensmittel für eine Woche
- Satellitenfernsehen für sechs Monate
- Internetzugang
- Neuer Bürostuhl
- Skiunterricht
- Feinkost
- Laseroperation der Augen
- Zahnspange
- Einen Monat lang Kindertagesbetreuung
- Neues Outfit
- Fahrrad
- Gartenmöbel
- Digitalkamera
- Fensterputzer
- Kochkurs
- Yogakurs
- Gutschein fürs Sonnenstudio
- Schneefräse
- Laub harken
- Einen Monat lang Gratiskuchen
- Wie ein Prominenter hofiert werden
- Autowäsche von den Führungskräften
- Lieblingsprojekt aussuchen
- Nutzung eines Massagesessels
- Ausflug mit dem Schneemobil
- Ansager bei einem Freundschaftsspiel
- Ölgemälde der Familie
- Busreise mit Freunden
- Astronomiekurs
- Reitstunden
- Ausflug auf eine Ferienranch
- Einen Sporthelden treffen
- Treffen mit einem Politiker
- Ein Orchester dirigieren
- Eröffnungsschlag beim Sport ausführen
- Selbstgebackene Plätzchen
- Einen Monat lang Jumbosandwiches
- Kreditkarte für eine Woche

… oder was Ihnen sonst noch alles einfällt!

Teil IV

Anerkennungen, Belohnungen & Aktivitäten für Gruppen

Dass Anerkennung bei Individuen funktioniert, wissen wir. Aber sie kann bei Gruppen genauso wirkungsvoll sein. In diesem Kapitel beschäftigen wir uns mit effizienten Gruppenanerkennungen, -belohnungen und -aktivitäten – von gruppenbasierten Anerkennungsprogrammen über spezielle Preise für Teams bis zu Freizeitspaß, Spielen, Wettbewerben, Feiern, Partys, besonderen Veranstaltungen und Reisen.

Wie beim Loben von Individuen sind einige der besten Formen, Teams zu loben, informell und immateriell, wie zum Beispiel die an die Teammitglieder gerichtete Dankesrede eines Managers für ihr Engagement, ihre Vorschläge und Initiative, oder wenn er dem gesamten Team einen Brief schreibt, um sich zu bedanken. Teamgeist und Gruppenmoral können auch durch informelle Besprechungen im Zuge eines Projekts gestärkt werden oder indem bei einem Mittagessen mit den Projektteams die Fertigstellung eines Projektabschnitts gefeiert wird. Nach Abschluss des gesamten Projekts sollten Sie das Team entscheiden lassen, wie es feiern möchte.

Das Loben von Teams kann jedoch in eine Zwickmühle führen, weil abgewogen werden muss, was die gemeinsame Teamleistung ist und welche individuellen Leistungen der einzelnen Teammitglieder hervorgehoben werden sollten. Sie laufen Gefahr, jene Mitarbeiter zu kränken, die am meisten zum Teamerfolg beigetragen haben, und andere Mitarbeiter zu stärken, die schlichtweg nur durch Anwesenheit geglänzt haben. Das »Gießkannenprinzip«, also jedem Mitarbeiter die gleiche Anerkennung bei unterschiedlicher Leistung zu zollen, ist abträglich für eine anhaltende Produktivität und die Moral der Gruppe.

Eine Möglichkeit, dieses Dilemma abzumildern, besteht darin, den Teamleiter die einzelnen Beiträge während des Projektverlaufs loben zu lassen und die Mitglieder zu ermuntern, dies ebenfalls zu tun. Wenn die Gruppe zu einem richtigen Team zusammenwächst, werden Produktivität und Moral vom Verhalten jedes

Einzelnen in der Gruppe geprägt – und nicht nur vom ernannten Teamleiter. Um ein Team zu entwickeln, das gut funktioniert, ist es wichtig für die Mitglieder, in puncto Leistung voneinander zu zehren, einander auf unterschiedliche, explizite Weise zu unterstützen, wie zum Beispiel durch das Anerkennen produktiver Beiträge, neuer Ideen oder Vorschläge von anderen, sowie positive Impulse zu geben, wie sich freiwillig für Gruppenaufgaben zu melden oder anderen Gruppenmitgliedern bei ihren Aufgaben zu helfen.

Manager müssen ebenfalls lernen, Einzelleistungen mit dem Gruppenergebnis zu verbinden. Deborah Crown von der University of Alabama hat in Untersuchungen festgestellt, dass die Kombination individueller Ziele mit der Gesamtleistung der Gruppe zu einer um 36 Prozent höheren Teamleistung führt. »Es könnte so einfach sein, Mitarbeiter analog zu dem Prozentsatz zu belohnen, den sie zum Erreichen des Ziels beigetragen haben«, sagt Crown. »Es ist wesentlich wahrscheinlicher, Erfolg zu haben, wenn Sie den Leuten ein Ziel vorgeben und ihre Handlungen an der Stelle steuern, wo es nötig ist, statt zu hoffen, dass sie mit der Zeit schon das Richtige tun werden, weil sie sich mit der Gruppe identifizieren.«

Acht Möglichkeiten zum Loben von Teams

1. Lassen Sie bei der ersten Projektbesprechung einen Topmanager dazustoßen, der darlegt, wie sehr er das Engagement der Teammitglieder zu schätzen weiß.
2. Wenn jemand eine Idee oder einen Vorschlag unterbreitet, loben Sie den Betreffenden für seine Initiative und seinen Beitrag. Ermutigen Sie zu Engagement beim Zielsetzungsprozess der Gruppe, bei der Problemlösung, beim Brainstorming et cetera.
3. Feiern Sie Fortschritte, Zwischenergebnisse und Endresultate. Lassen Sie die Teammitglieder über die Art der Feier entscheiden.
4. Ermöglichen Sie den Teilnehmern, zu Beginn oder Ende eines Meetings andere zu loben. Sorgen Sie für ein Lob-Bombardement des Teams für einen oder mehrere Mitglieder.
5. Lassen Sie die Teammitglieder Preise füreinander ausdenken. Investieren Sie in Teamerinnerungen und Symbole der Zusammenarbeit wie T-Shirts oder Kaffeetassen mit einem Team-Motto oder Unternehmenslogo.
6. Führen Sie teambildende Maßnahmen und Exkursionen wie Bowling, Lasergame, ein Jahrmarktbesuch, ein »Popcorn-Mittagessen« oder Wettkämpfe mit anderen Teams durch.
7. Laden Sie leitende Führungskräfte ein, an einer Teambesprechung teilzunehmen, bei der jeder Fragen stellen kann und der Gruppe für ihr Engagement gedankt wird.
8. Schicken Sie bei Abschluss eines Projekts Briefe oder E-Mails an alle Teammitglieder und bedanken Sie sich für deren Beiträge. Wenn der Teamerfolg sehr bedeutend ist, sollten Sie auch in Betracht ziehen, den Familien zu danken.

Anerkennungen & Belohnungen für Gruppen

Bei der Gruppenanerkennung darf nie vergessen werden, das gesamte Team zu loben. Wenn nur der Manager oder der herausragendste Leistungsträger Anerkennung erfährt, verliert die Gruppe möglicherweise ihre Motivation.

Bei Micro Age Computer in Tempe, Arizona, bestrafen die Manager Mitarbeiter, die zu spät zu Versammlungen kommen, indem sie das Geld an jene verteilen, die pünktlich da waren. Als Randy Dorr Vorgesetzter bei der Telefongesellschaft MCI war, motivierte er ein Team von Telefonverkäufern mit schwachen Leistungen, indem er jedes Mal, wenn die Mitarbeiter das gesetzte Ziel erreichten, deren Mütter anrief, um ihnen zu sagen, wie großartig ihre Kinder seien. Daraufhin wurde das Team zum Top-Performer des Unternehmens. Bei Advanced Micro Devices in Sunnyvale, Kalifornien, werden oft Fotos von Arbeitsteams in Unternehmenspublikationen veröffentlicht.

Terry Horn, Personalleiter bei Household Automotive Finance in San Diego berichtet: »Ich wollte mich bei allen Mitarbeitern meiner Abteilung für ihre großartige Leistung beim Erreichen der finanziellen Ziele bedanken. Bis auf einen Mann besteht die gesamte Gruppe aus Frauen. Der Mann ernährt sich äußerst gesundheitsbewusst und isst jeden Tag in seiner Pause eine Banane. Ich überreichte jeder Frau einen Blumenstrauß und dem Mann eine Bananenstaude. Alle freuten sich über diese Geste und hatten ihren Spaß.«

> »Für mich ist wichtig, mit allen zusammenzukommen, die am Erreichen des Ziels mitgewirkt haben, und stolz darauf zu sein, ein vom Unternehmen gesetztes Ziel zu erreichen.«
>
> Barion Mills, Jr.,
> Agenturmanager,
> State Farm Insurance

Um ihre Teams anzuspornen, arbeiteten die Laborleiter eines Büros von Kaiser Permanente in Pasadena, Kalifornien, zusammen und gestalteten einen wenig genutzten Konferenzraum in ein Strategiezentrum um. Sie kauften Möbel und Geräte und dekorierten den Raum so, dass er für kreatives Denken und Brainstorming-Sitzungen geeignet war.

> »Unser wichtigstes Mitarbeiter-Anreizprogramm hat die durchschnittliche Leistung, die Teamarbeit und die Beziehungen zwischen den Abteilungen enorm verbessert.«
>
> Daniel J. Wildermuth, Marketingleiter, Mirassou Vineyards

Das Montefiore Nursing Home in Beachford, Ohio, eine gemeinnützige Einrichtung mit 500 Mitarbeitern, führte ein »Keys to our Commitment«-Programm ein, bei dem Teams versprachen, bestimmte Werte zu pflegen, wie anderen zu helfen, Patientenbedürfnisse zu stillen oder hilfsbereit mit Angehörigen umzugehen. Die Mitarbeiter sind dazu aufgefortder, niemals zu sagen: »Das weiß ich nicht.« Belegschaftsmitglieder, die einen Wert verkörpern, werden von Kollegen mit Papierschlüsseln belohnt. Diese können gegen Anstecknadeln in Silber, Bronze oder Gold eingetauscht werden. Das Programm hat dazu beigetragen, dass die Mitarbeiter kooperativer sind, Informationen an das Management weiterleiten und sich besser unterstützt fühlen. Die Fluktuation ist um die Hälfte gesunken.

Alle vier bis fünf Jahre werden neue Filialleiter bei der J. C. Penney Corporation, einer Kaufhauskette mit Hauptsitz in Plano, Texas, in einer Zeremonie »bestätigt«, die an mehr als einem Dutzend Standorten im ganzen Land abgehalten wird. Dabei wird ein Versprechen zur Einhaltung der Grundprinzipien des Unternehmens abgegeben und als Ausklang erhält jeder Mitarbeiter eine HCSC-Anstecknadel, die für Ehre, Vertrauen, Dienstleistung und Kooperation (honor, confidence, service, cooperation) steht.

> »Nichts, nicht einmal die fortschrittlichste Technik, ist so beeindruckend wie Menschen, die begeistert zusammen auf ein Ziel hinarbeiten. Sei es als Nation, als Armee oder als Unternehmen – Menschen lassen sich nicht aufhalten, wenn sie von einer gemeinsamen Vision angetrieben werden und über die Macht und die Werkzeuge verfügen, diese zu erreichen.«
>
> Unternehmensbroschüre von United Technologies

Bei Delta Airlines mit Sitz in Atlanta füllen die Mitarbeiter »Team Recognition Cards« aus, die sie an Teams überreichen, die ihrer Meinung nach mehr getan haben, als nur ihre Pflicht zu erfüllen. Die Karten kommen in eine Verlosung um einem Gewinn in Höhe von 500 Dollar, der an eine Wohltätigkeitseinrichtung oder gemeinnützige Organisation nach Wahl des Teams geht.

Im Altersheim West Union Good Samaritan Center in West Union, Iowa, werden Teams für die Komplimente gelobt, die sie von Patienten, Angehörigen und der Verwaltung bekommen. Dankesschreiben werden laut vorgelesen und am Schwarzen Brett aufgehängt. Verwaltungsleiter bringen Gebäck oder Blumen mit, um das Team mit den positivsten Kommentaren zu würdigen.

Am Grinnell College im Herzen von Iowa wurde eine Anerkennungsinitiative mit dem Titel »Über alle Maßen« für Abteilungen und einzelne Mitarbeiter durchgeführt, die eine positive Haltung, Innovationsbereitschaft und herausragende Unterstützung gegenüber anderen gezeigt hatten. Ein Wanderpokal wurde von einer verdienstvollen Abteilung zur nächsten weitergereicht. Abteilungen bildeten Teams, um sich auf der Bühne beim »Familienduell: Kundenservice« zu messen. Preise für herausragende Leistungen wurden überall auf dem Campus verteilt, sodass Belegschaft, Lehrkräfte und Studenten sowie Collegebesucher eine erinnerungswürdige Dienstleistungserfahrung auf dem Campus erfahren konnten. Die Preisträger wurden außerdem im Newsletter der Collegemitarbeiter vorgestellt.

Tipps zum Aufbau eines effizienten Teams

➤ Achten Sie bei der Einstellung von neuen Mitarbeitern darauf, dass diese gute Teamplayer sind. Sie wollen schließlich Mitarbeiter, die mit dem gemeinsamen Prozess umgehen können.

➤ Seien Sie ein Vorbild für Ihre Belegschaft. Gehen Sie zum Beispiel zu einer vernünftigen Uhrzeit nach Hause, damit die Mitarbeiter sehen, dass es in Ordnung ist, wenn sie ebenfalls Feierabend machen.

➤ Ermuntern Sie zu Zwiegesprächen zwischen Belegschaftsmitgliedern, statt zu strukturierten Meetings. Persönliche Beziehungen sind vertrauensbildend.

➤ Halten Sie informelle Klausurtagungen ab, um die Kommunikation zu fördern und Ziele zu setzen.

➤ Belohnen Sie gemeinsame Erfolge, wann immer es möglich ist – selbst wenn die Belohnung nur aus Saft und Bagels besteht.

BlueCross BlueShield North Carolina setzt verschiedene Formen von Gruppenanerkennung ein:

➤ In einer Abteilung arbeiten drei Teams an verschiedenen Projekten, jedes mit einer anderen Deadline. Um die Mitarbeiter zu motivieren, dürfen sie eine Woche lang in Jeans zur

Arbeit kommen, wenn sie in der Vorwoche das gesteckte Ziel erreicht haben. Alle strengen sich an, um nicht im Anzug kommen zu müssen, wenn ein anderes Team Jeans tragen darf.

> Ein Team aus Projektmanagern und Businessanalysten (PM-BA) zeichnet jeden Monat Leistungen aus, indem es einen Stoff-Pumbaa (aus Walt Disneys *König der Löwen*) an das Teammitglied mit den herausragendsten Leistungen überreicht.

> Ein Teamleiter berichtet: »Bei einem Projekt habe ich die einzelnen Teammitglieder mit etwas belohnt, das ihren speziellen Beitrag zum Projekt repräsentierte: eine große Flasche Klebstoff für das Teammitglied, das uns mit Vertriebsleistungen zusammengehalten hat. Ein großes Glas Jam für denjenigen, der alle Daten für die Gehaltsabrechnung in den Rechner eingetippt (hand jammed) hat. Ein Paar Pompoms für unsere immer optimistischen Anfeuerer et cetera.«

> Eine Projektgruppe ist in ein wichtiges, mehrjähriges, unternehmensweites Engagement eingebunden, das sich über mehrere Geschäftsbereiche erstreckt. Die Teilnehmer sind qualifiziert für den Preis für die »Wertvollste Ameise«. Dieser besteht aus einer fünfzehn Zentimeter hohen, handbemalten Skulptur in Form einer Ameise. Daran hängt eine persönliche Urkunde.

> In der IT-Abteilung kann jeder jeden für einen »Golden Graeme«-Preis vorschlagen. Dieser wird vergeben, wenn jemand über das Notwendige hinaus für den Erfolg der Abteilung arbeitet; Überstunden macht, um eine enge Deadline zu halten; Verfahren verbessert, um Erfolg und/oder Qualität zu sichern; eine Geschäftsbeziehung verbessert; eine anspruchsvolle Aufgabe übernimmt und sie bewältigt et cetera. Der Preis wird vierteljährlich bei einer Versammlung mit allen Mitarbeitern vergeben.

> In einer anderen Abteilung vergibt der stellvertretende Vorsitzende mit dem Spitznamen Bob auf dem vierteljährlichen Abteilungstreffen »Bob«-Anstecknadeln, wobei Bob hier für »Bending over Backwards« (»sich ein Bein ausreißen«)

steht. Mitarbeiter nominieren Kollegen, die sich im übertragenen Sinne ein Bein ausgerissen haben, um die Ziele der Abteilung zu erreichen. Fotos der Überreichung werden am Schwarzen Brett der Abteilung angebracht.

James Allchin, oberster Softwareguru der Microsoft Corporation in Redmond, Washington, belohnte Programmierer, die einen wichtigen Meilenstein bei einem Projekt mit dem Codenamen »Cairo« erreichten, indem er ein Kamel mit zur Arbeit brachte. Die Mitglieder des Cairo-Teams waren begeistert, streichelten das Tier und ließen sich mit ihm fotografieren.

Wenn Teammitglieder beim Naval Publications and Forms Center in Philadelphia ein Projekt abschließen, bekommen sie Anstecknadeln. Als die Agentur den Qualitätsverbesserungspreis der Regierung bekam, erhielt jeder Mitarbeiter einen Bonus von 500 Dollar.

Fallstudie zur Gruppenanerkennung

Elsie Tamayo erklärte, wie sie die Moral, den Stolz und die Produktivität der Ausbildungsabteilung steigerte, als sie Ausbildungsleiterin im Amt für Soziale Dienste von San Diego war. Als Tamayo dort anfing, war die Mitarbeitermoral auf einem Tiefstand angelangt und die Gruppenidentität innerhalb der Organisation schwach ausgeprägt. Tamayo setzte sich mit den dreizehn Mitarbeitern ihrer Abteilung zusammen und fragte sie, wie sie von der Organisation wahrgenommen werden wollten. Die Gruppe entwickelte eine eigene Identität, entwarf ein Logo und malte es auf die Außenseite und in die Eingangshalle ihres Gebäudes. Zum ersten Mal bekamen alle Visitenkarten mit dem eigenen Logo.

Bei jedem Abteilungstreffen bat Tamayo einen Mitarbeiter, einen

> »Wenn Sie ein Programm brauchen, um jemanden zu loben, dann haben Sie etwas Wesentliches nicht verstanden. In unserer Kultur wird alle zwei Minuten jemandem gedankt oder Anerkennung gezollt. Es ist Teil dessen, was wir sind, sowie des aufrichtigen, gegenseitigen Respekts, der Fürsorge und Bekräftigung, die wir füreinander haben.«
> Audrey Robertson, Leiterin Public Relations, The Container Store

> »Jeder Mitarbeiter sollte gefragt werden: ›Wofür möchtest du die Verantwortung übernehmen? Welche Informationen brauchst du?‹ Und im Gegenzug: ›Welche Informationen schuldest du dem Rest von uns?‹ Das bedeutet, dass jeder Mitarbeiter in Entscheidungen darüber einbezogen werden muss, welche Maschinen angeschafft werden, wie die Arbeit terminiert werden soll, und was die grundlegende Politik des gesamten Unternehmens sein soll.«
>
> Peter F. Drucker, Autor von *Die postkapitalistische Gesellschaft*

Kollegen auf witzige Weise zu loben. Um die Beförderung eines Teamkollegen zu verkünden, zog das ganze Team durchs Haus; ein anderer Kollege bekam einen Duracell-Hasen überreicht, weil er »ständig in Aktion war und lief und lief und lief ... und stets bereit war, anderen auszuhelfen«; und jemand, der ein noch höheres Arbeitstempo an den Tag legte, bekam einen Spielzeug-Roadrunner. Tamayo begann jedes Meeting damit, dass sie Briefe vorlas, in denen die Abteilung oder bestimmte Mitarbeiter gelobt wurden. Sie hielt die Gruppe stets auf dem aktuellsten Informationsstand, was Entwicklungen innerhalb der Organisation betraf.

Tamayo benutzte Zahlen als Anerkennung, um die Sichtbarkeit der Gruppenleistungen zu erhöhen: Die Anzahl der monatlich geschulten Mitarbeiter wurde ebenso festgehalten wie kostensparende Ideen. Jeglicher Fortschritt wurde innerhalb der gesamten Organisation publik gemacht. In der Abteilung informierten Flip-Charts über Fortschritte bezüglich der gesetzten Ziele. Ausbildern und Managern, die 1.000 Schulungsstunden durchgeführt hatten, wurde ein »Magister« verliehen.

Tamayo verteilte auch großzügig spontanes Lob, wie rasch verfasste Notizen oder eine Mitteilung auf einem Flip-Chart: »Du hast das Meeting gestern toll geleitet!«, einschließlich kurzer Kommentare, warum das wichtig war. Das Blatt klebte sie an die Tür des Betreffenden. Nach dem Abschluss einer Schulungseinheit gestattete sie es den Teilnehmern oft, am nächsten Tag etwas später zur Arbeit zu kommen.

Einmal pro Woche setzte sich Tamayo mit jedem Mitarbeiter etwa eine Stunde lang zusammen, um zu besprechen, was auch immer anstand. Anfangs dauerten diese Treffen oft weniger als zehn Minuten. Aber mit der Zeit gingen alle dazu über, die volle Zeit zu nutzen. Ein Mitarbeiter konnte zum Beispiel über das Ergebnis einer Schulungssitzung sprechen und wie er oder sie sich verbessern könnte. Andere mögliche Themen waren Probleme mit Kollegen sowie Möglichkeiten, die eigenen Fähigkeiten oder Karrierechancen zu verbessern.

Tamayo gab dann bekannt, dass die Gruppe jeden Monat einen halben Tag als Belohnungs- und Anerkennungstag gestalten würde, und dass jeder Vorschläge für gemeinsame Aktivitäten einreichen sollte: Sie fuhren mit dem Zug nach Los Angeles und gingen ins Museum, bummelten durch Tijuana und besuchten den Zoo. Da es für derlei Veranstaltungen kein Budget gab, zahlten die Mitarbeiter alles aus eigener Tasche.

Tamayo organisierte auch einen Fantasiemarathon für alle Projektmitglieder. T-Shirts und »Rekorde« – alte Schallplatten (records) mit speziell entworfenen Covern – wurden während der Feier dieses Pseudo-Marathons überreicht, um die Leistungen Einzelner zu würdigen. Tamayo vereinbarte einen Austausch mit anderen Schulungszentren, um Zeitfenster für ihre Gruppenmitglieder oder Räumlichkeiten für eine Klausurtagung außer Haus zu bekommen. Sie rief zudem eine Bibliothek für Persönlichkeitsentwicklung ins Leben, die Sie als Belohnung benutzte.

> »Wenn Sie Ihre Mitarbeiter besser behandeln, wird Ihr Geschäft besser laufen. So einfach ist das.«
>
> Julian Richer, Gründer, Richer Sounds

All diese Aktivitäten kosteten wenig oder gar kein Geld und den Mitarbeitern war nach wie vor bewusst, dass sie die nötigen Stunden investieren mussten, um ihre Arbeit erledigt zu bekommen. Aber innerhalb mehrerer Monate schossen Moral, Stolz und Energie der Abteilung in die Höhe und die Gruppe wurde im ganzen Unternehmen höher angesehen.

Das Werk von Merck & Company in Wilson, North Carolina, hat ein Belohnungsprogramm mit dem Titel »Gründe zum Feiern« sowie ein Anreizprogramm namens »Bezahlung für Leistung«. Teams können andere Teams oder Teammitglieder für Geschenkgutscheine nominieren. Es gibt bis zu 300 Dollar für einzelne Mitarbeiter und 500 Dollar für Teams.

> »Wenn du Menschen das Gefühl gibst, dass sie dir gleichgültig sind, werden sie sich revanchieren. Zeig ihnen, dass sie dir wichtig sind, und sie werden es dir vergelten.«
>
> Lee G. Bolman und Terrence E. Deal, Autoren von *Leading with Soul: An Uncommon Journey of Spirit*

Die zehn besten Wege, gute Arbeit zu belohnen

Belohnung 1: Geld
Belohnung 2: Anerkennung
Belohnung 3: Freizeitausgleich
Belohnung 4: Anteil am Ergebnis
Belohnung 5: Lieblingsarbeit
Belohnung 6: Beförderung
Belohnung 7: Freiraum
Belohnung 8: Persönliche Weiterentwicklung
Belohnung 9: Spaß
Belohnung 10: Preise

Michael LeBoeuf,
Autor von *The Greatest Management Principle in the World*

Bei der Zeitschrift *Business First* in Columbus, Ohio, erhalten Teammitglieder je 500 Dollar, wenn das Team ein bestimmtes Ziel erreicht. Wird ein noch höheres Ziel erreicht, erhält jeder 1.000 Dollar. Um sich für den Teampreis zu qualifizieren, müssen Teammitglieder mindestens 90 Prozent ihrer individuellen Ziele erreichen.

Bei Great Plains Software in Fargo, North Dakota, wo Projekte bis zu neun Monate dauern können, veranstalten Projektleiter zwischendurch Dinner, Picknicks und andere Formen informeller Anerkennung, wenn vorgegebene Ziele erreicht wurden. Um seine Projektteams anzuspornen, setzte das Unternehmen auf ein zweiteiliges Bonusprogramm. Die Hälfte des Bonus erhielten die Mitarbeiter, wenn der geplante Auslieferungstermin für das Produkt gehalten wurde. Die andere Hälfte gab es 90 Tage nach Auslieferung, abhängig von der Leistungsfähigkeit des Produkts. Beim Abschluss von Projekten erstellten die Teams eine »Freundesliste«, um allen zu danken, die nicht zum Team gehört hatten, aber bei der Durchführung behilflich gewesen waren. Diese Freunde erhielten Geschenkgutscheine und Dankesschreiben.

Beim Teamprogramm von Cal Snap & Tab in City of Industry, Kalifornien, kann jeder gewinnen, ein Team bekommt jedoch den Hauptgewinn. »Wir haben eine Kombination aus Makulatur- und Beteiligungsprogramm«, erzählt Marketingmanager Richard S. Calhoun. »Für ein Jahr zahlen wir 40.000 Dollar in einen Fond. Jedes Mal, wenn ein Fehler passiert, nehmen wir Geld aus dem Fond. Am Ende konnten wir 7.000 Dollar verteilen.« Im nächsten Jahr wurden die 36 Mitarbeiter in vier Teams aufgeteilt und der Prämientopf betrug 1,25 Prozent der Warenlieferungen. Jedes Team erhält ein Viertel Prozent, und von einem Teammitglied verursachter Ausschuss wird abgezogen. Am Ende des Programms bekommt das Team mit dem geringsten Ausschuss die verbliebenen 0,25 Prozent. Ein Krankenhaus in Chicago ging genauso vor. Es richtete einen Pool mit 100.000 Dollar ein, auf den für Rechnungen und Kundenbeschwerden bezüglich des Service zurückgegriffen wurde. Was am Ende des Jahres noch im Pool verblieben war, wurde an die Mitarbeiter verteilt.

> »Zu wissen, dass deine Arbeit wichtig ist und geschätzt wird, ist die beste Belohnung.«
> John Ball, Service Training Manager, American Honda Motor Company

---

Fallstudie zur Gruppenmotivation

Als Richard Nicolosi Leiter der Sparte Papierprodukte bei Procter & Gamble mit Hauptsitz in Cincinnati wurde, hatte der Wettbewerb seinen Tribut gefordert. Der Marktanteil des Unternehmens bei Wegwerfwindeln war in weniger als zehn Jahren von 75 auf 52 Prozent gesunken. Nicolosi fand eine stark bürokratisierte und zentralisierte Organisation vor, die übermäßig mit internen funktionalen Zielen und Projekten beschäftigt war. Praktisch alle Kundeninformationen stammten aus rein quantitativer Marktforschung. Darüber hinaus erhielten die technischen Mitarbeiter Belohnungen für Kosteneinsparungen, das kaufmännische Personal konzentrierte sich auf Mengenvolumen und Marktanteile – und die beiden Gruppen arbeiteten nahezu ständig gegeneinander. Nicolosi forderte unverzüglich, dass die Sparte kreativer und marktorientierter werden müsse, statt nur daran zu denken, kostenbewusst zu produzieren. »Ich musste eindeutig klarmachen«, berichtete er später, »dass sich die Spielregeln geändert hatten.«

Die neue Ausrichtung brachte eine größere Betonung von Teamwork und Führungsteams mit sich. Nicolosi forcierte die Strategie, dass Gruppen die Sparte samt der zugehörigen Produkte leiten. Zwei Monate später ernannten er und sein Team sich zum »Ausschuss der Papiersparte«, der anfangs monatlich und dann wöchentlich tagte. Einen Monat später richteten sie »Kategorienteams« ein, um die wichtigsten Markengruppen (Windeln, Taschentücher, Papierhandtücher) zu managen und begannen, die Verantwortlichkeiten an die Teams zu delegieren. Er ließ den Marketingmanager für Wegwerfwindeln direkt an sich berichten und schaffte eine Stufe in der Hierarchie ab. Er redete auch mehr mit den Mitarbeitern, die an neuen Produkten arbeiteten.

Einen Monat später gab Nicolosis Ausschuss eine neue Organisationsstruktur bekannt, zu der nicht nur Kategorien-, sondern auch Business-Teams für neue Marken gehörten. Innerhalb von vier Monaten war der Ausschuss in der Lage, ein wichtiges Motivationsereignis zu planen, bei dem die neue Vision der Sparte für Papierprodukte so vielen Menschen wie möglich vorgestellt werden sollte. Sämtliche Mitarbeiter der Sparte für Papierprodukte in Cincinnati sowie das Gebietsmanagement und die Manager der Papierfabriken – insgesamt etliche Tausend Menschen – versammelten sich im Cincinnati Masonic Center. Nicolosi und der Ausschuss beschrieben ihre Vision einer Organisation, in der »jeder von uns eine Führungskraft ist«. Das Ereignis wurde auf Video aufgezeichnet und der Mitschnitt an sämtliche Verkaufsniederlassungen und Fabriken geschickt.

All diese Aktionen trugen dazu bei, eine unternehmerische Atmosphäre herzustellen, in der zahllose Mitarbeiter dazu motiviert wurden, die neue Vision umzusetzen. Die meisten Innovationen kamen von den Menschen, die mit den neuen Produkten arbeiteten, andere Mitarbeiterinitiativen drehten sich um den funktionalen Bereich, und einige kamen sogar von den untersten Hierarchieebenen. Zum Beispiel entwickelten einige der Sekretärinnen ein

> »Nichts ist wichtiger als sich zu vergewissern, dass sich alle Mitarbeiter respektiert und wertgeschätzt fühlen.«
> Robert Crandall, ehemaliger CEO, American Airlines

»Sekretärinnen-Netzwerk«, welches Subkomitees für Weiterbildung, Belohnung und Anerkennung sowie die »Sekretärin der Zukunft« einrichtete. Eine Sekretärin aus der Sparte gab die Meinung vieler Kolleginnen wieder, als sie sagte: »Warum sollen wir nicht auch zur neuen Ausrichtung dieser Sparte beitragen können?«

Innerhalb von vier Jahren stiegen die Umsätze der Papiersparte um 40 Prozent und die Gewinne um 66 Prozent – obwohl der Wettbewerb für das Unternehmen immer härter wurde

---

Anita Nimtz von der Iowa State University in Ames, Iowa, zelebriert die Sekretärinnenwoche mit einer Vielzahl von Werbegeschenken einschließlich Topfpflanzen am Montag, Lotterielosen am Dienstag, Päckchen mit Pflaster am Mittwoch sowie Studentenfutter am Donnerstag. Ihre Belegschaft ist begeistert und bezeichnet sie immer noch als die »größte« Managerin. Mary Kay, Inc. feiert ebenfalls diese Woche, indem allen Sekretärinnen Blumen überreicht werden.

> »Das Beste, was du zu deinen Arbeitern sagen kannst, ist: ›Du bist wertvoll und mein wichtigstes Kapital.‹«
>
> Phyllis Eisen, Senior Policy Director, National Association of Manufacturers

---

Die Stadtbücherei von Carmel, Indiana, feierte die Mitarbeiter-Anerkennungswoche mit folgenden Aktivitäten, die alle vom zwölfköpfigen Managementteam geplant und durchgeführt wurden. Nichts davon wurde vorher bekanntgegeben, sodass jeder Tag eine neue Überraschung brachte!

➢ *Montag:* Eine Anerkennungsausstellung, bestehend aus Spruchbändern, Luftballons und Fotos der Mitarbeiter, wurde in der Eingangshalle gezeigt und blieb die ganze Woche über stehen, sodass Besucher ebenfalls mitfeiern und sich bei den Mitarbeitern bedanken konnten. Als die Mitarbeiter morgens zur Arbeit kamen, erhielten sie entweder eine elektronische Dankeschön-Karte oder eine handschriftliche Notiz von einem Manager einer der anderen Abteilungen.

➢ *Dienstag:* Jedes Belegschaftsmitglied erhielt ein Exlibris (als Bücherzeichen eingeklebte Zettel, die zur Kennzeichnung des Eigentums dienen) mit seinem oder ihrem Namen und durf-

> »Um auch in Zukunft zu bestehen, müssen Sie darüber nachdenken, was Mitarbeiter dem Unternehmen schulden – ihr Bestes zu geben, um den Erfolg zu sichern –, aber auch, was das Unternehmen den Mitarbeitern schuldet – eine erstklassige Lernerfahrung, ein Ziel, das über den Gehaltsscheck hinausgeht, und die Chance, zum Gewinnerteam zu gehören.«
>
> Nancy K. Austin, »Letting People Bloom«, *Incentive*

te es in sein Lieblingsbuch in der Bücherei kleben. Jedes Mal, wenn ein Besucher das Buch von nun an in die Hand nahm, würde der Name des Mitarbeiters in Erinnerung gerufen und seine Arbeit damit wertgeschätzt werden.

› *Mittwoch:* Die Bibliothek schaltete eine viertelseitige Anzeige in der örtlichen Tageszeitung, mit der die Öffentlichkeit dazu eingeladen wurde, gemeinsam mit dem Managementteam »die 135 Belegschaftsmitglieder zu würdigen, die der Gemeinschaft tagtäglich mit Professionalität und Engagement dienten.« Der extern betriebene Coffee Shop in der Bibliothek gewährte an diesem Tag allen Bibliotheksmitarbeitern 20 Prozent Rabatt.

› *Donnerstag:* Die Manager backten oder kauften Muffins, Teilchen, Brownies, Obst, Chips und andere Leckereien, die sie mit einem Imbisskarren am Morgen und am Nachmittag in die einzelnen Abteilungen brachten.

› *Freitag:* Die Mitarbeiter bekamen einen zusätzlichen Casual-Dress-Tag (der normalerweise auf den letzten Tag im Monat beschränkt ist). Die Mitarbeiter bekamen Life-Savers-Rollen mit dem Aufdruck: »Wir schätzen Dich.«

»Wir erhielten auf unsere Aktionen ein äußerst positives Feedback«, berichtet Cindy Wenz, Personalleiterin der Bibliothek. »Abgesehen von den 150 Dollar für die Anzeige, die wir aus dem Fond bezahlen konnten, den Freunde und Förderer der Carmel Clay Public Library eingerichtet haben, waren sämtliche Aktionen preisgünstig oder kosteten uns gar nichts. Die geringen entstandenen Kosten wurden vom Managementteam getragen.«

Spaß, Spiele & Wettbewerbe

Spaß ist ein guter Motivator, lässt die Arbeit schneller von der Hand gehen und dient als Puffer für Stress. Ein zunehmend wichtiger Faktor, da laut dem National Institute for Occupational Safety & Health heutzutage 40 Prozent aller Arbeitnehmer ihre Arbeit als sehr oder extrem stressig erleben, und 25 Prozent ihre Arbeit als Stressfaktor Nummer eins in ihrem Leben bezeichnen. Darüber hinaus kann Spaß unmittelbar zu gesteigerter Produktivität führen. Am Colorado Health Sciences Center in Denver zeigten Mitarbeiter, die sich witzige Schulungsfilme angesehen und an lustigen Workshops teilgenommen hatten, einen 25-prozentigen Rückgang der Ausfallzeit und eine 60-prozentige Steigerung der Arbeitszufriedenheit.

Spaß kann auch bei schwierigeren Themen zum Ziel führen, wie bei der Übermittlung von Kritik oder der Ermutigung zu erwünschtem Verhalten oder höherer Leistung. Eine gute Methode ist hierbei, das Ziel durch ein Spiel oder einen Wettbewerb zu formulieren. Die relevanten Informationen oder Verhaltensweisen werden bei der Umsetzung hervorgehoben, und die ganze Zeit über herrscht ein Gefühl von Begeisterung.

Zu den Schlüsselelementen erfolgreicher Mitarbeiterwettbewerbe zählen:

- Das Programm und sein Ziel bewerben,
- realistische, erreichbare und messbare Ziele setzen,
- den Wettbewerb auf eine kurze Zeit begrenzen,
- die Wettbewerbsregeln unkompliziert halten,
- gewährleisten, dass die Preise für die Mitarbeiter erstrebenswert sind,
- Belohnungen unmittelbar an Leistungen koppeln,
- Belohnung und Anerkennung unverzüglich zukommen lassen.

Wenn Sie systematisch Dinge tun, die eine gelöste Arbeitsumgebung fördern, wird die Gruppenmoral davon profitieren. Die sorgfältige Planung witziger Gruppenaktivitäten kann auch eine hervorragende teambildende Maßnahme sein.

Leicht umsetzbare Moralverstärker fürs Büro

1. Richten Sie ein Schwarzes Brett ein, an dem Mitarbeiter ihre Lieblingswitze, -cartoons et cetera anheften können.
2. Hängen Sie Cartoons oder lustige Anekdoten an eher trockene Memos an, die in Umlauf gebracht werden müssen.
3. Planen Sie ein Mitarbeitertreffen in einer angenehmen Umgebung außerhalb der Firma. Wenn möglich lassen Sie es mit einem geselligen Zusammensein oder dem Besuch einer Veranstaltung ausklingen.
4. Richten Sie einen Tag der hässlichsten Krawatte (oder des verrücktesten Hemdes oder der albernsten Socken) ein und verleihen Sie dem Sieger einen Juxpreis.
5. Veranstalten Sie Bürowetten für Ereignisse wie etwa Formel-1-Rennen, die Verleihung von Oscars und Emmys oder Fußball-Bundesliga- und Länderspiele.
6. Legen Sie jeden Tag eine Humorpause ein; bestimmen Sie jemanden, der dem Rest der Belegschaft einen Witz oder eine lustige Geschichte erzählen soll.
7. Zeigen Sie während der Mittagspause im Konferenzraum oder einem größeren Büro einen lustigen Film oder eine Fernsehshow.
8. Bringen Sie eine Polaroidkamera mit. Machen Sie lustige Schnappschüsse von Mitarbeitern und reichen Sie diese – mit deren Einverständnis – im Büro herum.
9. Räumen Sie jedem Mitarbeiter einmal wöchentlich die Möglichkeit ein, eine Stunde früher zu gehen oder später zu kommen.
10. Nehmen Sie niemals etwas zu ernst. Denken Sie stets daran: »Das hier ist keine Gehirnoperation.« (Es sei denn, es ist tatsächlich eine.)

> »Ich halte es für wichtig, Spaß bei der Arbeit zu haben – und nicht nur in den Ferien.«
> Ellen Jackofsky, Dozentin, Southern Methodist University

Die SBT Corporation, ein Softwareentwickler im Bereich Buchhaltungssoftware (mittlerweile zu ACCPAC gehörend) in Sausalito, Kalifornien, stellt den Rezeptionistinnen einen kleinen Betrag zur Verfügung, um die Empfangstheke mit Jojos, Süßigkeiten und Spielzeug zu bestücken. Man weiß, dass Lachen und Spaß ansteckend sind, und wenn die Rezeptionistinnen entspannt und glücklich sind, dann werden die Kunden ebenfalls gut gelaunt sein.

Schwartz Communications, eine Public-Relations-Agentur in Waltham, Massachusetts, sieht sich als große Familie, bei der die Kinder von Mitarbeitern – und ein hauseigener Hund – an den meisten Tagen mit in der Firma sind. Es gibt ein Spielzimmer, Kreativitätskurse, Sportteams und vier gut ausgestattete Küchen. Für besondere Leistungen gibt es spontan Bares auf die Hand, und Gewinne werden mit den Mitarbeitern geteilt. Wenn Kunden ihren Vertrag verlängern, erhält das betreuende Team einen Prozentsatz des jährlichen Honorarvorschusses. Mitgründerin Paula Schwartz sagt dazu: »Die Mitarbeiter sind motiviert, jeden Tag ihr Bestes zu geben, weil sie wissen, dass wir sie emotional, über Schulungen oder monetär belohnen. Ich glaube nicht, dass Menschen alles geben, wenn du selbst es nicht auch tust.«

Im Sommer kauft Rich Willis vom Paychex-Büro in Cherry Hill, New York, Becher mit Eiscreme, packt sie auf eine Karre und fährt damit bei den Mitarbeitern herum, die sich bedienen dürfen.

Einmal im Monat werden die Mitarbeiter der KFC Corporation in Louisville, die ein Instrument spielen, gebeten, dieses mit zur Arbeit zu bringen. Diese wilde Mischung an Musikern erhält dann eine Liste der Spitzenleister des aktuellen Monats und bringt ihnen ein Ständchen. Diese Anerkennungsmethode stieß auf so viel Begeisterung, dass das Unternehmen ein zweites Ständchen eingeführt hat, das von einem Streichquartett vorgetragen wird.

Um die Stimmung aufzuheitern, verteilte ein Unternehmen in Kalifornien verschiedene Tageskalender an die Mitarbeiter und ermunterte sie, sich über die jeweiligen Witze oder Cartoons mit den Kollegen auszutauschen. Auf den Kalenderblättern fanden sich Dilbert-Cartoons, Kreuzworträtsel, Vokabeln und Gartentipps.

> »Menschen sind am kreativsten und produktivsten, wenn sie etwas tun, das sie wirklich interessiert. Spaß zu haben ist also keineswegs eine abwegige Idee, sondern eine sehr vernünftige.«
>
> John Sculley, ehemaliger Vorsitzender, Apple Computer

Das Augusta Technical Institute in Georgia wollte mit einer interaktiven und unterhaltsamen Übung erreichen, dass sich die Teammitglieder besser kennenlernen. Die Teilnehmer mussten Fragen stellen wie zum Beispiel: »Wie heißt die Person, die du gern einmal treffen würdest?« und »Was ist der interessanteste Ort, an dem du je gewesen bist?« Die Antworten wurden auf buntes Papier geschrieben und als Mosaik im Flur aufgehängt.

Bei Loop, einem Fachgeschäft in Providence, Rhode Island, dürfen die Mitarbeiter unkonventionelle Feiertage aus Chase's Calendar of Events (amerikanischer Ereigniskalender) feiern, wie die Nationale Umarmungswoche und Willie Nelson's Geburtstag, und sich entsprechend kleiden. Dem Geschäft entstehen dafür keinerlei Kosten, genau genommen zieht die Aktion sogar Kunden an.

Das Charleston Memorial Hospital in Fall River, Massachusetts, bat die Mitarbeiter, Fotos ihrer Haustiere mitzubringen und ans Schwarze Brett in der Kantine zu hängen. Alle hatten eine Menge Spaß beim Raten, welches Tier zu wem gehört. Jossey-Bass Publishers in San Francisco nutzte eine ähnliche Methode, um neue Mitarbeiter mit der Belegschaft bekanntzumachen: Sie baten die bereits dort beschäftigten Mitarbeiter, Familienfotos mit witzigen Bildunterschriften zu versehen und im Arbeitsbereich aufzuhängen.

> »Ein Geschäftsbetrieb muss mitreißend sein, Spaß machen und die Kreativität herausfordern.«
> Richard Branson, Gründer, Virgin Music Group und Virgin Atlantic Airways

Der Speiseeishersteller Ben & Jerry's hat ein ständiges Komitee – bekannt als die »Joy Gang« (Spaßbande) – zur Planung witziger Aktivitäten. Im Laufe der Jahre haben verschiedene Leute den Titel »Grand Poo-bah« getragen, in ihrer Funktion, das Komitee bei der Umsetzung witziger Ideen für den Arbeitsbereich zu leiten. Die Anwaltskanzlei Perkins Coie LLP hat ein »Happiness Committee«, das aus fünf anonymen Mitarbeitern besteht, die witzige Aktivitäten im Unternehmen anregen können.

Mitarbeiter des Büros des Finanzdienstleisters Capital One Services in Tampa, Florida, haben eine witzige Umgebung geschaffen, indem sie »Scream Teams« bildeten, um Kollegen zu loben und wichtige Anlässe wie Geburtstage und Feiertage zu feiern. Das Team entwickelte auch Thementage, an denen sich die Mitarbeiter entsprechend anziehen und Essen mitbringen, und sponsert ein vierteljährliches Picknick sowie die »Schrullen-Olympiade«.

Mitarbeiter von Berkeley Systems (mittlerweile zu Sierra Entertainment in Bellevue, Washington, gehörend) in Silicon Valley hatten um eine Rutsche mit dreieinhalb Windungen gebeten, die das erste Stockwerk mit der Küche im Erdgeschoss verbindet – und bekommen.

An einem Abend während der Weihnachtsfeiertage öffnet die Walt Disney Company ausschließlich für Mitarbeiter und deren Familien die Pforten von Disneyland. Der Fahrbetrieb und sonstige Aktivitäten werden von Managern in Kostümen übernommen. Abgesehen von dem Heidenspaß haben die Mitarbeiter bei dieser Aktion die Möglichkeit, den Vergnügungspark aus Kundensicht zu erleben. Eine Vielzahl weiterer Programme sorgt für den Aufbau von Gemeinschaftsgefühl und Identifikation mit dem Unternehmen Disney, einschließlich Kollegen-Anerkennungsprogrammen und Root-Beer-Float-Partys (ein Dessert, bei dem Vanilleis in Wurzelbier schwimmt). Die Mitarbeiter- und Kundenzufriedenheit bei Disney gehören zu den höchsten in dieser Branche und tragen entscheidend zum Erfolg des Unternehmens bei.

> »Kleine Dinge funktionieren, selbst so etwas Abgedroschenes wie Cartoons über ihren Schreibtisch zu hängen oder alle Mitarbeiter zu bitten, Fotos von sich aus den Sechzigerjahren mitzubringen. Sie müssen kein Komiker sein, um die Atmosphäre aufzulockern.«
>
> Malcom Kushner, Vorstandsvorsitzender, Malcolm Kushner and Associates

---

Mitarbeiter bei Pacific Power in Portland, Oregon, benutzen am »Frisbee-Memo-Tag« Frisbees, um sich gegenseitig Nachrichten zu überbringen.

Rebecca Rogers vom University Health Care System in Augusta, Georgia, pflegt eine Spaßaktivität, die sie »gemeinschaftliche Bildunterschriften« nennt. Sie hängt Fotos aus Zeitungen oder Zeitschriften über den Kopierer und fordert die Belegschaft dazu auf, witzige Bildunterschriften zu ergänzen, um die Zeit am Kopierer interessanter zu gestalten.

Eine der größten Ehren, die Mitarbeitern bei Microsoft zuteil werden kann, ist ein Rasen im Büro. Während der Betreffende nicht da ist, räumen Kollegen das Büro leer und legen es mit Rollrasen aus. Das wurde zu einem so beliebten Streich, dass eine Nachricht an alle geschickt wurde: »Wer auch immer das Büro eines Kollegen mit Rasen auslegen möchte, rufe bitte die folgende Nummer an. Wir übernehmen den Job.« Den Streich zu legitimieren machte ihn jedoch weniger witzig, deshalb wurde er rasch durch andere Späße ersetzt – wie das Füllen des Büros mit Styroporkugeln oder Popcorn. In einem denkwürdigen Fall kam ein Manager von einer Geschäftsreise zurück und musste feststellen, dass seine Bürotür entfernt worden war. Stattdessen war der Durchgang mit Rigipsplatten verschlossen worden und genauso gestrichen wie die Wand ringsum.

> »Wir wollen Mitarbeiter, denen ihre Arbeit Spaß macht und die diese als Erweiterung ihrer Persönlichkeit erleben.«
> Emily Ericsen, Personalvorstand, Starbucks Coffee Company

Suzy Armstrong von der State Farm Insurance in Tulsa, Oklahoma, sieht sich zusammen mit ihren Mitarbeitern ein Video mit peppiger Musik und albernen Übungen an und leitet das 15-köpfige Team der Sachbearbeiter im Gemeinschaftsbereich zu Aerobic-Übungen an.

» Jeden Nachmittag lasse ich die Abteilungsleiter mit ihren Mitarbeitern acht Minuten lang Dehnübungen an ihren Schreibtischen ausführen«, sagt Pam Wiseman, Ausbildungskoordinatorin bei Designer Checks in Colorado Springs, Colorado. »Das ist ein bisschen albern, aber macht Spaß und verschafft jedem eine Pause. Ich glaube, dass wir dadurch produktiver sind und uns auch besser fühlen.«

Merle Norman Cosmetics in Los Angeles bezahlt seinen weiblichen Angestellten Stilberatungen. Jeden zweiten Samstagabend sponsert das Unternehmen zudem eine »Mitarbeiternacht« in der San Sylmar Container-Herstellungsanlage im San Fernando Valley außerhalb von Los Angeles. Den Mitarbeitern, die jeweils bis zu sechs Freunde mitbringen können, werden Erstausstrahlungen von Spielfilmen gezeigt. Nach dem Film können sich die Mitarbeiter samt ihren Freunden kostenlos Eisbecher nach Wahl mixen.

> »Nimm deine Arbeit ernst und dich selbst leicht.«
> Bob Nelson

Linda L. Miles, Vorstandsvorsitzende von L. L. Miles & Associates, einer Firma für Seminarplanung in Virginia Beach, Virginia, belohnt ihre sechs Mitarbeiterinnen am »Happy Feet Day«, indem sie ihnen eine Pediküre spendiert.

Die Filialen der Bank of America in San Francisco haben einen Monat lang die »Lach den ganzen Tag«-Herausforderung. Mitarbeiter versuchen mittels Witzen und Cartoons den ganzen Tag über, ihre Kollegen zum Lachen zu bringen. Die Gewinner erhalten T-Shirts und Bücher mit den besten Witzen und Cartoons.

Matt Weinstein von Playfair, einem Unternehmen in Berkeley, Kalifornien, das Humorseminare veranstaltet, hat verschiedene Vorschläge, wie man die Arbeitsumgebung witzig gestalten kann. Er empfiehlt das Einrichten von »Spaßpausen«, in denen sich die Mitarbeiter Cartoons ansehen oder anhören dürfen. Er schlägt außerdem vor, alle Mitarbeiter einer Etage zu versammeln, um Kinderspiele wie Murmeln oder Münzen werfen zu spielen. Weitere Ideen von Matt:

➤ Gewähren Sie Ihren Mitarbeitern einen Casual Dress Day mit einem Motto, zum Beispiel den »Hawaii-Tag« oder den »Hosenträger-Tag«.

➤ Planen Sie für Ihre Mitarbeiter ein Überraschungspicknick auf dem Parkplatz oder in der Tiefgarage.

> Fertigen Sie Ansteckplaketten aus Babyfotos der Mitarbeiter an. Lassen Sie diese von jeweils anderen tragen, sodass erraten werden muss, wer zu dem Bild gehört.

> Versenken Sie Gummifische im Wasserspender.

> Tackern Sie Kleenextücher an Mitteilungen, die möglicherweise Stress erzeugen.

> Kleben Sie Schokolade – zum Beispiel Glückskäfer – auf langweilige Memos.

Rich Davidson, »Senior Vice Imperator« des Unternehmens fügt hinzu:

> Legen Sie Tage fest, an denen jeder, der eine negative Bemerkung macht, einen kleinen Betrag zahlen muss – 25 oder 50 Cent – und nutzen Sie das Geld, um einen Spaßkomitee-Fonds einzurichten.

> Statt Weihnachtsgeld zu überweisen, geben Sie Bargeld, schließen ein paar Stunden früher und fahren mit allen Mitarbeitern ins Einkaufszentrum. Nach dem Einkaufsbummel veranstalten Sie eine Präsentation der Errungenschaften.

> Veranstalten Sie Spaßwettkämpfe – Nerf-Basketball, Volleyball oder Kaugummiblasen-Wettpusten – oder Gemeinschaftsspiele wie Scharade oder Schatzsuche.

> Feiern Sie eine Party – einfach so.

Während der Erntezeit stieg in der Fabrik der Dole Food Company in Springfield, Ohio, die Zahl der Überstunden derartig an, dass die Arbeiter schon fürchteten, verrückt zu werden. Einer der Facharbeiter sagte: »Ich konnte es nicht mehr ertragen, auch nur noch einen einzigen Beutel mit Salat zu sehen.« Um einen Burnout zu verhindern, gründete Managerin Donna Lynn Johnson eine Kazoo-Band. Anfangs waren die 325 Mitarbeiter skeptisch, aber schon bald kamen alle in Stimmung und lächelten wieder häufiger.

»Nach meiner Erfahrung gibt es im Leben zwei große Motivatoren. Der eine ist die Angst, der andere die Liebe. Du kannst eine Organisation mittels Angst leiten, dann kannst du allerdings sicher sein, dass die Menschen nicht entsprechend ihrer Fähigkeiten Leistung erbringen werden. Wenn Menschen Angst haben oder sich bedroht fühlen, sind sie nicht bereit, Risiken einzugehen. Wenn du jedoch ein Management durch Liebe betreibst, das heißt, den Menschen Vertrauen und Respekt entgegenbringst – fangen sie an, entsprechend ihrer Fähigkeiten ihr Bestes zu geben. In dieser Art von Atmosphäre sind sie nämlich bereit, Risiken einzugehen.«

Jan Carlzon, CEO, SAS

Bei Eastman Kodak in Rochester, New York, gründete eine Führungskraft die »Humor Task Force« zum Sammeln von Monty-Python-Videos, Woody-Allen-Büchern, klappernden Plastikgebissen und anderen Requisiten für einen »Humor-Raum.«

Die Children's Hospital/King's Daughters Corporation in Norfolk, Virginia veranstaltet eine Stressabbau-Messe für die Mitarbeiter mit Messeständen (Tauchbecken, Flausch-Dartboard, Massagen) und Essen.

> Denken Sie sich witzige Preise oder Zertifikate für jede Leistung aus sowie spezielle Outfits oder Hüte, die beim Überreichen getragen werden.
>
> Bob Nelson

IBM, Coca-Cola, Ford, Monsanto und Nikon kaufen Stern-Urkunden mit Goldsiegel, mit denen Mitarbeiter zu Besitzern echter Sterne gemacht werden. Dazu bekommen sie ein Sternalbum samt Himmelskarte und ein Echtheitszertifikat. Sternurkunden sind für 45 Dollar erhältlich über die International Star Registry in Ingleside, Illinois.

Die Iteris Inc. mit Sitz in Anaheim, Kalifornien, hat ein eigenes Spaßkomitee, welches das Projekt Körperumfang einführte. Für jedes Pfund, das ein Mitarbeiter verlor, ging ein Dollar an eine von ihm oder ihr gewünschte Wohltätigkeitseinrichtung. Iteris sponserte zudem den Wettbewerb »Schätz den Aktienkurs am 31. März«, bei dem der Gewinner ein kostenloses Mittagessen in der Hoagie Bar in Santa Ana erhielt. Und nicht zuletzt steht im Besprechungsraum der Fabrik eine exakte Nachbildung des Space Shuttle Columbia – gebaut aus Budweiser-Bierdosen.

Bei MCI mit Sitz in Ashburn, Virginia, drehte das Topmanagement gemeinsam einen Film. Bekannte Szenen aus Filmen wie *Jäger des verlorenen Schatzes* wurden mit Mitarbeitern in den Rollen der Schauspieler nachgestellt. Das Projekt war eine tolle teambildende Erfahrung. Der fertige Film wurde allen Mitarbeitern bei einer Firmenveranstaltung vorgeführt.

Bei einer Society-for-Foodservice-Management-Konferenz in San Francisco erhielten kleine Teams von Führungskräften eine Kodak-K12-Kamera sowie eine Liste mit Bildunterschriften. Nach einer zwanzigminütigen Einführung in die Grundtechniken des Fotografierens hatten sie zwei Stunden Zeit, Fotos ihrer Teams zu schießen, die zu Bildunterschriften passten wie zum Beispiel: »Nur Mut!« oder »Teamgeist«. Claudia O'Mahoney, stellvertretende Vorsitzende des Verbands sagt: »Die Kameras machten die Konferenz zu einem Erfolg, weil sie den Teilnehmern erlaubten, ihrer Kreativität freien Lauf zu lassen.«

> »Das Wichtigste, was ich von Großunternehmen gelernt habe, ist, dass die Kreativität erstarrt, wenn sich alle an die Regeln halten müssen.«
> David M. Kelley, Gründer, Ideo Product Development

Bei Mid-States Technical Staffing Services (mittlerweile zu AccuStaff gehörend) in Davenport traten Mitarbeiterteams gegeneinander an, um die genauesten Arbeitszeitennachweise abzuliefern (die ursprünglich eine Fehlerquote von 38 Prozent aufwiesen). Innerhalb von drei Wochen waren die Stundenzettel hundertprozentig korrekt. Der Wettbewerb lief zwar nur zehn Wochen, aber die Stundennachweise stimmten am Jahresende immer noch zu 99,6 Prozent.

Robert Marn von der Chilcote Company in Cleveland, Ohio, benutzte ein Bingo-Spiel, um den Arbeitern korrekte Verfahrensweisen beizubringen, die Unfallrate zu senken und Schadenersatzansprüche gegenüber dem Unternehmen zu reduzieren. Im darauffolgenden Jahr ging die Unfallrate um 56 Prozent zurück, was Einsparungen in Höhe von 21.000 Dollar bedeutete.

Bei Valassis, einer Marketingagentur mit Hauptsitz in Livonia, Michigan, bekamen die Mitarbeiter Karten und Stempel für ein Bingo-Spiel während der Arbeitszeit. Jeden Tag wurden von morgens bis zwei Uhr nachmittags stündlich – mit einer Unterbrechung während der Mittagspause – Zahlen über die Lautsprecheranlage durchgegeben. Die Gewinnerkarten nahmen an einer Verlosung für einen von fünf Preisen teil, die themengebunden waren wie zum Beispiel 4. Juli, Filmnacht, Sommer oder Winter.

Spaß, Spiele & Wettbewerbe

Alle zwei Wochen ziehen sich Mitarbeiterteams der Zentrale von Tower Records in Sacramento, Kalifornien, wie Spielfiguren an und stellen sich auf ein riesiges Spielbrett, um etwas über schwierige Einstellungsgespräche zu lernen. Den Wettkämpfern werden Fragen zu bestimmten Szenarien gestellt und sie dürfen ein Feld weitergehen, wenn sie richtig geantwortet haben.

Während der Mitarbeitertreffen beim *Phoenix Business Journal* wird ein Mitarbeiter ausgewählt, um das Unternehmensleitbild vorzulesen; dann befragt der Herausgeber die Mitarbeiter, was dieses Leitbild für sie bedeutet. Für überzeugende Antworten gibt es Gutscheine.

Memtron Input Components in Frankenmuth, Michigan, hat eine eigene Version von Monopoly entworfen, genannt »Memtronopoly«. Als Spielfiguren haben die Manager Karikaturen von sich beigesteuert. Listen mit Problemen dienen als Ereignis- und Gemeinschaftskarten. Die Spieler würfeln, ziehen eine Karte und diskutieren Probleme oder überreichen Mitarbeiteranerkennungen, während sie sich auf dem Spielfeld vorwärts bewegen.

Ein Unternehmen im Bereich Gesundheitswesen mit Sitz in Oakland, Kalifornien, veranstaltet während der Nachmittagspause an Freitagen Bowlingspiele. Die Kegel werden in einem langen Flur aufgestellt, und die Gewinner erhalten Preise. Das lässt die Arbeitswoche in einer lockeren Stimmung ausklingen.

Als Pause für vielbeschäftigte Fertigungs- oder Lagerhausarbeiter, die das Soll erfüllen oder vor dem Termin fertig werden, setzen einige Firmen im Silicon Valley spontan 15-minütige Basketballspiele an. Tischtennis oder Poolbillard funktioniert ebenso gut. Bei Microsoft ist es nicht unüblich, dass die Mitarbeiter sich eine Pause gönnen, um Frisbee zu werfen.

> »Wenn du in einer Welt, die sich ständig und grundlegend ändert, Erfolg haben und konkurrenzfähig bleiben willst, brauchst du die Anpassungsfähigkeit und Flexibilität des Humors.«
>
> C. W. Metcalf, Vorstandsvorsitzender, Metcalf & Associates

Fallstudie zu Spaß & Spielen

Bei Robert W. Baird, einem Finanzdienstleistungsunternehmen in Milwaukee, sind Spaß und Spiele wichtige Bestandteile des Arbeitsalltags. Einige Abteilungen haben »Humor-Räume«, in denen sich die Mitarbeiter beim Puzzeln und bei Gesellschaftsspielen entspannen können.

In einer Geschäftsstelle wurde den Vertriebspartnern gesagt, sie sollen sich in ihren Terminplänen Zeit freihalten für eine Pflichtversammlung, bei der ein Video zum Thema Regelkonformität vorgeführt würde. Als sie eintrafen, wurde ihnen aber stattdessen eine Komödie gezeigt und sie bekamen Fastfood, während die Makler für sie den Telefondienst übernahmen. Jeder genoss die Gelegenheit, das, was er gerade bearbeitete, zur Seite legen zu können und sich stattdessen einen Nachmittag lang zu entspannen, zu lachen und zu amüsieren.

Eine andere Geschäftsstelle feierte im Juli Weihnachten. In einem Jahr wurden die Familien auf eine Bowlingbahn eingeladen, wo der Geschäftsleiter im Nikolauskostüm auftauchte (mit rotem Hemd, Hosenträgern, roten Sporthosen, roten High-Top Converses, weißem Haar und Bart). Das Unternehmen veranstaltet auch zahlreiche Wettbewerbe.

Die Firma führte eine »Piratenwoche« durch, während der die Mitarbeiter Piratenhüte oder -tücher bei der Arbeit trugen und ihre »Darbietung« bewertet wurde. Die IT-Abteilung veranstaltete ein Dreibeinrennen, bei dem das Gewinnerteam früher Feierabend machen durfte. Um einen Rekordmonat zu feiern, schloss eine Geschäftsstelle ihre Büros früher und veranstaltete stattdessen ein Minigolfturnier. Teams spielten auf einem improvisierten Golfparcours aus Holzbalken, Spielzeugwindmühlen und -brücken, der sich durch die Büros schlängelte. Nach neun Löchern wollten alle noch eine Runde spielen.

> **Veranstalten Sie für Mitglieder einer herausragenden Arbeitsgruppe eine Verlosung, spendieren Sie einen Abend in der Stadt, ein Wochenende in einer Ferienanlage oder einen Computer für zu Hause.**
>
> Ben Nelson

Der United States Postal Service sponserte einen nationalen Wettbewerb, bei dem es darum ging, die meisten Telefonkarten in einem Monat zu verkaufen. Der Gewinner des 1.000-Dollar-Preises war die Postfiliale von Rio Linda, Kalifornien, mit im Schnitt 25,58 Dollar Verkäufen pro Mitarbeiter und Tag – weit über den 22 Dollar des Zweitplatzierten. Die Mitarbeiter beschlossen, sich von dem Geld einen Kühlschrank zu kaufen, in dem sie ihr Mittagessen und Erfrischungen aufbewahren konnten.

Remington Products, Hersteller von Körperpflegeprodukten mit Sitz in Shelton, Connecticut, veranstaltete einen unternehmensweiten Wettbewerb zum Thema: »Was Remington gut macht.« Unter den Preisen war eine Reise nach Acapulco, gewonnen von einem Mitarbeiter, der Gedichte über die Firma geschrieben hatte.

Southwest Airlines mit Sitz in Dallas veranstaltet einen Halloween-Kostümwettbewerb, einen Thanksgiving-Poesiewettbewerb und einen Designwettbewerb für den Dezember-Newsletter. Außerdem richtet das Unternehmen jedes Jahr einen Chili-Kochwettbewerb aus.

Die Lkw-Fahrer von FedEx Freight West in San Jose, Kalifornien, messen sich in Wettkämpfen wie etwa dem Manövrieren eines Sattelschleppers durch einen Parcour aus Fässern. Die jeweiligen Gewinner in einem Bundesstaat erhalten als besondere Anerkennung einen Aufenthalt in einem Ausbildungslager, wo sie sich auf die nationalen Meisterschaften vorbereiten können, sowie die Reise zu den nationalen Meisterschaften. Die Gewinner erhalten verschiedene Preise wie eine siebentägige All-inclusive-Kreuzfahrt durch die Karibik oder die Fahrt zu einem wichtigen Sportereignis wie dem NFL Pro Bowl auf Hawaii.

> »Du musst den Leuten in ihren Jobs ein Mitspracherecht geben. Du musst ihnen einen Teil der Aktion übertragen und ihnen die Chance geben, sich zu beweisen. Du musst ihnen den Freiraum geben, Spaß zu haben.«
>
> Mike Cudahy, Vorstandsvorsitzender, Marquette Electronics, Inc.

> »Lachen ist die kürzeste Distanz zwischen zwei Menschen.«
>
> Victor Borge,
> Pianist und Komödiant

Die Fastfoodkette Hardee's Food Systems mit Hauptsitz in St. Louis, veranstaltete einen »Spitzenleistungswettbewerb«, bei dem dreiköpfige Teams aus jedem der über 2.000 Restaurants gegen die anderen Hardees in ihrem Bezirk antraten. Die Teams wurden von Bezirksmanagern hinsichtlich der drei Grundqualifikationen für Fastfoodmitarbeiter – Service, Produktdarbietung und Sauberkeit des Arbeitsbereiches – sowie gute Zusammenarbeit beurteilt.

Die Gewinnerteams kamen eine Runde weiter zum Regionalwettbewerb, und die sieben Finalisten wurden in die Unternehmenszentrale geflogen. Bei jeder Wettbewerbsrunde gab es Bargeld für die Sieger, und jeder Gewinner des Nationalwettbewerbs erhielt 1.500 Dollar. Alle Finalisten wurden im Unternehmensjet geflogen, mit einer Limousine durch die Stadt gefahren und die ganze Zeit über wie VIPs behandelt.

In einem später durchgeführten Wettbewerb namens »Bonus Dollar«, bekamen Mitarbeiter, die dabei »erwischt« wurden, wie sie sich durch gute Arbeit hervortaten, Bonuspunkte. Am Ende jedes Quartals veranstaltete jeder Bezirk (dazu gehören jeweils fünf bis sieben Restaurants) eine Party, bei der die Mitarbeiter mit ihren Punkten bei einer Versteigerung mitbieten konnten. Zu ersteigern gab es zum Beispiel T-Shirts, Fernseher und Videorekorder.

> »Anreize helfen, die Mitarbeitermoral in Schwung zu halten.«
>
> Patricia Schod,
> Manager Media Relations, Motorola

Für jede Stellenanzeige, die ein Absolvent an das Career Planning and Placement Büro (Stellenvermittlung und Karriereberatung) der Fordham University in New York weitergibt, kommt ein Zettel mit seinem oder ihrem Namen in eine Lotterie. Beginnend im Oktober findet alle drei Monate eine Ziehung statt. Der Gewinner wird im *Fordham Magazine* vorgestellt. Er erhält eine Saisonkarte für Fordham-Sportveranstaltungen, Abendessen in ortsansässigen Restaurants und Ausflüge zu Orten wie das historische Tarrytown, New York.

Quiz Master Productions, ein Unternehmen für Quizsendungen mit Schwerpunkt Teamschulungen, mit Sitz in Roswell, Georgia, veranstaltet Wettbewerbe, die bekannten Fernsehquizsendungen wie Jeopardy, Glücksrad oder Montagsmaler nachgebildet sind. Die Teilnehmer spielen in Teams und beantworten Fragen zu den Produkten oder Arbeitsabläufen ihres Unternehmens.

Um die Produktkenntnisse zu fördern ließ BI Performance, ein Unternehmen zur Leistungssteigerung mit Sitz in Minneapolis in- und ausländische Autoverkäufer eine gebührenfreie Nummer anrufen, und am Telefon einen Test bezüglich ihrer Produktkenntnisse durchführen. Bei dem Test wählte ein Computer nach dem Zufallsprinzip aus mehr als 200 möglichen Fragen 15 bis 20 aus. Verkäufer, die 80 Prozent der Fragen richtig beantworten konnten, erhielten sofort einen Sachpreis.

> »Ich möchte, dass die Leute das, was sie im Kopf haben, in die Brieftaschen unserer Aktionäre schaffen – und dass sie dabei eine gute Zeit haben.«
>
> Lou Noto, Vorstandsvorsitzender und CEO, Mobil Oil Company

Hausmeisterteams im College Stadion der Texas A&M University veranstalten jedes Jahr ihre eigene Olympiade, um ihre Geschicklichkeit mit allen Utensilien, vom Staubwedel bis zur Bodenwachsmaschine, unter Beweis zu stellen. Wie bei einer richtigen Olympiade treten die Teilnehmer bei Schlüsselwettkämpfen wie »Erdnuss-Schieben« oder »Hindernisparcour« gegeneinander an.

Die Domino's, Inc. mit Sitz in Ann Arbor, Michigan, veranstaltet jedes Jahr eine unternehmensweite »Olympiade«, bei der die Wettkämpfe von Abrechnung über Teig kneten, Gemüse schneiden, Lkw beladen, Teig fangen und Bleche abkratzen reichen. Bei der Domino's-Olympiade erhält jeder nationale Gewinner einer der sechzehn Kategorien 4.000 Dollar. Der Mannschaftsführer mit den meisten »Goldmedaillenträgern« bekommt eine Urlaubsreise als Preis.

Die Hotelverband von New York City veranstaltete eine »Hotel-Olympiade«, um Mitarbeiter zu belohnen. Chefköche mussten einen Caesar Salad sowie eine Vorspeise ihrer Wahl zubereiten. Barkeeper mussten einen Manhattan mixen und sich ein Rezept für ein Getränk ausdenken. Bei den Zimmermädchen wurde die Zeit fürs Bettenmachen gestoppt und die Straffheit der Laken geprüft. Kellner und Kellnerinnen hatten vier Minuten Zeit, um ein Tablett mit vollen Champagnergläsern 250 Meter weit zu tragen und dabei so wenig wie möglich zu verschütten. Alle Teilnehmer erhielten Bargeldpreise, Tragetaschen und Erfrischungsgetränke. Die Erstplatzierten erhielten außerdem Kameras und Reisen nach Las Vegas und Kalifornien, die Zweitplatzierten bekamen Farbfernseher und die Drittplatzierten Bulova-Armbanduhren.

> »Ungewöhnliche Lotteriepreise erregen ungewöhnlich viel Interesse.«
> *Incentive*

Cuno, ein Unternehmen für Filtrationsprodukte in Meriden, Connecticut, weiß genau, dass die Großhändler ihre Produkte nicht verkaufen können, wenn sie nichts darüber wissen. Deshalb haben die Manager 5.000 Informationsbroschüren samt einem Multiple-Choice-Test mit 50 Fragen über Probleme der Wasserqualität verschickt. Die Großhändler wurden gebeten, die Broschüre zu lesen, eine gebührenfreie Nummer anzurufen und zehn zufällig ausgewählte Fragen aus der Liste zu beantworten. Wer mindestens 80 Prozent richtig beantwortete, bekam eine kundenindividuelle Baseballkappe, einen Trinkbecher, einen Aufkleber für die Stoßstange sowie ein Zertifikat, das ihn oder sie als Wasserfilter-Spezialist betitelte. Insgesamt 1.900 Großhändler nahmen teil und 1.000 verdienten sich ein Zertifikat.

Um zusätzlich zur Teilnahme anzuregen, nahmen Händler, die ihre Teilnahmekarten zurückschickten, an einer Verlosung teil, bei der es 82 Preise zu gewinnen gab, wie Fernseher, Videorekorder und Radios sowie Schreibsets. Das Unternehmen hat außerdem alle angerufen, die nicht an der Verlosung teilgenommen haben und sie ermuntert, die Broschüre zu lesen und beim Test mitzumachen. Wenn sie bereits ein Zertifikat hatten, konnten sich die Großhändler für die nächste Teststufe qualifizieren. Jeder, der innerhalb von

45 Tagen 15 Produkte des Unternehmens verkaufte, bekam eine Nylonjacke mit dem Firmenlogo und seinem oder ihrem Namen darauf; 140 Jacken wurden verteilt.

Und schließlich erhielten fünfzehn Großhändler während der Werbeaktion Testanrufe, bei denen sie gefragt wurden, welches Wasserreinigungssystem sie führten. Alle fünfzehn Großhändler antworteten richtig und gewannen jeweils 100 Dollar.

Die Firma Tupperware mit Sitz in Orlando, Florida, veranstaltet alle vier Monate Wettbewerbe und das ganze Jahr über zwei- bis dreiwöchige Wettkämpfe. Diese belohnen hohe Verkaufszahlen oder Rekrutierungserfolge mit Punkten, die gegen Waren aus dem Katalog eingetauscht werden können. Beim Erreichen oder Übertreffen der Verkaufsquoten können Verkäufer eine oder zwei Wochen in Puerto Vallarta, Mexiko, oder eine siebentägige Kreuzfahrt gewinnen.

Um einer hohen Fluktuation unter seinen etwa 90.000 Verkäufern entgegenzuwirken, entwickelte das Unternehmen ein Recruiting-Anreizprogramm. Verkäufer, die im September mindestens einen neuen Verkäufer anwerben – der Monat, in dem die Fluktuation am höchsten ist – erhält eine Porzellanpuppe. Durch derlei Anstrengungen gewann Tupperware etwa 3.000 Verkäufer mehr als erwartet.

Gastgeberinnen, deren Partys Verkäufe im Wert mindestens 61 Dollar generieren, qualifizieren sich für Geschenke oder Waren aus der Tupperware-Kollektion. Manager, die die Verkaufsquoten schaffen oder eine Kombination aus Verkaufs- und Rekrutierungszielen erreichen, qualifizieren sich für einen Firmenwagen, der alle zwei Jahre gegen ein neues Modell eingetauscht werden kann, oder Bargeld.

> **Lassen Sie Ihre Mitarbeiter einen Traumtag am Strand verbringen, wo sie über ihre Arbeit, ihr Leben und ihre Zukunft nachdenken sollen. Fragen Sie die Mitarbeiter hinterher nach ihren Erkenntnissen.**
> Ben Nelson

Don Lundberg, stellvertretender Vorstandsvorsitzender und Chefkassierer bei der Peoples National Bank von Kewanee, Illinois, beschreibt einen Wettbewerb für das Marketing neuer

> »Hin und wieder ist es gut, bei unseren Bestrebungen nach Glück eine Pause einzulegen und einfach glücklich zu sein.«
>
> Guillaume Apollinaire, französischer Dichter und Kritiker

Master Cards und Visa Cards, bei dem Mitarbeiter, je nach der Anzahl neuer Kunden, Geschenke erhalten. Für jeden der ersten vier Kunden erhalten sie eine Blume, für jeden fünften Kunden zusätzliche Geschenke in folgender Reihenfolge: einen Geschenkgutschein in Höhe von 5 Dollar für die Eisdielenkette Dairy Queen, einen Erlass der Kartengebühren, einen Gutschein in Höhe von 15 Dollar für ein örtliches Restaurant, einen Sparbrief in Höhe von 50 Dollar, einen bezahlten Urlaubstag, ein Ticket für eine Schifffahrt sowie 25 Dollar.

First Capital Life veranstaltete einen außergewöhnlichen Verkaufswettbewerb, genannt »Mord in Montreux«, bei dem die Makler jeden Monat Hinweise bekamen, anhand derer sie herausfinden sollten, wer von acht Verdächtigen der Täter war. Um den Maklern die Teilnahme schmackhaft zu machen, nahmen alle, die das Rätsel gelöst hatten, an einer Verlosung teil, die in der Schweiz stattfand.

US Motivation, eine Incentive-Firma in Atlanta, überzeugte den Königin und die König von Schweden, einen Verkaufswettbewerb für eine Gruppe amerikanischer Mitarbeiter bei einem schwedischen Vinylhersteller zu unterstützen. Während des Wettbewerbs schickten der König und die Königin den Mitarbeitern Briefe über königliche Etikette, Fotos mit Autogramm und Geschenke wie schwedisches Kristall an jene, die ihre Ziele erreichten. Bei einem Dinner außerhalb von Stockholm überreichten der König und die Königin die Preise. Die Veranstaltung wurde auf Video aufgezeichnet.

Feste, Partys & besondere Veranstaltungen

Feste, Partys und besondere Veranstaltungen sind organisierte Formen öffentlicher Anerkennung. Traditionell werden vor allem Weihnachtsfeiern in Unternehmen veranstaltet, Gruppenanerkennungen sind jedoch wirksamer, wenn sie an die Leistung der Gruppe oder des Unternehmens gekoppelt sind. Mit ein bisschen Weitblick und Planung können Sie jedes Gruppenereignis zu einer bedeutungsvollen Anerkennung werden lassen.

Mitarbeiter vom Scooter Store veranstalten spontane Partys für Kollegen, die etwas Besonderes geleistet haben. Dazu gehört, ihnen auf die Schulter zu klopfen, Konfetti zu werfen und mit Tröten und anderen Krachmachern jede Menge Lärm zu veranstalten. Die Ehrengäste freuen sich über ihre Leistungen und das Unternehmen, und die Kollegen nutzen die Gelegenheit, um ein bisschen Spaß zu haben. Die Versicherungsabteilung veranstaltete außerdem einen Wettbewerb: Wenn ein bestimmtes Ziel erreicht wird, muss der männliche Manager in einem Kleid zur Arbeit kommen, das die Vorgesetzten ausgesucht haben, und wird von einem Teammitglied geschminkt. Das Ziel wurde nicht nur erreicht, sondern sogar übertroffen.

> »Feiern Sie das, wovon Sie mehr sehen wollen.«
> Tom Peters, Autor und Managementberater

Das BlueCross BlueShield von North Carolina veranstaltete ein »Mittagessen auf dem Parkplatz« mit Zelt und Barbecue, um sich bei der Belegschaft für ihre harte Arbeit für eine wichtige unternehmensweite Initiative zu bedanken.

Jennifer Wallick, eine Softwaremanagerin, die für ein Tochterunternehmen von Hewlett-Packard in San Diego arbeitet, belohnte ihr Team nach der Fertigstellung eines anspruchsvollen Projekts mit einem »Popcorn-Mittagessen« – das heißt, sie ging mit ihnen während der Mittagspause ins Kino. »Das bedeutete eine leicht verlängerte Mittagspause, war jedoch eine tolle Arbeitsunterbrechung und machte viel Spaß!«, erzählt sie.

> »Spaß zu haben ist der beste Motivator, den es gibt. Wenn die Mitarbeiter sich in der Firma wohlfühlen, dann sind sie produktiver.«
> Dave Longaberger, CEO, The Longaberger Co.

Um das Erreichen des gesetzten Ziels durch ihr Team zu belohnen, schloss Nancy Lauterbach, Inhaberin von Five Speakers & Trainers in Overland Park, Kansas, das Büro für einen halben Tag und ging mit der ganzen Mannschaft erst ins Kino und dann Kaffee trinken. Im Kino bekam jeder Taschengeld für Snacks. Bei einer anderen Gelegenheit durften die Mitarbeiter als Belohnung an einem zusätzlichen Tag in Freizeitkleidung zur Arbeit kommen.

Jon Holmes vom Anderson Mall & Clemson Boulevard Chick-fil-A Restaurant in Anderson, South Carolina, veranstaltet jedes Jahr ein Bankett für sein Team, bei dem jedes Mitglied ein Geschenk erhält. Er ist davon überzeugt, der Schlüssel zur Mitarbeiterbindung liegt darin, zu zeigen, dass man sich Gedanken macht, indem man an Teamaufgaben, Ballspielen und Wettbewerben teilnimmt, die auf Begeisterung stoßen.

Firmani & Associates, eine Public-Relations-Agentur in Seattle, schließt einmal im Quartal einen Tag lang die Firma, damit die Mitarbeiter ins Kino gehen können. Abgesehen davon, dass auf lustige Weise Stress abgebaut wird, fördert die Aktion auch den Teamgeist. Inhaber Mark Firmani versucht auch mit Vergünstigungen wie einem legereren Casual Dress Code, einem gemeinsamen Mitarbeitermittagessen pro Woche sowie der Bereitstellung von Saft, Limonade und Schokoriegeln für eine entspannte Atmosphäre zu sorgen.

> »Mitarbeiter stellen die besten Produkte her, wenn es ihnen da, wo sie arbeiten, gut gefällt.«
>
> Gary Hollister, CEO, Xango

Wenn ein Produkt einen entscheidenden Test bestanden hat, marschiert bei Iteris, Inc., einem Hersteller von Robotern und satellitengestützten Aufnahmegeräten, am nächsten Morgen eine mexikanische Band durch die Fabrik, gefolgt von Angestellten des örtlichen Baskin-Robbins (Eisdieselkette), die Gratiseis verteilen. Das Unternehmen mietet auch jedes Jahr das South Coast Repertory Theater – den größten Aufführungsort in Orange County, Kalifornien – für eine Aufführung für Mitarbeiter.

In der Crabtree Mall in Fayetteville, Arkansas, veranstaltet Manager Charlie Kerr mitternächtliche Bowlingpartys, um sich beim gesamten Chick-fil-A-Team für das Erreichen der Leistungsziele zu bedanken.

Das Marktforschungsunternehmen Arbitron, das sich mit Reichweitenuntersuchungen von Radiosendern beschäftigt, feiert das Erreichen wichtiger Meilensteine mit entsprechenden Abendessen oder Partys. Als das Unternehmen eine Phase seines Mexiko-Projekts abschloss, gab es eine Taco-Bar, Musik und Sombreros. Außerdem setzt sich die Finanzabteilung jedes Jahr zusammen, um Mitarbeiter mit dem »Top Dollar Award« auszuzeichnen: Die Betreffenden erhalten ein Spaßgeschenk, das jedes Jahr ein anderes ist und eine Plakette, auf die ihre Namen eingraviert sind. Arbeitsgruppen oder Abteilungen setzen Anerkennungen oft als Eisbrecher oder Begrüßung bei Meetings ein.

Lone Star Park in Grand Prairie, Texas, gab für die 400 Vollzeitmitarbeiter und deren Familien eine Party. Die Kinder bekamen kleine Geschenke und die Mitarbeiter konnten Lose für Geschenke aus dem Geschenke-Shop des Parks oder größere Gewinne wie Fernseher ziehen.

Bei Time Warner in New York werden ständig Partys gefeiert. Als zum Beispiel das Magazin *Money* vom 29. in den 33. Stock des Time-Life Building im Rockefeller Center zog, veranstaltete die Belegschaft ein Fest mit allen Betroffenen. Berichten zufolge werden die besten Mitarbeiterpartys bei Time Warner, Advanced Micro Devices, Apple Computer, Leo Burnett Worldwide, Hewlett-Packard und Iteris, Inc. gefeiert.

McDonald's verfügt über verschiedene Motivationsaktivitäten für unterschiedliche Mitarbeitergruppen wie Teenager oder ältere Menschen. »Vor dreißig Jahren genügte es, ein Softballteam

> Veranstalten Sie eine Wertschätzungs- oder Willkommensparty, wann immer ein Mitarbeiter ihre Organisationseinheit verlässt oder dort anfängt.
>
> Ben Nelson

zu haben, um die Mitarbeiter zufriedenzustellen«, sagt Dan Gillen, Personalchef für Filialmitarbeiter. »Heutzutage müssen wir unsere Anreize auf die Interessen unserer Arbeitskräfte maßschneidern.« Ein Bezirk könnte zum Beispiel einen »Seniorenball« veranstalten. Das ist eine gute Gelegenheit für ältere Mitarbeiter, sich außerhalb der Arbeit zu treffen und Kontakte zu knüpfen. Eine andere Möglichkeit ist ein Abendessen im Restaurant oder im Haus des Managers, bei dem jeder etwas zu essen mitbringt. Für die jugendlichen Mitarbeiter hat das Unternehmen eine flexible Arbeitszeitenpolitik eingeführt, um Stundenplänen, Referaten und Prüfungen an Unis oder Schulen entgegenzukommen. »Als ich während meiner Highschool-Zeit Kapitän des Fußballteams war, habe ich mich in der heißesten Phase einen Monat von meinem Nebenjob beurlauben lassen«, erzählt Gillen. Am Tag des Abschlussballs der Highschool kommen Mitarbeiter aus anderen Filialen, um für die Feiernden einzuspringen.

McAfee, Inc., ein Unternehmen für Softwareentwicklung, verwandelte einen Hotelsaal in ein Wintermärchen – mit 6.100 winzigen weißen Lämpchen, die an 49 weißen Birken und Tannen steckten, riesigen Eisskulpturen, Schneeverwehungen aus Watte und einer Tanzfläche, die aussah wie eine Schlittschuhbahn.

Alaska Airline veranstaltet jedes Jahr zu Weihnachten ein Kinderfest in einem seiner Flugzeughangars. Die Mitarbeiter verwandeln ihn in ein Wintermärchen. Es gibt Pizza, Plätzchen, Zuckerwatte, Popcorn, aufblasbares Spielzeug, Schminkstationen und Clowns. Höhepunkt ist jedoch, wenn die Hangartüren aufgehen und ein Flugzeug hereinrollt, dessen Nase so angemalt ist, dass sie wie eine Rentiernase aussieht. Ein als Weihnachtsmann verkleideter Mitarbeiter springt mitsamt seinen Elfen heraus. Die Kinder glauben dann, er wäre soeben vom Nordpol eingeflogen und die Mitarbeiter mit ihren Familien jubeln vor Begeisterung.

> »Ich bevorzuge spontane Aktionen. Routine finde ich fürchterlich, abgesehen von Dingen wie unserem jährlichen Unternehmenspicknick. Ich finde es wichtig, dass viel gelacht wird und man Spaß hat. Das bereichert das Unternehmen. Dann stehst du morgens gern auf und gehst zur Arbeit.«
>
> Joel Slutzky, Vorsitzender, Iteris, Inc.

Seit die Zentrale von Robert W. Baird's in dem manchmal eisigen Milwaukee angesiedelt ist, veranstaltet eine Abteilung nach den Weihnachtsfeiertagen eine Eislauf-Party für die Mitarbeiter und deren Familien. Es wird ein »Benimm-Code« verteilt, der zum Beispiel besagt, dass »über keinen Sturz gelacht wird, bis feststeht, dass sich der Betreffende nichts gebrochen hat.« Gegen Ende des Abends werden Überraschungspokale in den folgenden Kategorien verliehen:

➤ Fährt Schlittschuh wie eine Massenvernichtungswaffe auf Kufen

➤ Stürzt künstlerisch besonders wertvoll

➤ Hässlichste Technik

➤ Am seltensten in der Vertikalen

➤ Originellster Stil

Außerdem genießen die Mitarbeiter von Baird und ihre Familien jedes Jahr einen Abend lang einen exklusiven Besuch im Zoo von Milwaukee. Dazu gehören Abendessen, Erfrischungen, Unterhaltungsprogramm und spezielle Tiervorführungen. Schätzungsweise 3.000 Menschen nehmen daran teil.

Das Büro des Werbegiganten DDB's in Sydney, Australien, veranstaltet tolle Partys und wendet dafür ganze Wagenladungen an Dekoration, Live Bands, Themen-Cocktails und Gourmet-Fingerfood auf. Leiter der Media Group Greg Tremain fügt hinzu: »Wir geben die Agentur-Persönlichkeit des Jahres bekannt und veranstalten eine witzige Verleihungszeremonie. Außerdem wird ein Video aller Werbespots aus dem Jahr gezeigt. Diese Aktion ist ein großartiger Moralverstärker.«

> **Laden Sie Mitarbeiter zu einer besonderen Feier zu sich nach Hause ein und loben Sie sie in Anwesenheit ihrer Frauen und der Kollegen.**
>
> Bob Nelson

Die Filiale des Steuerberatungsriesen Arthur Andersen in Forth Worth, Texas, mietete ein Imax-Kino und veranstaltete eine Weihnachtsfeier unter dem Motto eines Grand-Prix-Rennens (das zu dem im Kino gezeigten Film passte) für seine Mitarbeiter. Den Gästen der Weihnachtsfeier vom Wembley's Conference and Exhibition Center in London wurde ein Cinderella-Ball inklusive der Kostüme, Walzermusik und einem Festessen spendiert. Die Zentralbüros von Kaiser Permanente's in Oakland, Kalifornien, treffen sich jedes Jahr im Dezember zu einer teambildenden Maßnahme. Einmal haben sie dabei Krankenhäuser aus Lebkuchen gebaut. Diese Art von Aktivitäten festigt nicht nur die Rollen, die Mitarbeiter in der Firma innehaben, sondern bietet allen auch die Möglichkeit, sich nach der Arbeit für eine Stärkung zusammenzusetzen.

> »Er hat es von sich aus getan. Genau diese Dinge geben dir das Gefühl, geschätzt zu werden, und er nimmt wirklich wahr, dass wir gute Arbeit leisten. Er hätte das nicht tun müssen.«
> Ein Mitarbeiter von Publix Super Markets, dessen Manager eine Weihnachtsfeier für die Filiale organisiert hat.

Fallstudie zu Feiern

Lands' End, das Textileinzelhandelsunternehmen mit Sitz in Wisconsin, setzt den Standard für verrückte und lustige Feiern. Hier ein Ausschnitt der Aktivitäten innerhalb eines Jahres:

Gold gewinnen: Das Unternehmen hat das Motto »Gold gewinnen« während des Jahres bei verschiedenen Aktivitäten und Ereignissen eingesetzt, von Mitarbeitertreffen über die Feier des vierzigjährigen Bestehens, die Lands' End Sommerolympiade, die goldene Kundendienstwoche bis zu goldenen Servicegeschichten (Briefen von Kunden).

Weltgrößte Kissenschlacht: Am 29. September 2004 trafen sich 2.776 Mitarbeiter und deren Familien, ehemalige Mitarbeiter, Ortsansässige und Studenten der dortigen Universität zur »Weltgrößten Kissenschlacht« von Lands' End. Nach der Kissenschlacht wurden Kissen und Kissenbezüge, bestickt mit den Worten »Sweet Dreams from Lands' End«, in einem Gesamtwert von fast 100.000 Dollar der Association of Hole in the Wall Camps gespendet. Die Berichterstattung von dem Ereignis spannte sich von New York bis Kalifornien, einschließlich MSNBC und einem landesweiten Spot in der NBC-Show *Early Today*.

Golden-Games-Sommerolympiade: Die Lands' End Sommerolympiade fand vom 13. Juli bis 21. August statt. Die Veranstaltungen reichten von Marshmallow-Golf, Wasserballweitwurf, über Planken gehen, Würfe auf einen Basketballkorb bis zum Schieben fahrbarer Krankentragen. Dem Top-Team in jeder Disziplin wurde ein Wanderpokal überreicht. Außerdem wurden ihm Ehre, Ruhm und Status zuteil, Olympiasieger zu sein. Zu der Veranstaltung gehörten auch Eröffnungs- und Abschlussfeiern. Sämtliche Finalisten wurden bei einem Unternehmenspicknick geehrt. Es gab Spiele, Karussells, Bingo, Unterhaltung für alle Altersgruppen, einschließlich einer Spielshow, die Lands' End Alumni Band »Kids from Wisconsin« sowie einen preisgekrönten Entertainer – Neal McCoy!

Fackelläufe: Ohne Fackel ist eine Olympiade nicht vollständig. Deshalb wurden Fackeln zu verschiedenen Abteilungen des Unternehmens geschickt und jede musste ein Foto ihrer Fackel schicken, aufgenommen an einem möglichst interessanten Ort. Es verschlug die Fackeln nach Rom, Japan, in den Lands' End Swimmingpool, auf ein Dach, einen Traktor und viele andere Orte. Der Abteilung mit der kreativsten Darstellung wurden Extrapunkte für die Olympiade gutgeschrieben. Nebenbei bemerkt hat das Fackel-Foto letztlich den Ausschlag gegeben und ein Merchandising-Team schlug die anderen um Haaresbreite.

REI in Portland, Oregon, stellte die Kunstwerke seiner Mitarbeiter in Verbindung mit dem Portland Pearl District's First Thursday Art Walk aus. Hewlett-Packard in Palo Alto, Kalifornien, feiert mit zwanglosen Bierpartys am Nachmittag besondere Ereignisse. Bei Dow Chemical in Midland, Michigan, veranstaltete das Management eine Eiscreme-Party, bei der es den Mitarbeitern Eisbecher zusammenstellte und servierte, um sich für deren Leistungen zu bedanken. Der Texas Rangers Baseball Club ließ 150 Mitarbeitern vom Hamilton Park Men's Choir ein Ständchen bringen.

> Lassen Sie den Mitarbeiter eine Runde Golf spielen.
> Mieten Sie für den Mitarbeiter eine Woche lang einen Sportwagen.
> Mieten Sie eine Werbetafel, auf der der Mitarbeiter mit Bild und Namen vorgestellt wird.

Lucian LaBarba, Vorstandsvorsitzender von American FoodService, sagte, er wolle eine Veranstaltung, bei der alle Mitarbeiter und deren Familien ihren Spaß haben. Also fragte er seine Töchter um Rat. Diese schlugen beide einen Zirkus vor. Er begann zu planen und nannte es »The Greatest Food Service Show on Earth«. Es wurde die erfolgreichste Veranstaltung, die es in der Firma je gegeben hatte. Im folgenden Jahr wurde sie wiederholt und über 500 Karten besorgt. Jeder Gast bekam außerdem 5 Dollar »Zirkusgeld« für diesen Tag.

> »Auf Leistung abgestimmte Bezahlung ist wichtig, aber das ist überschäumende Begeisterung auch.«
> Daniel Finkelman, Principal, McKinsey & Company

Der Reise- und Eventveranstalter Access Destination Services in Long Beach, Kalifornien, bietet eine Menge einzigartiger Themenevents an. Safaris, Inc. zum Beispiel lässt Hollywoods goldene Ära im ehemaligen Haus des Moguls Darryl F. Zanuck wieder auferstehen. Ein Hollywoodzelt geschmückt mit dem Namen des Unternehmens begrüßt die Gäste. Blumenarrangements und Kerzen schwimmen im Pool. Lampions zieren das in ein Kasino verwandelte Poolhaus. 500 Gäste dinieren hier, spielen Krocket und Kasinospiele mit Spielgeld, und tanzen zur Musik eines Jazztrios in dem verschwenderischen Anwesen.

Das Unternehmen organisiert auch Western-Barbecues im Indian Canyon, einer Wüstenoase mit hohen Palmen in den Gebirgsausläufern der Santa Rosa Mountains nahe Palm Springs. Authentische indianische Cahuilla-Tänzer und -sänger treten bei dem Barbecue auf, während Töpfer, Weber und Silberschmiede auf einem indianischen Markt ihr Handwerk vorführen, auf dem die Teilnehmer auch einkaufen können. Stuntmen spielen eine Schießerei nach und die Gäste – mit Cowboyhüten und Halstüchern – tanzen zur Musik einer Country- und Westernband.

Manchmal richtet das Unternehmen auch ganz andere Events aus, wie einen »Field of Dreams«-Abend im Dodger Stadion, wo ehemalige Spieler in Vintage-Trikots mit den Teilnehmern spielen.

Mana, Allison & Associates übernahm vorübergehend Napa's Inglenook Weingut und veranstaltete ein Mittelalterfest mit Barbecue und Weinführung für 850 Leute. Schausteller, Jongleure und Musikanten unterhielten die Gruppe.

Viacom in New York City hat seine eigene Version der Oscar-Verleihung in verschiedenen Kategorien wie Kundendienst, Führungsfähigkeit, Innovationskraft und Teamwork. Nominierungen kommen von Mitarbeitern auf allen Ebenen.

➤ Fragen Sie einen Freund des Mitarbeiters, was er als Geschenk oder Veranstaltung empfehlen würde, um dem Mitarbeiter eine Freude zu machen.

➤ Planen Sie bei einem Mitarbeitertreffen einen Sketch über die betreffende Person.

➤ Überreichen Sie Mitarbeitern Post-it-Blöcke mit Sprüchen, die zu ihrer Persönlichkeit passen.

Ausflüge & Reisen

In einer aktuellen Umfrage bei amerikanischen Beschäftigten stuften 77 Prozent der Befragten einen gemeinsamen Ausflug mit dem Ehepartner oder einem Gast zu einem Wunschziel als positiven Anreiz ein. Reiseanreize haben mehrere Vorteile: Sie sind sehr begehrt und gut zu bewerben, sie liefern einen exklusiven Schauplatz zur Förderung von Teamgeist und Ausbildung, und sie haben einen »Prahlwert«. Es gibt allerdings auch Nachteile: Für etliche Einsatzgebiete sind sie zu teuer; während der Reise sind die Betreffenden nicht im Büro; es erfordert viel Mühe und braucht einige Erfahrung, um ein qualitativ hochwertiges Reiseprogramm zu organisieren; in der Regel können nur wenige Mitarbeiter den Preis bekommen.

Bei Stew Leonard's werden die Einkünfte aus den Verkaufsautomaten in der Mitarbeiterkantine genutzt, um Ausflüge der Mitarbeiter zu subventionieren. Tina Berres Filipski, Herausgeberin und Director für Publikationen bei Meeting Planners International in Dallas nahm eines Freitagnachmittags ihre achtköpfige Mannschaft mit zur Texas State Fair und bezahlte für alle den Eintritt. Jeff Alexander, Zahnarzt in Oakland, Kalifornien, nahm sein Team mit zu einem Ausflug ins Einkaufszentrum und überreichte jedem einen Umschlag mit 200 Dollar (in Ein-Dollar-Scheinen!) und verlangte, dass jeder mindestens fünf Dinge kaufte. Er kündigte an, dass er sämtliches Geld zurücknehmen würde, das nach zwei Stunden noch übrig sei. Bei der nächsten Mitarbeiterbesprechung wurden die Einkäufe vorgeführt.

> »Einer der wichtigsten Gründe für ein Unternehmen, einen Incentive-Trip zu veranstalten, besteht darin, die Loyalität und das gute Gefühl gegenüber der Firma zu fördern.«
>
> Jennifer Juergens, ehemalige Chefredakteurin, *Incentive*

➤ Schicken Sie den Betreffenden für einen Tag oder übers Wochenende in ein Wellnesshotel.
➤ Bezahlen Sie sämtliche Kosten für ein Wochenende, einschließlich Kinderbetreuung.

Shane Benson, Managerin des Chick-fil-A-Restaurants im University Place Town Center in Charlotte, North Carolina, nimmt jedes Jahr Teammitglieder mit auf einen Skiausflug. Während der Busfahrt veranstalten sie »Rolling Award«-Picknicks, bei denen Auszeichnungsempfänger durch den Gang marschieren, um ihre Preise in Empfang zu nehmen. Bei den monatlichen Gewinn-und-Verlust-Besprechungen gehen die Mitarbeiter von PSS World Medical, einem Lieferanten von medizinischen Geräten und Zubehör in Jacksonville, Florida, raus in Vergnügungsparks, Bowlingcenter, auf Minigolfplätze oder spielen eine Business-Version von Familienduell. Der Eventveranstalter Panache nimmt mehrere Hundert Leute auf die Hacienda Winery in Sonoma mit und inszeniert einen »I Love Lucy«-Traubenstampfwettbewerb gefolgt von einem Mittagessen.

Incentives To Intrigue, eine Firma mit Sitz in San Francisco, stellt eine Mannschaft aus Autoren, Regisseuren und Schauspielern zur Verfügung, die sich ein Skript für einen Mordfall oder eine Schatzsuche ausdenken. Ein solches Stück wurde für eine Gruppe von Mitarbeitern bei einem Abendessen im Napa Valley Wine Train aufgeführt. Die Kostüme der Darsteller und die Dekoration der Zugabteile versetzten die Teilnehmer zurück in die Zeit des First International Wine Tasting während des Ersten Weltkrieges. Ein anderer Mordfall führte 66 Mitarbeiter der Ford Motor Company nach Chinatown, zum Union Square und durch das Finanzzentrum, um den Mörder zu finden.

Kaiser Pemanente in Oakland, Kalifornien, ermutigt Arbeitsgruppen, ihre Bargeldbelohnungen als Gruppe zu nutzen. Gewinnergruppen haben bei einem Baseballspiel Karten für Logenplätze gekauft und eine Zugreise ins Napa-Valley-Weinanbaugebiet unternommen – beides an Arbeitstagen.

Die zehn beliebstesten Incentive-Reiseziele
(in den USA aufgeführt in der Reihenfolge der Beliebtheit)

Westliche Hemisphäre
- Hawaii
- Karibische Inseln
- Kalifornien
- Florida
- Mexiko
- Nevada
- Arizona
- New York
- Kanada, Bermudas
- Puerto Rico, Chicago

Brier & Dunn veranstaltet Dinner mit Dschungelthemen im Löwengehege des San Francisco Zoo mit vielen Pflanzen und Dschungelmusik. Das Unternehmen organisiert auch private Yachtclub-Dinner – im Anschluss an eine Regatta oder Cocktail-Kreuzfahrt – und Dinner in Abendgarderobe in historischen Anwesen. Es veranstaltet auch die Great American Rolling Treasure Hunt, bei der Teams mit der Straßenbahn Stadtteile erkunden, um Wahrzeichen zu entdecken.

Dick Eaton, Eigentümer von Leapfrog Innovations mit Sitz in Medford, Massachusetts, weiß, wie man Spaß strukturiert. Eaton veranstaltet für Unternehmenskunden Schnitzeljagden durch die Stadt, die darauf zugeschnitten sind, Teamarbeit und Moral zu fördern. Mercer Inc. mit Hauptsitz in New York City setzt auf Schnitzeljagden, damit Teammitglieder, die in fremde Städte reisen müssen, sich orientieren können. Sie werden gebeten, Kundenbüros, große Hotels und das Tagungszentrum aufzusuchen, wenn sie ankommen, und Beweise für ihre Besuche jeder Station mitzubringen.

Warren R. Doane, Senior Vice President der Founders Title Company in Salt Lake City, schlägt eine Vielzahl von Anerkennungsprogrammen vor, einschließlich Limousinenfahrten zum Mittagessen, eine Übernachtung im Bed-&-Breakfast-Hotel, ein Wochenende am Lake Tahoe, eine Kreuzfahrt in der San Francisco Bay, eine Zugfahrt nach Reno, ein Baseballabend für alle Mitarbeiter und ein von in Frack gekleideten Managern serviertes Mittagessen.

Die beliebtesten Incentive-Reiseziele
(aufgeführt in der Reihenfolge der Beliebtheit)
Übersee
- Frankreich
- Spanien, England, Deutschland, Italien
- Australien
- Portugal, Monaco, Österreich, Schweiz, Hongkong
- Irland, Singapur, Bali, Thailand, Israel

Wenn die Nelson Motivation, Inc. ihre vierteljährlichen Umsatzziele erreicht, werden alle in Limousinen gepackt, die von Elvis-Imitatoren gefahren werden, und es geht für einen Tag ab nach Disneyland. Bei anderen Gelegenheiten schickt das Unternehmen die Mitarbeiter auf Pferden den Strand entlang, lässt sie einen Tag im Wellnesscenter verbringen und fliegt die Belegschaft samt Partnern für eine Woche zum Feiern nach New York City.

SCA Packaging North America mit Sitz in New Brighton, Pennsylvania, hat eine neuartige Methode, um Topmanager für erfolgreiches Führungsverhalten zu belohnen. Die Betreffenden gewinnen eine Reise zur Produktionsanlage des Unternehmens in Bowling Green, Kentucky, um einen Tag mit den Fließbandarbeitern zu verbringen. Gleichermaßen können Fabrikarbeiter, die besonders produktiv sind oder innovative, kostensenkende Ideen einbringen, eine Reise zu einem der Verkaufsbüros des Unternehmens in den Vereinigten Staaten oder Kanada gewinnen. Diejenigen, die an diesem Austausch teilgenommen haben, kehrten total begeistert wieder zurück.

Quantum Design mit Sitz in San Diego belohnt Mitarbeiter, indem ihnen die Skihütte einer leitenden Führungskraft eine Weile zur Verfügung steht. Der Container Store verwöhnt Mitarbeiter mit Spitzenleistung mit einer Woche in der Berghütte des CEOs in Colorado. Die Unternehmensberatung Pricewaterhouse Coopers belohnt ihre besten zehn Berater und Verwaltungsangestellten mit monetären Preisen und fünftägigen Reisen nach New York City.

Bei Dr. Pepper/Seven-Up Companies mit Sitz in Plano, Texas, bringt jeder Dollar, den Vertriebsmitarbeiter bei Flugpreisen, Hotelrechnungen und Mahlzeiten sparen, während sie auf Reisen sind, Punkte für einen Aufenthalt zu zweit in einer Ferienanlage. Die beiden Mitarbeiter, die bis zum Jahresende die meisten Punkte gesammelt haben, gewinnen die einwöchigen Urlaube. Die Dienstreisenden sparen Geld von ihrem Kontingent ein, indem sie Anschlussflüge statt Direktflüge nutzen, am Wochenende fliegen, in einfacheren Hotels übernachten und in weniger schicken Restaurants essen gehen.

> »Unternehmen in großen wie auch kleinen Branchen haben die Macht von Reisen als Anreiz schon lange erschlossen und steigern damit die Produktivität und Leistung am Arbeitsplatz.«
>
> *Incentive*

Molson Breweries USA hat 325 Mitarbeiter von seinen mehr als 80 Vertriebsgesellschaften aus dem ganzen Land mit auf eine Hausbootfahrt mitgenommen. Die Gewinner erhielten in einer Ferienanlage ein zwangloses Abendessen mit Kollegen, begleitet von einer Einführung über Sicherheit und Umgang mit einem Hausboot. Danach bezogen alle die Hausboote, auf denen jeweils sechs bis zehn Personen untergebracht wurden, und verbrachten die nächsten fünf bis sechs Tage mit dem Schippern auf einem See. Optionale Aktivitäten, wie Wandern in einem nahe gelegenen Park oder Kanufahrten, standen ebenfalls auf dem Programm. Am letzten Tag wurde zum Abschied ein Fischgrillen veranstaltet. Anschließend wurden die Teilnehmer zum Flughafen gebracht. Der Preis für die Exkursion liegt bei 300 Dollar pro Woche und Person.

Da jeder Vertriebspartner ein Hausboot »gewonnen« hatte, konnte er entscheiden, wen er hinschickte – einen Vertriebsmitarbeiter samt Familie (bis zu sechs Leute) oder eine Gruppe von Vertriebsmitarbeitern. Rick Clay, stellvertretender Vertriebsleiter der Molson Breweries USA sagt: »Hausboote sind ein toller Ort, um sich zu entspannen, weil sie zu den wenigen Orten gehören, an denen es keine Telefone gibt. Diese Umgebung ermöglicht es einem tatsächlich, sich mit anderen zu unterhalten und einander zuzuhören.«

Touren mit Schlittenhunden über markierte, präparierte Pisten gibt es in verschiedenen Teilen des amerikanischen Schneegürtels. Lewis Elin, Vorstandsvorsitzender der Topps Company, Inc., einem Hersteller von Baseballkarten in New York, feuert schon seit mehreren Jahren gemeinsam mit Freunden, Kunden und Lieferanten die Schlittenhunde an. »Es vermittelt dir eine ganz andere Perspektive vom Winter und der beeindruckenden Natur«, berichtet Elin, »während du gleichzeitig eine herausfordernde Erfahrung machst.«

> Wildwasser-Rafting ist beispielsweise in den USA beliebt, vor allem in Pennsylvania, nördlichen New York, Idaho, Kalifornien, Oregon und Alaska. Verschenken Sie eine eintägige Erfahrung, einen Campingaufenthalt übers Wochenende oder ein Wochenende in einer Hütte oder einem Hotel.
>
> Ben Nelson

Die Travelers Corporation, mittlerweile zu St. Pauls Travelers Companies mit Hauptsitz in New York gehörend, schickt jedes Jahr die siegreichen Agenten zum Masters-Golfturnier. Sie werden mit dem unternehmenseigenen Jet hingeflogen und bei dem Ereignis mit Wein und Dinner verköstigt. Jeder Teilnehmer erhält eine Tasche mit individuell zusammengestellten Waren – von Kochbüchern bis zu Gesichtsschutzschirmen und Sonnencreme. Sie verschickten Karten mit Rubbellosen für die Teilnahme am Masters-Turnier an andere große Versicherungsmakler. Die Preise reichten von einer Reise nach London bis zu einem Gesichtsschutzschirm mit Aufdruck. Richard Brown, Second Vice President für Werbung und Marketing des Versicherungsunternehmens, berichtet von einer 23-prozentigen Rücklaufquote der Karten. Für Mitarbeiter, die nicht im Vertrieb tätig sind, wurde in der Woche vor dem Masters-Turnier ein Wettbewerb im Putten veranstaltet. Für drei Tage legte die Zentrale einen Golfrasen an und stellte die Mitarbeiter vor die Herausforderung, mit einem Schlag einzulochen. Die Gewinner erhielten Golfhemden und -bälle. Außerdem nahmen sie an einer Verlosung von acht Preisen mit Bezug zum Golfen teil, die von Trainingsanzügen bis zu Windjacken reichten.

Eine einzigartige Erfahrung – vor allem für Autoliebhaber – ist eine Rennsportschule. Bei Road Atlanta, einer zweieinhalb Meilen langen Rennstrecke in Braselton, Georgia, kann ein eintägiger Rennsportkurs absolviert werden, um Techniken wie Abbremsen, Abfedern von Schleudern und Spitze-Hacke-Schalttechnik zu lernen. Am nächsten Tag wird dann auf der Strecke ein Rennen gefahren. Die Valvoline Company organisierte diesen Incentive-Ausflug für sechs Einkäufer aus Vertriebsgesellschaften aus dem ganzen Land.

> »Wenn du ihnen mit etwas vor der Nase herumwedeln willst, warum solltest du dich dann auf Karotten beschränken?«
>
> Aus einer Anzeige für eine norwegische Kreuzfahrtlinie

Auf dem Space Camp in Cannes, Frankreich, können Mitarbeiter wie Astronauten trainieren. Sie erfahren viel über den Satellitenbetrieb, Aerodynamik und Astronomie, bewegen sich in simulierter Schwerelosigkeit und anderen Raumfahrtumgebungen wie Hypergravitation. Der Höhepunkt des Programms ist ein simulierter Weltraumflug. Französische Landesgesellschaften von Microsoft und Aerospatiale, einem Hersteller von Flugzeugen, Satelliten und Flugkörpern, schicken beide ihre Mitarbeiter ins Space Camp.

Alle Manager bei der Druckerei Quad/Graphics, Inc. in Pewaukee, Wisconsin, dürfen einen Gratistrip nach New York City genießen. Das Unternehmen übernimmt die Flugkosten für zwei Personen und stellt sein Apartment an der Fifty-seventh Street zur Verfügung. Jedes Jahr nutzen etwa zwanzig Manager diese Möglichkeit.

Als Leo Burnett Worldwide die Eine-Milliarde-Dollar-Marke bei Anzeigenumsätzen durchbrach, wurden sämtliche Mitarbeiter aus New York und Hollywood erster Klasse zur jährlichen Frühstücksfeier in die Zentrale in Chicago geflogen.

> Verschenken Sie als spannendes Abenteuer einen Fallschirmsprung, einschließlich sechsstündigem Einführungskurs, schriftlicher Prüfung und erstem Sprung.
> Flüge mit Segelflugzeugen sprechen Abenteuerlustige ebenfalls an, ebenso Fahrten mit dem Heißluftballon. Solche Ausflüge finden in der Regel am frühen Morgen statt und dauern etwa eine Stunde.

Teil V

Belohnungen für besondere Leistungen

Alle bisher beschriebenen Anerkennungen und Belohnungen können eingesetzt werden, um verschiedene Verhaltensweisen zu motivieren. Das folgende Kapitel beschäftigt sich dagegen mit Beispielen, die *spezielle* Arten von Leistungen belohnen: Verkaufszahlen, Kundenservice, Verbesserungsvorschläge von Mitarbeitern, Produktivität und Qualität, Anwesenheit und Sicherheit. Viele dieser Beispiele drehen sich um angestrebte Leistungen und gehören zu einem formalen Programm.

Wie bereits festgestellt, haben formale Programme verschiedene Vorteile. Sie bedienen sich der Macht öffentlicher Anerkennung, die für viele Mitarbeiter eine wichtige Motivation darstellt. Sie sind zumeist fortlaufend und garantieren dem Mitarbeiter eine gewisse Stabilität, auf die er sich verlassen kann. Wenn die Programme über klare, objektive Kriterien verfügen, können sie Elemente von Subjektivität und Vetternwirtschaft vermeiden, die manchmal informellere Formen der Anerkennung beeinträchtigen.

Der Nachteil formeller Programme ist, dass sie mit der Zeit oft langweilig und vorhersagbar werden. Es sei denn, sie werden durch regelmäßige Veränderungen und Verbesserungen aktuell gehalten – oder ein Zustrom neuer Mitarbeiter mit frischer Energie und neuen Ideen hält die Programme am Laufen. Weil formale Programme öffentlich sind, ist der Schaden größer, falls etwas schiefläuft, wenn zum Beispiel eine Person oder Gruppe grundlos übergangen wird, versprochene Belohnungen nicht oder zu spät geliefert werden, oder das Topmanagement nicht einbezogen ist beziehungsweise die Programme nicht unterstützt.

In einem Artikel in Workforce Management betont Philip C. Grant, dass Belohnungssysteme in Unternehmen ständiger Aufmerksamkeit bedürfen. Die reine Existenz solcher Programme garantiert noch nicht, dass sie geschätzt werden oder irgendeine Auswirkung auf Mitarbeitermotivation oder -zufriedenheit haben. Manager müssen diese Programme betreuen. Dies kann auf unterschiedliche Weise geschehen:

- Koppeln Sie Belohnungen an Bedürfnisse. Weil jeder Mitarbeiter andere Bedürfnisse hat, müssen Belohnungssysteme flexibel sein. Falls möglich, sollte die Belohnung für jeden Mitarbeiter individuell angepasst werden.

- Achten Sie auf Fairness bei den Belohnungen. Jeder Mitarbeiter muss bei Belohnungen davon überzeugt sein, dass diese hinsichtlich der Anforderungen seiner Arbeit sowie im Vergleich zu dem, was Berufskollegen in anderen Unternehmen erhalten, angemessen sind.

- Achten Sie auf das richtige Timing. Am besten planen Sie regelmäßige Überreichungen von Belohnungen ein, sodass Mitarbeiter diese kurz nach der Leistungserbringung erhalten.

- Überreichen Sie Belohnungen öffentlich. Belohnungen sind nicht dafür gedacht, in stillen Kämmerlein in Empfang genommen zu werden. Planen Sie ein spezielles Meeting dafür ein. Kaschieren Sie Belohnungen nicht – sie müssen hervorgehoben und betont werden. Quetschen Sie ein Lob daher nicht zwischen Dutzende andere Gesprächsthemen.

- Unterstreichen Sie den Wert der Belohnungen. Wenn Manager bei der Vergabe von Belohnungen Begeisterung dafür zeigen, erhöhen sie den wahrgenommenen Wert der Anerkennung. Achten Sie jedoch darauf, es nicht zu übertreiben. Das ständige Reden darüber, wie großartig eine Belohnung ist, kann das Ganze ins Lächerliche abdriften lassen.

Verkaufserlöse

Eine der am leichtesten messbaren Leistungen in den meisten Unternehmen ist das Erreichen von Verkaufszielen. Es ist auch kein Geheimnis, dass Vertriebsmitarbeiter in der Regel durch Anerkennung wie auch durch Geld sehr motiviert werden. Aus diesem Grund sind Verkaufsverstärker sehr häufig. Wie Sie Verkaufserfolge jedoch fördern, kann sehr unterschiedlich sein.

Die Marketingspezialisten von Hewlett-Packard schicken den Vertriebsleuten Pistazienkerne für besondere Leistungen oder einen besonders wichtigen Verkaufsabschluss.

> »Anreizprogramme können etwas bewirken und sichtbare Belohnungen liefern, die Vertrauen und Informiertheit fördern.«
>
> Tom Mott, National Practice Leader for Sales Compensation Services, Hewitt Associates

Chilton Ellett, ein Telemarketingberater mit Sitz in Chapin, South Carolina, schlägt vor, jedem Telefonmarketingmitarbeiter für jeden dritten Abschluss einen Penny zu zahlen. Dieser wird in einen Kaugummiautomaten gesteckt und je nach Farbe des gezogenen Kaugummis erhält der Mitarbeiter eine Belohnung: 25 Cent für einen weißen Kaugummi, 3 Dollar für einen roten, und 10 Dollar für einen blauen.

Paul Levine, General Manager bei Miller Nissan in Van Nuys, Kalifornien, belohnt an bestimmten Tagen die ersten beiden Verkäufer, die ein Auto verkaufen, mit jeweils 5 Dollar – und gibt ihnen weitere 5 Dollar für jeden Wagen, den ein anderer Verkäufer an diesem Tag verkauft. Der Erste, der an einem Tag einen Wagen verkauft, kann sich so locker 100 Dollar extra verdienen, obwohl er selbst nur einen einzigen Wagen verkauft hat, oder sogar 200 oder 300 Dollar, wenn er mehr Autos verkauft.

Bei der Nestlé Purina PetCare Company mit Sitz in St. Louis können Mitarbeiter des Verkaufsteams, die in mindestens zwei

> »Informelle, zeitnahe Anerkennung bedeutet viel. Besonders willkommen sind spontane Anrufe vom Topmanagement, das mir gratuliert, wenn ich ein Verkaufsziel übertreffe. Ohne diese persönliche Note ginge es bei diesem Job nur ums Geld, und Geld kann dich nur begrenzt motivieren. Anerkennung erfüllt mich mit Stolz und bedeutet mir etwas.«
>
> Irene Elliott,
> Kundenbetreuerin,
> United Postal Savings Associates

> »Obwohl ich über viel Eigenmotivation verfüge, schätze ich Motivation von außen. Anerkennung ist toll – und wenn am Ende eine Beförderung dabei herausspringt, wenn ich meine Karriere voranbringen kann, indem ich ein Topverkäufer bin, ist das ebenfalls toll.«
>
> Susan Charboneau,
> Senior Sales Representative,
> United Services Automobile Association

von drei Kategorien die jährlichen Ziele übertreffen, Trophäen erhalten. Diese zeigen einen bronzenen Hund und eine Katze, die auf dem Firmenlogo sitzen.

Als John Gurden sein monatliches Verkaufsziel von 125.000 Dollar für automatisierte Sprachverarbeitungssysteme erreichte, fragte ihn David Woo, CEO von Automatic Answer (mittlerweile im Besitz der Amanda Company) in San Juan Capistrano, Kalifornien, was er gerne als Belohnung hätte. Seine Antwort lautete: Führen Sie den »John-Tag« ein. Bald darauf war das Büro mit John-Tag-Spruchbändern geschmückt und die Rezeptionistinnen meldeten sich mit »Guten Morgen bei Automatic Answer, wir feiern heute den John-Tag.« Woo überließ Gurden den ganzen Tag lang sein Büro und überreichte ihm beim Mittagessen ein spezielles John-Day-Fotoalbum ihm zu Ehren.

Wenn das Monatsziel übertroffen wird, feiert Turbo Management Systems am Freitagnachmittag, indem es mit dem gesamten Vertriebsteam etwas unternimmt, zum Beispiel Minigolf spielen, Cartfahren oder Paintball spielen. Immer werden Fotos gemacht und später ans Schwarze Brett gehängt.

Nichts ist besser als eine gute Herausforderung, um ein Team anzuspornen. Bei einer Pizza-Party anlässlich der Feier eines Rekord-Verkaufsmonats kündigte Michael Phillips, Verkaufsleiter der in Seattle ansässigen Korry Electronics, an, dass die Mitarbeiter ihm den Schädel kahl rasieren dürfen, wenn sie auch diesen neuen Rekord brechen. Phillips berichtet: »Jeder hat sich dafür engagiert, diesen Rekord zu übertreffen, sogar die Kunden. Die Leute bei der Reklamation haben sogar Umarbeitungen und Garantieverkäufe angenommen.« Als es so aussah, als stände der Rekordbruch kurz bevor, hat Phillips zum Spaß Zettel an die Computermonitore gehängt, dass die Computer abgestürzt seien. »Das habe ich Öl ins Feuer gegossen«, sagt er dazu. Um den unglaublichen Monat zu feiern, brachte er seinen eigenen »Haar-Terminator« mit, der ihm bei der Feier zum 60-jährigen Bestehen der Firma Korry Electronics auf der Dachterasse vor seinen 565 Mitarbeitern den Kopf scherte. Die Verkäufer mit den meisten Abschlüssen bekamen die ersten Strähnen. Topkunden und Vertriebsleute aus aller Welt waren ebenfalls anwesend.

Manish Mehta, CEO von ELetter in Portland, Oregon, sagte, er würde einen Tag auf High Heels in die Firma kommen, wenn seine Firma ein ehrgeiziges Verkaufsziel erreiche. Er musste sein Versprechen einlösen. Daraufhin schlugen die Mitarbeiter vor, er solle im Kleid zur Arbeit kommen, wenn der nächste Meilenstein geschafft sei. Mehta erklärt: »Du kannst genauso viel Gehalt zahlen wie die Konkurrenz, aber damit die Mitarbeiter bleiben, musst du dafür sorgen, dass ihnen die Arbeit Spaß macht.«

Ein ehemaliger Paychex Manager in Seattle rief einen Verkaufsleiterwettbewerb ins Leben, bei dem Gehaltsabrechnungsspezialisten für jede Empfehlung, die sie bekamen, Lotterielose erhielten. Am Ende jeder Woche fand die Ziehung der Preise statt, die für gewöhnlich von aktuellen Kunden stammten, wie zum Beispiel eine kostenlose Maniküre in einem Schönheitssalon oder ein Mini-Fernseher. Mitarbeiter, deren Namen während der Ziehung aufgerufen wurden, durften das Preisrad drehen, das farbenfroh geschmückt war und etwa anderthalb Meter Durchmesser hatte. Es war immer ein Lacher, wenn ein männlicher Kollege eine kostenlose Maniküre gewann.

> »Nichts ist besser als ein guter Wettbewerb, um den Verkauf anzukurbeln.«
> Tom Web, Chefökonom, National Automobile Dealers Association

Der Scooter Store veranstaltete ein einmonatiges Programm, bei dem täglich die besten neun Vertriebsmitarbeiter gelobt wurden. Beim sogenannten »Der Chefsessel-Tausch« durften diese Spitzenleister abwechselnd für einen Tag einer Führungskraft den Bürostuhl entwenden. Die Führungskräfte wohnten der Zeremonie bei und schossen Fotos, die im Star Network des Unternehmens gezeigt wurden. Für das vierte Quartal – das Zielquartal – wurden die Mitarbeiter auf dem Cover des Scooter Illustrated

Magazin auf witzige Weise gezeigt, wie sie ihren persönlichen Touchdown erzielten. Viele dieser Cover hängen immer noch über den Schreibtischen der Mitarbeiter.

Für die Vertriebsmitarbeiter von Valassis, einem Marketingunternehmen in Livonia, Michigan, die Beilagen für Zeitungen weltweit produzieren, ist die Aufnahme in die Hall of Fame die erstrebenswerteste Auszeichnung. Die Ehrung basiert auf Verkaufszahlen und Führungsqualität. Die Gewinner werden von Personen ausgewählt, die bereits in der Hall of Fame vertreten sind und ihre Fotos werden in der Hall of Fame in Valassis' weltweiter Zentrale aufgehängt. Die Preise werden beim jährlichen Sales and Vision Award überreicht, zu dem jedes Jahr mehr als 600 Mitarbeiter kommen.

Um auf die Beschwerde von Kundendienstmitarbeitern zu reagieren, dass sie nicht genügend geschätzt würden (im Vergleich zu Vertriebsleuten), übergibt Bruce Smith, CEO von Safety Vision, einem Unternehmen für Überwachungskameras mit Sitz in Houston, Texas, jedem Verkäufer jeden Monat einen blauen Pokerchip, mit dem sie jemanden belohnen können, der sie beim Abschluss eines Verkaufs unterstützt hat oder einen Kunden zufriedengestellt hat. Jeder Pokerchip-Empfänger zieht aus einem Hut einen Gutschein für einen Preis – vom einfachen Abendessen bis zu Mont-Blanc-Füllern. Smith sagt: »Das macht die Arbeit für die Leute ein bisschen spannender und sorgt für Anerkennung.«

> »Mitarbeiter, die nicht im Vertrieb arbeiten, haben oft das Gefühl, dass immer nur die Vertriebsleute alle Leistungsanreize bekommen, und denken: ›Hey, ohne mich hätten sie gar nicht so viel verkaufen können.‹«
>
> Bob Carlton, Incentive Program Planner, RJ Young Company

Beim Phoenix Business Journal bekommt das Verkaufsteam morgens Bagel oder Milchkaffee, wenn es das doppelte Tagesziel erreicht hat. Beim *Milwaukee Business Journal* bekommt jeder aus dem Verkaufsteam einen Geschenkgutschein in Höhe von 25 Dollar für ein örtliches Geschäft oder Restaurant, wenn das Team das Wochenziel erreicht. Wird dieses sogar um zehn Prozent überschritten, bekommt jeder zwei Gutscheine, bei 20 Prozent sind es drei Gutscheine. Mitarbeiter entwerfen Spruchbänder auf denen steht, wie viel noch bis zum Ziel fehlt.

Patrick Dickerson von der Chick-fil-A-Filiale Queensborough in Mt. Pleasant, South Carolina, gibt stündlich die Verkaufszahlen am Drive-in-Schalter bekannt. Wenn der Rekord gebrochen wird, erhält die ganze Schicht »Doodle-Dollars«, die in Chick-fil-A-Waren eingetauscht werden können.

Die in Michigan ansässige Talking Book World sammelt die täglichen Verkaufszahlen ihrer verschiedenen Läden und schickt die Ergebnisse zu sämtlichen Franchisenehmern. Die oben auf der Liste stehenden Geschäfte werden von den anderen angerufen, und man tauscht sich über die Erfolge aus. Alle bemühen sich, in der folgenden Woche selbst an der Spitze der Liste zu stehen.

Gail Herenda von Supercuts in Fort Lee, New Jersey, teilt die Belegschaft in Teams auf, die darum wetteifern, wer die meisten Haarpflegeprodukte verkauft. Jeder Produktverkauf wird durch einen Aufkleber in Form einer Ameise auf dem Spruchband des Teams repräsentiert. Das Team mit den meisten Ameisen am Ende der Woche wird von Gail zum Mittagessen eingeladen. Der Verkauf von Haarpflegeprodukten ist dadurch gestiegen.

Beim Atlanta Business Chronicle erhalten die Verkaufsrepräsentanten Quoten für alle vier Bereiche. Wenn sie alle vier erreichen, bekommen sie 250 Dollar Bonus. Das hilft ihnen, sich auf alle vier Bereiche der Publikation zu konzentrieren, und nicht nur auf das verkaufte Anzeigenvolumen.

Der Cincinnati Business Courier bietet den Vertriebsmitarbeitern verschiedene Anreize, um Einzel- oder Gruppenverkaufsziele zu erreichen. In der Vergangenheit waren das zum

> »Tun Sie so, als hätte jeder Mensch, dem Sie begegnen, ein Schild um den Hals hängen, auf dem steht: ›Gib mir das Gefühl, wichtig zu sein.‹ Sie werden dadurch nicht nur erfolgreicher beim Verkaufen, sondern auch in ihrem Leben.«
>
> Mary Kay Ash, Gründerin, Mary Kay, Inc.

Beispiel: ein freier Nachmittag, um sich einen Kinofilm oder ein Baseballspiel anzusehen; eine Haushaltshilfe für einen Monat; Bargeld für einen Einkaufsbummel am Nachmittag mit anschließendem Vorführen der Einkäufe.

Robert Partain, Verkaufsleiter bei Westinghouse in Los Angeles, hat für seine Verkaufsmannschaft ein Barbecue zum Mittagessen veranstaltet, als diese zum ersten Mal das Gruppenziel erreichte. Er versprach, das von nun an immer so zu halten. Siebzehn Monate später hatte es sechzehn Barbecues gegeben – verpasst wurde das Ziel nur in dem Monat, als es in Northridge ein Erdbeben gab.

GreenPages in Kittery, Maine, lässt jedes Verkaufsteam den Kundendienstmitarbeiter des Monats wählen und jedes Support-Team dafür den Verkäufer des Monats. Beim monatlichen Meeting werden die Gewinner genannt und die Wahl begründet.

Bei Coronet/MIT Film and Video in Deerfield, Illinois, bringt die Verkaufsleiterin Mary Jo Scarpelli an jedem letzten Freitag im Monat Bagel und Frischkäse für das Verkaufsteam mit. Beim Erreichen des Gruppenziels wird beim Radiosender WFAN-FM in New York die gesamte Verkaufsmannschaft zu Ausflügen wie einer ganztätigen Schifffahrt rund um Manhattan oder einem Tag in Atlantic City eingeladen.

»Ich versuche mich in deren Lage zu versetzen«, sagt Jennifer Hurwitz, die Anreizprogramme für die Mitarbeiter bei LensCrafters entwickelt, den Geschäften für Brillen und Kontaktlinsen in Mason, Ohio. »Ich erinnere mich an meine Zeit als Verkäuferin, als ich selbst dreizehn Stunden am Tag auf den Beinen stand, und versuche etwas zu entwickeln, das jeden Arbeitstag für die Mitarbeiter zu einer neuen und spannenden Erfahrung macht.« Zum Beispiel richtet sie das Augenmerk auf neu eröffnete Geschäfte, bei denen mehr als 100.000 Dollar Umsatz während der

---

> »Meine Hauptmotivation ist Anerkennung. Es ist nicht leicht, sich hier gegen die Konkurrenz durchzusetzen und nach vorn zu kommen. Zu den Mittagessen zu gehen, bei denen Auszeichnungen vergeben werden, und die Vice Presidents zu treffen, ist eine gute Methode, sich bekannt zu machen. Mein Hauptziel ist, in meinen Job Karriere zu machen – und nicht, einen Preis zu gewinnen. Wenn es mir zu einer Beförderung verhilft, ein Top-Performer zu sein, dann ist das ein Mittel zum Zweck.«
>
> Sara Navarro, Senior Sales Representative, United Services Automobile Association

Eröffnungswoche erwartet wird. Sie versucht, den Mitarbeitern zu helfen, dieses Ziel zu erreichen. Das ganze Unternehmen verfolgt täglich die Zahlen, die per Computer an jede Filiale übermittelt werden. Am letzten Tag, wenn das Ziel fast erreicht ist, »werden der Vorstandsvorsitzende und wichtige Leute aus der Zentrale mit dem Firmenjet eingeflogen, um die Mitarbeiter anzufeuern oder auszuhelfen«, erzählt Hurwitz. »Anschließend geht es mit allen zum Abendessen und wir feiern eine Riesenparty, bei der Preise überreicht werden an alle, die zu dem Erfolg beigetragen haben.«

Advanced Micro Devices, ein Hersteller und Vertreiber von Mikroprozessoren in Sunnyvale, Kalifornien, hat als Anreiz zum Erreichen eines Umsatzes von 200 Millionen Dollar eine »American Dream«-Verkaufskampagne gestartet. Als Preis winkte ein Haus. Die Namen sämtlicher Mitarbeiter kamen in einen Hut, aus dem – bei Erreichen des Ziels – der Gewinner gezogen werden sollte. Jerry Sanders, Firmenchef und Gründer, ließ sich dann von einem Reporter bei seinem unangekündigten Besuch im Haus des Gewinners begleiten – Jocelyn Lleno, ein Fabrikarbeiterin bei AMD. Lleno bekam einen Scheck über 1.000 Dollar überreicht und sollte denselben Betrag die nächsten zwanzig Jahre lang jeden Monat erhalten, um sich ein Haus zu kaufen. Zwei weitere Mitarbeiter bekamen je einen Cadillac Seville.

> »Anreize sind Belohnungen für harte Arbeit, ein Luxus.«
> Vicki Pritchard,
> Handelsvertreter,
> Carlson Marketing Group

Eine spektakuläre Methode, herausragende Mitarbeiter anzuerkennen und zu motivieren, hat Multi Image Productions, Inc. aus San Diego (das Unternehmen produziert Shows mit Dias, Filmen, Videos, Musik, Tanz und spektakulären Licht-Shows) für Pitney Bowes, mit Sitz in Stamford, Connecticut, entwickelt. Die Topverkäufer von Pitney Bowes wurden während einer Show, die in Hawaii produziert und veranstaltet wurde, ausgezeichnet. »Unser Ziel war es, ihnen eine Art Geschäftsspektakel zu bieten, bei dem sie gleichermaßen unterhalten und motiviert werden, die Ziele für das nächste Jahr zu erreichen«, sagt Fredric W. Ashman, Firmenchef und CEO von Multi Image Productions. Die Budgets für derartige Produktionen reichen von 10.000 Dollar bis zu 1,5 Millionen Dollar.

Mary Kay, Inc., belohnt führende, selbstständige Verkäuferinnen mit rosafarbenen Cadillacs, Nerzmänteln und Diamantringen. Die Lebensversicherungsbranche nutzt einen erlesenen Club, den »Million Dollar Roundtable«, um Top-Vertriebsleute anzuerkennen und ihnen Status und Privilegien zukommen zu lassen.

Als Levi Strauss & Co mit Hauptsitz in San Francisco bei den Verkaufszahlen eine Milliarde erreichte, verteilten die Führungskräfte mehr als zwei Millionen Dollar in Form von Bargeld und Aktien als Belohnung an die Mitarbeiter. Als 1979 die Zwei-Milliarden-Marke durchbrochen wurde, erhielten die Mitarbeiter wieder beträchtliche Bargeldbelohnungen.

> »Zu exotischen und/oder unbekannten Zielen zu reisen ist die begehrteste Auszeichnung bei meinen 60 Vertriebsmitarbeitern. Es verschafft ihnen eine Pause von ihrem vollen Terminplan und gibt ihnen das Gefühl, dass sich ihr Engagement gelohnt hat.«
>
> John Franz, Vorstandsvorsitzender, Brasseler USA Inc.

Paychex, ein Spezialist für Gehaltsabrechnungen in Rochester, New York, belohnt Vertriebsmitarbeiter mit einem goldenen Ring, wenn sie in ihrer Laufbahn insgesamt 300 neue Klienten gewonnen haben. Für 500 Klienten gibt es einen Diamantring und weitere Diamanten nach 1.000 beziehungsweise 2.000 Klienten. Gene Polisseni, Vice President Marketing, sagt, das Programm belohne jene, die vielleicht nicht beim jährlichen Verkaufswettbewerb gewinnen, aber kontinuierlich gute Leistungen zeigen.

Wenn ein Telefonist bei Chick-fil-A, der Restaurantkette mit Sitz in Atalanta, die Verkäufe um 40 Prozent gegenüber den Vorjahresverkäufen steigert, verdient er oder sie sich das Recht, ein Jahr lang einen Lincoln Continental zu fahren. Kann der Mitarbeiter den Erfolg im nächsten Jahr wiederholen, geht der Lincoln in seinen Besitz über. Mehr als hundert Telefonisten haben bereits Lincoln Continentals gewonnen.

Checkpoint Systems, der Hersteller von Sicherheitssystemen in Thorofare, New Jersey, ernennt seine acht besten Vertriebsleute zu Mitgliedern des President's Club. Die Clubmitglieder agieren als Berater der Top-Führungskräfte des Unternehmens und bekommen eine fünftägige Gruppenreise zu Orten wie den Bermudas oder nach Acapulco.

Professional Salon Concepts in Joliet, Illinois, ein Unternehmen, das Haarpflegeprodukte und Dienstleistungen vertreibt, belohnt jene beiden Verkäufer mit einem Geschenkgutschein in Höhe von 200 Dollar, die innerhalb eines Monats »die höchste Zahl derzeitiger und potenzieller Kunden erreicht haben«. Dazu zählen Kundengruppen, Kaltaquise, Termine und Besuche.

IBM bringt seine Mitarbeiter dazu, Nachfrage nach neuen Produkten zu generieren, indem es für Verkaufsansätze Medaillen überreicht. Jeder Mitarbeiter, der 15 potenzielle Kunden zur Demonstration einer neuen Betriebssoftware in eine IBM-Verkaufsvertretung bringt, erhält eine Bronzemedaille. Darüber hinausgehende Zahlen werden mit Silber- beziehungsweise Goldmedaillen belohnt.

Chuck Piola, Executive Vice President Verkauf bei NCO Financial Systems in Horsham, Pennsylvania, erzählt, wie er eine neue Belohnung für Junior-Verkäufer in seinem Unternehmen eingeführt hat. »Der Bursche war erst seit einem Jahr mit dem College fertig und eines Tages schaffte er den Durchbruch. Ich nahm ihn mit und habe ihm einen neuen Anzug gekauft.« Piola verleiht auch übers Wochenende seinen Mercedes an Vertriebsmitarbeiter, damit sie sehen können, wie es ist, eine Top-Vertriebskraft bei NCO zu sein.

Rexair in Troy, Michigan, bietet Jogginganzüge mit Firmenlogo für seine Vertriebsleute an, die innerhalb von zwei Wochen eine festgelegte Anzahl von Vorführungen des von dem Unternehmen vertriebenen Reinigungssystems bei einem Kunden verbuchen können.

> Veranstalten Sie Preisverleihungen an »Mitarbeiter des Monats« für hohe Produktivität, Qualität oder Verkaufszahlen, die meisten Verbesserungen, die geringste Fehlzeit – oder was auch immer Sie für ein wichtiges Kriterium halten. Hängen Sie ein Foto des Mitarbeiters an einem markanten Platz auf und ehren Sie ihn oder sie während des ganzen Monats bei einer Reihe von Mittagessen oder anderen Veranstaltungen.
>
> Bob Nelson

Acco Brands, Inc., ein Anbieter von Büroprodukten, zeichnet herausragende Vertriebsleute durch den President's Inner Circle aus, der jedem offen steht, der ein Jahr lang als Vollzeitangestellter des Unternehmens in einem Geschäftsgebiet tätig war und mindestens eine 15-prozentige Umsatzsteigerung im Vergleich zu den provisionsberechtigten Verkaufszahlen des entsprechenden Fiskaljahres erreicht. Die Belohnung ist ein diamantbesetzter Inner-Circle-Ring.

Die Boise Office Products Division mit Hauptsitz in Boise, Idaho, ehrt ihre 30 besten Verkaufsrepräsentanten jedes Jahr mit dem Sales-Executives-Ring und einer dreitätigen Reise, bei Übernahme sämtlicher Kosten, zu einem Meeting in einem Urlaubsort. Solche Meetings fanden zum Beispiel in Palm Springs, San Antonio, Orlando und New Orleans statt.

Während einer Cross-Selling-Aktion bei der United Commercial Bank in San Francisco erhalten Mitarbeiter im Kundenservice und Kundenbetreuer »Hula Bucks« pro verkauftem Reisescheck in Höhe von 100 Dollar. Am Ende der Verkaufsveranstaltung wurden eine Rallye und eine Auktion durchgeführt, bei der auf Preise wie eine Reise nach Hawaii geboten werden konnte.

Das Verkaufsanreizprogramm von United Insurance of America stellt einen Management-by-Objectives-Leitfaden zur Verfügung, sagt Richard L. Lauderdale, Director of Marketing Sales Support der in Chicago ansässigen Firma. »Jede Vertriebskraft, unabhängig vom Leistungsniveau, kann sich innerhalb des Programms ein anzustrebendes Ziel aussuchen. Das Hauptergebnis dieses Programms besteht darin, dass die Leute daran wachsen, ein Ziel erreichen zu wollen.«

Bei Nelson Motivation, Inc. hat ein Verkaufsberater in nur sieben Monaten 187 Prozent des gesetzten Ziels erreicht. Mir fiel auf, dass er beim Telefonieren oft mit kleinen Sportwagen spielte. Eines Tages rief ich ihn an und sagte: »Schreiben Sie sich folgende Telefonnummer auf – ich habe für Sie dort für eine Woche einen Porsche Boxter gemietet.« Er antwortete zögernd: »Danke, Bob, das war nicht nötig.« Aber zwanzig Minuten später rief er mich zurück und schrie beinahe ins Telefon: »Das ist das Netteste, was je jemand für mich getan hat!« Seine Kollegen schossen ein Foto von ihm am Steuer des Wagens, das er als Bildschirmschoner auf seinem Computer installierte. Bei anderer Gelegenheit habe ich demselben Mitarbeiter einen Anzug gekauft, weil er wieder das Ziel übertroffen hatte.

Resort Condominiums International mit Sitz in Parsippany, New Jersey, veranstaltet jedes Jahr das RCI 500, eine Nachahmung des Indy-500-Rennens, bei dem Vertreter darum wetteifern, so viele Timeshare-Exchanges, Abonnementverlängerungen für das Magazin und Platzreservierungen wie möglich zu erhalten. Mit jeder Transaktion werden die Papierautos der Teilnehmer eine bestimmte Anzahl von Feldern auf einer ovalen Rennbahn auf einem Bettlaken weitergeschoben, das an eine Wand geheftet ist. Die Repräsentanten ziehen sich an wie Rennfahrer, Funktionäre oder Fans. Das Büro ist mit karierten Flaggen und Absperrbändern geschmückt. Das beste Fahrzeug wird ausgezeichnet, ebenso wie der Neuling des Jahres, der sich am meisten gesteigerte Fahrer und die drei am besten gekleideten Fahrer.

> **»Anreize bieten das zusätzliche Dankeschön, mit dem man hohe Leistung erhält.«**
> Charles Gehl, Coordinator, Frank Implement Company

Die Xerox Corporation mit Hauptsitz in Stamford, Connecticut, verwendet das Sportwagen-Motiv für ihr Fast-Track-Verkaufsmotivationsprogramm, in das auch Mitarbeiter vom technischen Support und deren Manager involviert sind. Alle sammeln Punkte, die gegen Waren oder Bargeldbelohnungen in Höhe von 10 Dollar bis zu 10.000 Dollar eingetauscht werden können. Außerdem gibt es batteriebetriebene Ferraris und Zündkerzen »zum Zünden neuer Ideen«.

> »Menschen arbeiten für Geld, aber für Lob, Anerkennung und Belohnung legen sie noch einen drauf.«
> Stuart Levine, CEO, Dale Carnegie and Associates

Der Stiftehersteller Pentel of America in Torrance, Kalifornien, verwendet den »Samurai-Preis«, um Vertriebskräfte zu motivieren, damit sie

> die Verkaufszahlen gegenüber dem Vorjahr steigern,
> eine gewisse Menge an Endverbraucherarbeit leisten (Kontakte mit und Verkäufe an Endverbraucher),
> und Verkaufs- und Marketingberichte zu neuen Verkaufstechniken von Firmenprodukten vorlegen.

Samurai-Gewinner erhalten eine Belohnung in Form von Bargeld, einen Sales-Master-Ring, ein echtes Samuraischwert und eine einwöchige Reise für zwei Personen nach Japan, zu der auch eine Besichtigung der Pentel-Werke sowie ein zeremonielles Mittagessen mit verschiedenen japanischen Managern gehören. Der Verkaufsleiter einer Region, dessen Gebiet in allen drei Bereichen die beste Leistung zeigt, bekommt auch Bargeld, einen Ring und eine Japanreise.

Bei KXKT-FM, einem Radiosender in Omaha, werden den Vertriebsmitarbeitern Bargeld, Waren und Reisen angeboten. Vertriebsleiterin Cathy Roach sagt dazu: »Wir unternehmen lustige Sachen. Zum Beispiel haben wir ein Rad mit Bargeld von 10 Dollar bis 1.000 Dollar. Nach jedem neuen Geschäftsabschluss wird das Rad gedreht und der Betreffende gewinnt etwas. Wir haben auch Geld in Luftballons gesteckt und diese aufgeblasen. Die Mitarbeiter dürfen mit Dartpfeilen auf die Ballons werfen.«

Fallstudie zur Anerkennung von Verkäufen

Das »FasTrack«-Programm bei der Morris Savings Bank (mittlerweile zur Wachovia Bank mit Hauptsitz in Charlotte, North Carolina, gehörend) belohnt Mitarbeiter für das Generieren von Neugeschäft ebenso wie für das Cross-Selling an neue und bereits existierende Kunden. Jede Vertriebskraft hat eine vierteljährliche Quote von 45 Cross-Selling-Punkten und verdient einen Punkt für jede zusätzliche Dienstleistung, die sie einem Kunden verkauft. Kassierer haben eine vierteljährliche Quote von 15 Empfehlungen. Wenn ein Kunde eines der Angebote annimmt, schickt der Kassierer ihn mit einer Empfehlungskarte zu einem der Vertriebsmitarbeiter. Jede Vertriebskraft bekommt außerdem 2 Dollar Kommission für jedes Cross-Selling und jeder Kassierer bekommt 2 Dollar pro Empfehlung. Ein Verkaufskoordinator zeichnet die Fortschritte jedes Mitarbeiters auf einem Poster in der Cafeteria ein.

Weitere Preise werden auf den Vierteljahrestreffen vergeben. Der Topverkäufer des Quartals und der Kassierer mit den meisten Empfehlungen bekommen je 300 Dollar, einen zusätzlichen Urlaubstag und einen Zinnkrug mit Gravur. Der Manager der Filiale mit dem höchsten Einlagevolumen bekommt einen Pokal und einen edlen, gravierten Füllfederhalter. Außerdem wird diese Filiale vom Vertrieb zu einer Party eingeladen.

Filialleiter sind ebenfalls bonusberechtigt. Wenn 90 Prozent ihrer Belegschaft die Quote schaffen, bekommt der Manager denselben Bonus wie die Mitarbeiter. Wenn alle Mitarbeiter die Quote schaffen und die Filiale eine bestimmte Anzahl Testeinkäufe-Punkte von Testkunden bekommen hat, die jede Filiale mindestens einmal pro Quartal aufsuchen, verdoppelt sich der Betrag.

Im Gold Coin Club erhalten die Mitarbeiter zehn Goldmünzen, wenn sie ihre persönlichen Quartalsziele erreichen. Der Topverkäufer jeder Filiale bekommt fünf zusätzliche Münzen; jeder bekommt 5 Münzen, wenn die gesamte Filiale die Quote schafft, 25 Münzen für das Erreichen der Quoten in allen vier Quartalen und 3 Münzen für die Veröffentlichung eines Verkaufstipps im Newsletter. Die Münzen werden auf dem Schreibtisch der Vertriebskraft in einer durchsichtigen Plastikbox mit seinem oder ihrem Namen darauf ausgestellt. Bei einem Bankett anlässlich der Preisverleihung nutzen die Mitarbeiter ihre Münzen, um für Preise zu bieten – dazu zählen unter anderem Fernsehgeräte und eine Reise auf die Bermudas. Bei dem Bankett findet eine Zeremonie statt, die der Os-

> »Sowohl die Kunden als auch die Mitarbeiter in eine Verkaufsförderung einzubinden ist eine wunderbare Bestätigung, wie wichtig jeder in einer Organisation ist.«
>
> Bruce Bolger,
> *Incentive*

car-Preisverleihung nachempfunden ist. Preiskategorien sind unter anderem Verkaufskraft, Kassierer und Filialleiter des Jahres. Die Gewinner erhalten SARAs (Sales and Recognition Awards), kleine Statuen der Nike von Samothrake.

Eine Mitarbeiterin, die zweimal Top-Kassiererin wurde, erzählt, dass ihr das Programm geholfen habe. »Ich schenke den Kunden mehr Aufmerksamkeit und versuche, mehr Service anzubieten, was wichtiger sein kann als das Produkt«, erklärt June Barbee, leitende Kassiererin der Mendham-Village-Filiale. »Als ich den Preis als beste Kassiererin erhielt, war das sehr motivierend.«

> »Behalten Sie das richtige Ziel im Hinterkopf: Schauen Sie nicht nur auf das Geld, suchen Sie den Applaus. Wenn Sie etwas Wertvolles schaffen, wird es sich auch verkaufen.«
> Robert Ronstadt,
> CEO,
> Lord Publishing, Inc.

Das Kosmetikunternehmen Elizabeth Arden in Miami Lakes, Florida, hat ein Verkaufsprogramm eingeführt, bei dem Angestellte, die ihre Verkaufszahlen um mindestens 25 Prozent gegenüber dem Vorjahr steigern, eine einwöchige Karibikkreuzfahrt für zwei Personen bekommen. Neben steigenden Verkaufszahlen verringerte das Programm auch die Fluktuation. Cynthia Bloom, Visagistin bei Bloomingdale's in New York sagt: »Mir wurde von anderen Firmen ein höheres Gehalt angeboten, aber ich habe abgelehnt. Ich bin meinem Arbeitgeber gegenüber loyal. Arden behandelt mich gut, dafür zeige ich mich erkenntlich.«

Kundenservice

Man sagt, dass es fünfmal so teuer sei, einen neuen Kunden zu gewinnen, wie einen bereits vorhandenen zu halten. Kunden zufriedenzustellen ist demnach ein Ziel, das die meisten Unternehmen kontinuierlich fördern und verstärken. Im Folgenden finden Sie ein paar hervorragende Verstärker, die Unternehmen eingesetzt haben, um ihren Kundenservice zu fördern.

Ron Smith, mittlerweile beim City of Sacramento Department für Public Works, sagt, dass er vor Jahren, als er noch einen Delikatessen-Imbiss besaß, seine Mitarbeiter angewiesen habe, sämtliche Kunden so zu begrüßen, als würde es sich um die Lieblingstante oder den Lieblingsonkel handeln. Dafür versprach er ihnen, die Differenz zu übernehmen, wenn sie pro Tag weniger als 75 Dollar Trinkgeld bekämen. In zehn Jahren musste er das nur ein einziges Mal tun.

> »Sie müssen Ihre Mitarbeiter wie Kunden behandeln. Wenn Sie die Mitarbeiter entsprechend gut behandeln, werden diese wiederum die Kunden gut behandeln.«
>
> Herb Kelleher, Chairman, Southwest Airlines

Eine Reisegruppe war von einem der Kellner im Walt Disney World Dolphin Hotel in Orlando so beeindruckt, dass sie nach ihrer Rückkehr zu dem Krankenhaus in Indiana, in dem sie arbeiteten, den »Jason Chestnut Customer Service Award« nach ihm benannten, mit dem herausragende Dienstleistungen in ihrer eigenen Organisation ausgezeichnet wurden.

Bei Bush Gardens-Tampa bekommen Mitarbeiter, die Kunden gegenüber herausragenden Service gezeigt haben, ein Rubbellos. Diese werden an Ort und Stelle von Mitarbeitern des Managements ausgegeben und können gegen eine Vielzahl unterschiedlicher Preise eingelöst werden.

Ein Manager eines Kabelverlegungsunternehmens in North Carolina veranstaltet wöchentliche Lotterien für die Verleger, die in Kundenbriefen lobend erwähnt wurden. Der Gewinner kann aus einem Goldfischglas so viele Vierteldollar greifen wie er kann – im Schnitt sind das jeweils 30 Dollar.

Als John Kapp Generaldirektor von Del Taco in Atlanta war, wollte er das Dienstleistungsniveau verbessern, indem er das Augenmerk auf gelungenen Kundenservice lenkte. Er fragte seine sieben Regionalmanager nach Fallbeispielen und erhielt zwölf. Dann schrieb er ein paar Zeilen an jeden der darin erwähnten Mitarbeiter. Die Fallbeispiele wurden fotokopiert und im Pausenraum jedes Geschäfts aufgehängt. Einen Monat später fragte er die Manager wieder nach solchen Beispielen – er bekam diesmal schon 65 – im Monat darauf waren es sogar noch mehr. Im vierten Monat produzierte das Unternehmen 125 Seiten solcher Beispiele. Kopien wurden an sämtliche Geschäfte verschickt – jede mit Dankesworten von John versehen. Nicht nur das Dienstleistungsniveau verbesserte sich sprunghaft, auch die Fluktuationsrate bei Managern und deren Stellvertretern verbesserte sich um 300 Prozent!

> »Unsere Kunden sind der Grund dafür, dass wir als Firma existieren. Um unsere Kunden bestmöglich zu bedienen, müssen wir jedoch unsere Mitarbeiter an die erste Stelle setzen. Mitarbeiter sind der wahre Wettbewerbsmaßstab eines Unternehmens.«
> Hal Rosenbluth, CEO, Rosenbluth International

Doug Barnett, Manager bei Chick-fil-A in Perry, Georgia, leitet ein DOTS Programm (Delivering Outrageous and Tremendous Service – Außergewöhnlichen und hervorragenden Service bieten). Teammitglieder sammeln auf Karteikarten Punkte für ausgezeichneten Service in Bereichen wie im Schnitt hohe Rechnungen pro Gast und wenig Reklamationen. Die Punkte können gegen Mahlzeiten oder Waren ortsansässiger Geschäfte eingetauscht werden.

Der Eagle Award wird bei SKF USA Inc. in Norristown, Pennsylvania, vergeben. Jeder Mitarbeiter bekommt zwei Eagle-Award-Münzen, die er für herausragenden Service an Kollegen weitergeben kann, versehen mit einem Zertifikat, das die Leistung kurz beschreibt. Mitarbeitern, die fünf oder mehr Eagle Awards bekommen haben, wird ein dekorativer Display-Holder überreicht. Zehn Eagle Awards können gegen einen »Be My Guest«-Gutschein von American Express in Höhe von 50 Dollar eingetauscht werden. Der Mitarbeiter, der innerhalb von sechs Monaten die meisten Eagle Awards bekommt, wird beim halbjährlichen Unternehmenstreffen vom Vorstandsvorsitzenden mit einer Trophäe und einem American-Express-Geschenkgutschein in Höhe von 250 Dollar ausgezeichnet. Jeff Minkoff, Manager für Qualitätssicherung, berichtet, dass mehr als 1.500 Eagle Awards allein in den ersten anderthalb Jahren des Programms vergeben wurden.

Veranstalten Sie eine Dienstleistungslotterie
- Verleihen Sie für positive Kundenkommentare eine silberne Anstecknadel oder etwas Ähnliches.
- Immer wenn ein Kundendienstmitarbeiter ein Dankschreiben von einem Kunden erhält, geben Sie seinen Namen mit in eine wöchentliche Ziehung. Vergeben Sie witzige Preise.

Jedes Jahr feiert Robert W. Baird die Kundenservicewoche, um das Prinzip »Der Kunde steht an erster Stelle« zu demonstrieren. Vorstandsvorsitzender und CEO Paul Purcell und Manager aller Ebenen arbeiten dann im direkten Kundenkontakt im Verkauf, am Empfang, als Kundendienst-, Poststellen- oder Büromitarbeiter, um sich mit Kunden auszutauschen. Baird verleiht auch einen Preis, der nach Baird-Chairman Fred Kasten benannt ist, an Mitarbeiter, die ihren Kunden gegenüber hervorragenden Service an den Tag gelegt haben und beständig danach streben, den Kundendienst zu verbessern. Aus jedem Geschäftsbereich wird auf Basis der Nominierungen durch Kollegen ein Gewinner ermittelt. Die Auszeichnungen werden auf dem jährlichen Treffen aller Mitarbeiter verliehen. Jeder Gewinner erhält einen einwöchigen Urlaub inklusive der Übernahme sämtlicher Kosten irgendwo in den USA.

> »Diejenigen, die bei der Arbeit Lob austeilen und erhalten, bekommen von den Kunden Pluspunkte im Hinblick auf Loyalität und Zufriedenheit.«
>
> Untersuchungsergebnis der Gallup Organization

Bei Parkview Health, einem Krankenhauskomplex in Indiana, können sich die Mitarbeiter gegenseitig »PEOPLE-Awards« überreichen. People steht für Patients (Patienten) und deren Familien; Employees (Mitarbeiter), Ärzte und Freiwillige; Our (unsere) Gemeinden; Partnerships (Partnerschaften); Leadership (Führung); und Empowerment (Bevollmächtigung). Jeder, inner- oder außerhalb der Organisation, kann Mitarbeiter für Auszeichnungen vorschlagen. Eine Kopie des kleinen Zettels wird an den Nominierten gegeben, einer an den Manager des Betreffenden und eine wird an den PEOPLE-Award-Bereich in der Personalabteilung geschickt. Gesammelte Auszeichnungen können gegen Waren eingetauscht werden: 5 Belohnungen = ein Aufkleber für Namensschildchen; 10 Belohnungen = ein Schirm; 25 Belohnungen = eine Reisetasche oder Decke; 50 Belohnungen = eine Windjacke oder ein Sweatshirt; 100 Belohnungen = ein Jackett. Für jede weitere 50. Belohnung wird ein Zusatzpreis verliehen.

Doug Barnett vom Sam Nunn Boulevard Chick-fil-A in Perry, Georgia, verteilt POSSE-Ansteckplaketten (Positively Outrageous Service – Herausragend guter Service) an Teammitglieder, wenn diese von Kunden mittels Feedbackkarten gelobt werden. Er ermutigt die Mitarbeiter, die Buttons ständig zu tragen und als Mitglieder einer Elitegruppe den hohen Standard aufrechtzuerhalten.

Donna Friedman, Mitarbeiterin bei einem Home Depot in Lauderdale, Florida, erhielt ein besonderes Lob dafür, dass sie ein 3.000 Dollar teures Armband einer Kundin zurückgab. Die Kundin schenkte ihr ein silbernes Armband, und von dem Unternehmen bekam Donna eine Armbanduhr ihrer Wahl. Zudem wurde ein Dankschreiben der Firma in ihre Personalakte gelegt.

Pioneer Eclipse, ein Hersteller von Bodenpflegemaschinen mit Sitz in Sparta, North Carolina, nimmt Kunden mit zu den Fabrikarbeitern, die deren Produkte herstellen. Die Mitarbeiter lieben es, den Kunden von ihren Ideen zu erzählen und sich deren Vorschläge anzuhören.

Broward County Government in Fort Lauderdale, Florida, hat ein Programm namens SUNSational Service, um die Art und Weise zu fördern, wie interne und externe Kunden behandelt werden sollen. Mitarbeiter können nominiert werden, wenn sie die zehn Standards von herausragendem Kundenservice verkörpern. Jeden Monat werden die Gewinner von einer Gruppe von Mitarbeitern ausgewählt, die sich »Prize Patrol« nennen. Es gibt Musik, Tanz und einen Tusch. Jeder Preisträger erhält einen Geschenkkorb aus dem County Store. Das Unternehmen veranstaltet auch eine Kundendienstwoche. Dazu gehören ein Energieprofil-Seminar, ein Kundendienst-Filmtag, Anti-Stress-Massagen und ein witziger Wettbewerb, bei dem es zum Beispiel um die hässlichste Krawatte geht, eine Kundendienstquizshow ähnlich wie Jeopardy, Kundendienstratespiele und Suchworträtsel.

Rhonda Lowe, Verlegerin der Zeitung Los Banos Enterprise, fand einen Weg, um loyalen Anzeigenkunden zu danken, indem sie sich Millionenfachen-Dank-Sträuße ausdachte. Mit Hilfe eines Computerprogramms, entwarf sie Millionen-Dollar-Banknoten. Diese wickelte sie um Lutscher für 25 Cents, sodass sie aussahen wie Blütenblätter. Dann kaufte sie ein paar preiswerte Topfpflanzen und steckte ihre »Blumen« mit in die Erde. Zum Abschluss band sie eine Schleife mit einer Karte daran, auf der stand: »Millionenfachen Dank dafür, dass Sie unser Kunde sind.« Vertriebsmitarbeiter unterschrieben mit ihrem Namen und überreichten die Pflanzen persönlich an ihre Top-Anzeigenkunden. Das gab ihnen die Chance, als Helden dazustehen und Begeisterung hervorzurufen. Die Kunden stellten die Pflanzen gut sichtbar auf.

Immer wenn sich bei Stew Leonard's ein Kassierer beim Kunden bedankt und ihn dabei mit seinem Namen anspricht, wirft der Kunde eine Karte mit dem Namen des Kassierers in eine große

> »Wenn die Mitarbeiter dem Management einmal vertrauen, wissen, dass man sich auf sie verlässt und ihnen die nötigen Trainings zukommen lässt, ist es erstaunlich, was Mitarbeiter für Kunden leisten können und damit letztlich für die Aktionäre.«
>
> James Henderson, CEO, Cummins Engine Company, Inc.

Kiste. Die drei Kassierer, die in der jeweiligen Woche den meisten Kunden auf diese Weise gedankt haben, erhalten jeweils 30 Dollar. Die Mitarbeiter befestigen auch »Erfolgsleiter«-Abbildungen an den Kassen, auf denen die Kunden die Fortschritte der einzelnen Kassierer sehen können. Bei Hecht's Kaufhäusern mit Sitz in Arlington, Virginia, können die Mitarbeiter Punkte für eine Shoppingtour sammeln, wenn der Manager hört, dass sie einen Kunden mit Namen ansprechen.

Bei »Todays Way Giveaway« des in Dallas ansässigen Todays Staffing wird der Name einer Aushilfskraft, wenn er oder sie die Erwartungen eines Kunden übertrifft, in eine jährliche Verlosung aufgenommen. Kunden stufen den Mitarbeiter auf Bewertungskarten ein, die sie dann an die Firma schicken. Innerhalb von drei Jahren wurden so etwa 950 Preise vergeben.

Betreiber von McDonald's-Restaurants bekommen Schmuck mit dem Unternehmenslogo, um diesen an Mitarbeiter zu verschenken, die herausragenden Service zeigen.

Bei der Nordstrom-Kaufhauskette mit Sitz in Seattle sucht jeder Filialleiter den Kundenservice-Superstar aus – die Person, die innerhalb einer bestimmten Periode den beeindruckendsten Beitrag geleistet hat. Die Manager verlassen sich dabei auf ihre eigenen Beobachtungen und Zettel mit Kundenkommentaren, die neben allen Kassen ausliegen, sowie Berichten von Testkäufern und Kundenbriefen. Der Gewinner erhält 100 Dollar, den Stempel »Kundenservice-Superstar« auf seine oder ihre Visitenkarte und einen größeren Nachlass auf Wareneinkäufe. Außerdem wird jeden Monat ein Kundenservice-Superstar-Kaufhaus ausgewählt, für das die Zentrale Geld für ein Barbecue oder eine Pizza-Party für alle Mitarbeiter zur Verfügung stellt.

> »Das höchste erreichbare Maß an Dienstleistung kommt von Herzen. Ein Unternehmen, das die Herzen der Mitarbeiter anspricht, wird den allerbesten Service bieten.«
> Hal Rosenbluth, CEO, Rosenbluth Travel

Das Omni-Service-Champions-Programm der Omni-Hotels verleiht Mitarbeitern, die sich besonders um außerordentlichen Service bemühen, Medaillen, Ansteckschleifen für ihre Uniformen, Bargeld, Dinner, lobende Erwähnungen in der Unternehmenszeitung sowie auf Plakaten in jedem Hotel und, zu guter Letzt, eine dreitägige Feier in einem Omni-Hotel, das von Führungskräften des Unternehmens ausgesucht wird. Die drei Mitarbeiter jedes Hotels mit den meisten Empfehlungen bekommen Medaillen (Gold, Silber und Bronze) sowie Bargeld (1.000 Dollar für Gold, und jeweils 500 Dollar für Silber und Bronze). Außerdem besuchen alle eine Gala.

> »Es ist unerlässlich, deine Leute zu motivieren – Kunden wie auch Mitarbeiter – einfach jeden, der zum Erfolg des Unternehmens beitragen kann.«
>
> Robert Evans, Director Promotional Services, Gillette Company

---

Beim Customer-Service-Awards-Programm von New Jersey Transit können Mitarbeiter, die in direktem Kundenkontakt stehen, Preise für herausragenden Service gewinnen. Interne Mitarbeiter wie Sekretärinnen, Instandhaltungsmitarbeiter und Buchhalter bekommen Preise für ihre Dienstleistungen gegenüber anderen Mitarbeitern. Zwei Monate bevor die Preisträger verkündet werden, werden Wahlplakate und Urnen in Bahnhofsstationen und an Bushaltestellen platziert. Sowohl Fahrgäste als auch Mitarbeiter können Nominierungen abgeben, ebenso Händler, die die Verkehrsgesellschaft beliefern. In einem Jahr erhielt die Verkehrsgesellschaft beispielsweise 300 Nominierungen und wählte daraus zehn Gewinner. Die Anzahl an Stimmen, die jemand bekommt, wird zwar berücksichtigt, entscheidend ist jedoch die Qualität der Nominierung. »Wenn wir für einen Mitarbeiter nur eine Nominierung haben, dessen Leistung jedoch herausragend ist, so kann der Betreffende durchaus gewinnen.« Ein aus Managern bestehendes Nominierungskomitee wählt die Gewinner aus. Zu den Kriterien zählen: herausragender Kundendienst, vor allem wenn es darum geht, einen Fehler zu korrigieren; bei der Unterstützung eines Kunden Kreativität oder Einfallsreichtum beweisen; und das Entwickeln neuer Wege, um Probleme zu lösen.

Die Art des Preises ändert sich jedes Jahr. Vergeben wurden zum Beispiel Sparbriefe und eine zweitägige Reise nach Atlantic City. Jeder Gewinner erhält außerdem eine Plakette oder einen Pokal. Die Preise werden beim jährlichen Unternehmenstreffen in einem Konferenzzentrum vergeben.

Das Good Samaritan Hospital in Cincinnati hat ein Anerkennungs- und Belohnungsprogramm zur Verbesserung des Kundenservice eingeführt, zu dem monatliche Verlosungen und interne Publicity gehören. Außerdem werden kontinuierliche Trainings durchgeführt, um die Liste der zehn Leistungsstandards, auf denen das Programm basiert, zu fördern. Um zu gewährleisten, dass Ziele, Kriterien und Fortschritt permanent kommuniziert werden, besuchen alle 3.200 Mitarbeiter jeden zweiten Monat ein einstündiges Seminar.

Delta Airlines hat einen »Feder-an-deinem-Hut-Preis« für Kundenservice, der über die reine Pflichterfüllung hinausgeht. So wie der Fall eines Flugbegleiters, der einen Gast von Houston nach Beaumont, Texas, zu einer Beerdigung gefahren hat, als dieser seinen Anschlussflug verpasste.

> Entwickeln Sie eine Lobestafel – ein Whiteboard oder Flipchart – an der sie Lobesbriefe zufriedener Kunden anbringen.
> Wenn die Abrechnungen verteilt werden, schreiben Sie ein paar lobende Worte über die Leistungen eines Mitarbeiters auf den Umschlag.
> Schreiben Sie fünf oder mehr Post-it-Zettel, auf denen Sie dem Betreffenden für seinen oder ihren herausragenden Kundenservice danken, und verstecken Sie die Zettel zwischen den Arbeitsunterlagen auf dem Schreibtisch desjenigen.

Bei den Einzelhandelsgeschäften der Andersons Management Corporation in Maumee, Ohio, bekommen die Filialleiter eine bestimmte Anzahl Silberdollars, die sie verteilen können, wenn sie guten Kundenservice beobachten oder Kommentare darüber hören. Mitarbeiter, die einen Silberdollar bekommen haben, werden in den Silver-Dollar-Club aufgenommen und nehmen an der monatlichen Preisverlosung teil.

Bei der FMC Lithium Division (eine Tochtergesellschaft der FMC Corporation) in Bessemer City, North Carolina, nehmen Manager Mitarbeiter, die sich verdient gemacht haben, mit zu Kunden oder Zulieferern. Das erkennt nicht nur die Leistung des Betreffenden an, sondern schult ihn auch und kräftigt das Verantwortungsgefühl für die Arbeit und die Unternehmensprodukte. Die zusätzlichen Kosten machen sich mehr als bezahlt durch die gesteigerte Motivation und das bessere Verständnis der Geschäftsbeziehungen.

LensCrafters Optikergeschäfte mit Hauptsitz in Mason, Ohio, belohnen herausragenden Kundenservice mit Bonusschecks in Höhe von 100 Dollar. Die neun besten Mitarbeiter bekommen 1.000 Dollar und eine Erinnerung aus Kristallglas.

American Airlines verteilt »Du bist etwas ganz Besonderes«-Zettel an seine Vielflieger. Die Fluggäste können diese für besonders guten Service an das Personal von American Airlines vergeben. Die Mitarbeiter erhalten Guthaben für eigene Flüge und die Kundenkommentare werden im Newsletter des Unternehmens veröffentlicht. Continental Airlines schickte »Pride in Performance«-Urkunden an seine 50.000 Top-Vielflieger und bat sie, diese an besonders hilfsbereite Mitarbeiter auszugeben. Die Mitarbeiter von Continental können die Urkunden gegen Abendessen, Gepäck, Hotelaufenthalte, Flugpässe und andere Waren eintauschen.

»Wir versetzen Berge, um unsere Mitarbeiter und Kunden wissen zu lassen, dass sie uns wichtig sind. Ich bin 4.000 Meilen gereist, um fünf Minuten mit einer Kundin zu verbringen und ihr zu sagen, wie wichtig ihr Geschäft für uns ist. Sich zu kümmern ist ansteckend, und wir bemühen uns, es überall zu verbreiten.«

Harvey MacKay, Firmenchef, Mackay Envelope Corp.

> »Unser Geschäft dreht sich um Technik, ja. Aber es geht auch um Einsatz und Kundenbeziehungen.«
>
> Michael Dell,
> Firmenchef
> und Gründer,
> Dell Computers

Mit ihrem Service-Excellence-Award belohnt die Citibank in New York Mitarbeiter aller Ebenen – außer das Topmanagement –, die herausragenden Kundenservice zeigen. Ein Mitarbeiter wird von seinem oder ihrem Manager nominiert und dann vom Management des Bereichs bewertet. Die Gewinner erhalten in der Regel einen Warengutschein im Wert von bis zu 500 Dollar.

Das Service-Leader-Award-Programm der American Hospital Association in Chicago belohnt Gewinner während des monatlichen Managermeetings mit einem Scheck über 100 Dollar, einem Zertifikat und einer gravierten Tafel. Aus den zwölf Monatsgewinnern wird der Service-Leader des Jahres gewählt. Er oder sie erhält einen Scheck über 100 Dollar und eine gravierte Tafel.

Beim Most-Valuable-Player-Programm (MVP) vom Busch Stadion in St. Louis erhalten zehn zufällig ausgewählte Fans MVP-Karten, die sie an die beiden Mitarbeiter überreichen können, die ihnen besonders freundlich begegnen – in Form »eines Lächelns, eines Willkommensgrußes oder der Art und Weise, wie mit einem Problem oder einer Frage umgegangen wird«, sagt Vicky Hutchison, Managerin für besondere Projekte der Civic Center Corporation. Die Mitarbeiter geben diese Karten an ihre Vorgesetzten weiter. Wenn eine Gruppe von Arbeitern während eines Spiels mindestens 15 der 20 Karten sammelt, wird eine Verlosung durchgeführt und der Gewinner erhält 100 Dollar.

Ein monatlich durchgeführtes Outstanding-Teamworker-Programm ermutigt die Mitarbeiter, Kollegen als All-Stars zu nominieren. Gewinner werden vor einem Spiel bei einer Zeremonie auf dem Spielfeld ausgezeichnet. Sie erhalten eine Anstecknadel, ein Produkt ihrer Wahl aus einem Katalog und es wird ein Brunch zu ihren Ehren veranstaltet.

Bei Park Lane Hotels International mit Sitz in San Francisco werden die Gäste gebeten, Hotelmitarbeiter zu nominieren, die herausragenden Service geboten haben. Das Unternehmen belohnt alle Nominierten mit tragbaren Sony-Geräten und veranstaltet eine Ziehung des Hauptpreises – ein Fernseher. Der Gast, der den Gewinner nominiert hat, erhält zwei kostenlose Übernachtungen in dem Hotel.

MCI mit Sitz in Ashburn, Virginia, verwendet Picknickkörbe von Harry and David in Medford, Oregon, um 50 seiner Kundendienstmitarbeiter zu belohnen. »MCI wollte Mitarbeiter loben, die ein Problem erkannt und sofort etwas dagegen unternommen haben«, erklärt Jon Silver, ein Handelsvertreter für Harry and David. In jeden Korb wird auch ein kurzes Dankschreiben gelegt.

> »Wir führen, indem wir menschlich sind. Wir führen nicht, indem wir korporativ, professionell oder institutionell sind.«
>
> Paul Hawken, Gründer, Smith & Hawken

Das in Indiana ansässige Unternehmen Cellular One hat einen Bonusplan, bei dem Mitarbeiter für jedes Kundenkompliment, das sie erhalten (zumeist auf Karten, die für Kundenkommentare vorgesehen sind) eine Belohnung in Höhe von 10 Dollar bekommen. Jedes Mal, wenn sich ein Kunde beschwert, werden 10 Dollar abgezogen. Die Anzahl der Kundenkomplimente hat sich seit der Einführung dieses Belohnungsprogramms verdreifacht.

Das San Diego Convention and Visitors Bureau vergibt den Titel Taxifahrer des Jahres an denjenigen, der beispielhafte Gastfreundschaft zeigt. Der Gewinner wird beim jährlichen »Cab Driver Day der Stadt« gefeiert. Er erhält 500 Visitenkarten, eine gravierte Tafel fürs Armaturenbrett sowie ein Magnetschild für sein Taxi. Einer der Gewinner, Montag Plank, sagt, dass er die Fahrgäste mit Extras wie Tageszeitungen und Informationen über lokale Sehenswürdigkeiten versorgt. »Ganz egal, was für einen Job du hast, wenn du höflich bist und deine Arbeit gut machst, dann respektieren dich die Leute dafür«, sagt er.

Joan Cawley, Leiterin der Personalabteilung der Advanta Corporation, einem Finanzdienstleister in Horsham, Pennsylvania, beschreibt den GEM-Award (Going the Extra Mile – Sich über die Pflicht hinaus engagieren) für Kundendienstrepräsentanten. Jeden Monat wählen Kollegen und Manager einen Mitarbeiter, dessen Leistung über die reine Pflichterfüllung hinausgeht. Jeder Gewinnername wird auf eine Messingplatte graviert und der Betreffende erhält für einen Monat einen Wanderpokal für seinen Schreibtisch in Form einer Kristalltafel. Von der Preisverleihung auf einem Belegschaftstreffen werden Fotos geschossen und in eine farbenfrohe Collage eingefügt, die die Abteilungswand schmückt. Am Ende jedes Programmjahres kommen die Namen der zwölf Gewinner in einen Hut. Bei dieser Ziehung ist der Hauptpreis eine Kreuzfahrt für zwei Personen.

»Von Anfang an war ich ermächtigt, die Verantwortung zu übernehmen, mit Kunden direkt zusammenzuarbeiten. Das hat beträchtlich zu meiner Arbeitszufriedenheit beigetragen und verglichen mit dem, was mir Kollegen anderer Firmen von ihrer Arbeit erzählen, ist das hier eine Oase.«

Ian Harris,
Actuarial Consultant,
Hewitt Associates

Fallstudie zum Kundendienst

»Wir haben den Traum, das beste Unternehmen zu sein, wenn es um das Schaffen von Wert für Kunden, Mitarbeiter, Aktionäre und die Gemeinschaft geht«, sagt Kent B. Foster, Vorstandsvorsitzender von GTE Telephone Operations (mittlerweile in Besitz von Verizon Communications) mit Hauptsitz in Stamford, Connecticut. Um diesen Traum wahr werden zu lassen, ehrt das President's-Quality-Programm Mitarbeiter in vier Kategorien: Bereich und Region, einzelne Mitarbeiter, Teams und Anbieter.

➤ Die 4 Bereiche und 14 Regionen des Unternehmens wetteifern jedes Jahr um den Quality Champion Cup. Preisempfänger werden mittels einer jährlichen Umfrage direkt durch die Kunden ausgewählt. Die Region, die sich am stärksten verbessert hat, erhält zusätzlich einen Pokal.

➤ Einzelne Mitarbeiter werden auf drei Leistungsebenen belohnt: Die besten zehn Mitarbeiter erhalten 2.500 Dollar sowie einen personalisierten Preis und ein Anerkennungsschreiben vom Bereichsleiter. Die 30 Finalisten erhalten 750 Dollar und einen personalisierten Preis, und die 40 Halbfinalisten bekommen 500 Dollar und einen personalisierten Preis. Der Mitarbeiter, der beispielhaftes Engagement zur Qualitätssteigerung gezeigt hat, wird als Individual Quality Champion ausgezeichnet und erhält ein ganz persönliches Dankschreiben des Firmenchefs.

➤ Teampreise werden an zwei erstplatzierte Gold-Award-Gewinner (einer für externen und einer für internen Kundenservice), zwei zweitplatzierte Silber-Award-Gewinner und zwei Bronze-Award-Gewinner für externes Engament verliehen. Mitglieder aller Gewinnerteams erhalten Bargeld, personalisierte Preise und ein Dankschreiben des Firmenchefs.

> »Die Mitarbeiter gut zu behandeln führt dazu, dass die Kunden gut behandelt werden.«
>
> Todd Englander, Incentive

Mitarbeitervorschläge

Nur 41 Prozent der Mitarbeiter glauben, dass sich ein typisches Unternehmen ihre Vorschläge anhört. Kein Wunder also, dass der amerikanische Arbeiter pro Jahr im Schnitt 1,1 Vorschläge macht. Das ist eine der niedrigsten Raten unter den Industrienationen. Verglichen mit den 167 Vorschlägen pro Mitarbeiter in Japan wird deutlich, wie viel Potenzial an dieser Stelle nicht genutzt wird.

Radio Shack in Fort Worth benutzt einen über einen Meter großen Stoffgorilla, um Initiative und Innovationen zu würdigen. Der Gorilla bleibt bei dem Mitarbeiter, der eine nützliche Idee eingebracht hat, bis er weiterwandert zum nächsten Mitarbeiter mit einer guten Idee. Der Mitarbeiter, der innerhalb eines Quartals die meisten Ideen einbringt, erhält einen Preis.

Während eines Konjunkturtiefs hat Rosenbluth International, eine in Philadelphia ansässige Reiseagentur, ein Programm mit dem Namen »Operation Brainstorm« eingeführt. Im Zuge dessen wurden Mitarbeiter nach Ideen zur Kostenreduzierung gefragt. Mehr als 400 Vorschläge gingen ein und die Firma konnte so drohende Entlassungen verhindern.

Als Vic Anapolle Betriebsleiter beim Chemieunternehmen W. R. Grace in Atlanta war, machte er sich daran, Mitarbeiter zu motivieren, um die Zahl und Qualität ihrer Vorschläge zu steigern. Er verwendete »Starperks«-Rubbellose der Bill Sims Company und konnte so durchschnittlich 12 bis 14 Vorschläge pro Mitarbeiter zu erhalten, die Kosteneinsparungen von 175.000 Dollar pro Jahr mit sich brachten. Jedes Los gab dem Mitarbeiter die Chance, die unterschiedlichsten Preise zu gewinnen. Alle

> »Das grundlegendste Prinzip menschlicher Natur ist das Streben nach Anerkennung.«
>
> William James, Philosoph und Psychologe

Lose (auch die Nieten) kamen anschließend in eine Ziehung, bei der eine Reise gewonnen werden konnte.

Der Scooter Store feiert Mitarbeiter als »Superhelden«, wenn sie mit umsatzfördernden Ideen »zur Rettung herbeigeeilt kamen« oder kostenreduzierende Programme und Verfahren implementieren. Ihnen werden rote Tischdecken umgelegt, die sehr an Supermann-Capes erinnern.

Bei FedEx Kinko's gewinnt jedes Jahr der Mitarbeiter mit dem besten Vorschlag eine All-inclusive-Reise nach Disney World für die gesamte Belegschaft. Während die Mitarbeiter unterwegs sind, springen die Führungskräfte für sie ein.

Die Peavey Electronics Corporation in Meridian, Mississippi, belohnt freie Mitarbeiter für ihre Vorschläge, indem sie ihnen acht Prozent der geschätzten Einsparungen im ersten Jahr, die auf diesen Vorschlägen basieren, auszahlt. Melia Peavy sagt, dass dieses System motivierender sei als das alte System, bei dem sämtliche Vorschläge mit einem pauschalen Betrag honoriert wurden.

Das Office of Human Resources and Administration im U.S. Department of Energy in Washington D. C., veranstaltete einen »Ideentag«, an dem die Mitarbeiter überlegen sollten, wie sie ihre Arbeitsweise verbessern können. Es wurden 2.134 Ideen gesammelt, von denen 68 Prozent umgesetzt wurden.

Beim Kodak's Image Loops and Sundries Department in Rochester, New York, wird die Produktion gestoppt, wenn das Wochenziel erreicht ist, damit die Beschäftigten sich anderen Projekten zuwenden können. Die Mitarbeiter nutzen die Zeit, um Ideen zu entwickeln, was wiederum Verbesserungen und Teamgeist fördert.

> »Wir müssen jeden in das Unternehmen mit einbeziehen. Wenn wir das hinbekommen, werden sich die besten Ideen durchsetzen.«
>
> Jack Welch, ehemaliger Chairman, General Electric

Deere & Company in Dubuque, Iowa, verdoppelte die Beteiligung der Mitarbeiter an einem Mitarbeitervorschlagsprogramm, indem sie alle Teilnehmer mit Kugelschreiberetuis, Magnetkalendern und Notizblöcken mit dem Slogan: »Du hast eine Idee? Schreib sie auf!«, ausstattete. Mitarbeiter, deren Vorschläge übernommen wurden, erhielten Belohnungen.

Urban Bianchi, ein Maschinenschlosser bei der Parker Hannifin Corporation in Cleveland, hat mehr als 800 kostenreduzierende Ideen eingereicht, die seine Vorgesetzten für gut befanden – so viele, dass die Los Angeles Times ihn zum »unbestrittenen König des Vorschlagswesens« ernannte. Das Unternehmen hat sich bei ihm innerhalb von vier Jahren mit einer Flut von Geschenken, darunter Mikrowellengeräte, Gutscheine für Abendessen, Werkzeuge und Ähnliches, im Gesamtwert von 17.000 Dollar bedankt. »Ich habe so viele Sachen bekommen, das ist unglaublich«, sagt Bianchi. Er sagt, dass es ihn zwar vor allem motiviert, seine Arbeit gut zu machen, dass es aber dennoch ein tolles Gefühl sei, seine Schätze mit Familienangehörigen zu teilen. »Sie haben sich gefreut, als ich ihnen ein Radio überreichte«, erzählt er. »Es hat ihnen mehr bedeutet, dass ich dieses Radio als Belohnung für gute Arbeit erhalten hatte, als wenn ich es in einem Geschäft gekauft hätte.«

Ben & Jerry's gewährt Abteilungen in der Firmenzentrale Zuschüsse, wenn diese mit kreativen Vorschlägen aufwarten. Diese können genutzt werden, um Waren wie Popcorn- oder Kakaoautomaten zu kaufen.

Bei Stew Leonard's belohnt ein Vorschlagsprogramm die Ideen von Mitarbeitern mit Warengutscheinen in Höhe von bis zu 500 Dollar. Die alle zwei Monate erscheinende Unternehmenszeitschrift stellt die übernommenen Ideen vor.

> »Unternehmen brauchen keine Managementstars oder -helden, um zu florieren. Was sie jedoch unbedingt brauchen, ist ein effizientes System, um Ideen der Menschen, die die Arbeit verrichten, zu erhalten und zu implementieren.«
>
> Martin Edelston,
> CEO, Boardroom, Inc.

Zwei Bezirksangestellte in San Diego wurden für ihre Vorschläge mit jeweils 10.000 Dollar belohnt, weil sie der Bezirksverwaltung mehr als 1,1 Millionen Dollar einsparten. Ken Buccellato und Renee Sherill erhielten die Boni durch das Do-It-Better-By-Suggestion-Programm (Mach's besser durch Vorschläge), welches Mitarbeiter für geldeinsparende Ideen belohnt, die die Sicherheit erhöhen oder die Effizienz steigern.

Zahl der Mitarbeitervorschläge erhöhen

- Für die meisten Mitarbeiter ist es Belohnung genug, wenn ihre Vorschläge angenommen werden.
- Wenn ein Mitarbeiter eine Idee oder einen Vorschlag einbringt, sollten Sie ihm oder ihr für das Engagement und die Initiative danken.
- Stellen Sie sicher, dass Sie auf Vorschläge reagieren und so viele wie möglich davon aufgreifen.
- Tun Sie überall kund, welche Vorschläge umgesetzt wurden, begleitend von einer Beschreibung der positiven Auswirkung auf das Unternehmen.

Fallstudie zu Mitarbeitervorschlägen

Boardroom Inc., ein Verlag für Zeitschriften und Bücher in Stamford, Connecticut, erwartet von jedem Mitarbeiter – von der Rezeptionistin bis zum Vorstand – jede Woche mindestens zwei Verbesserungsvorschläge. Durch das Programm »Ich-Power« wurde eine fünffache Umsatzsteigerung erzielt sowie ein unschätzbarer Nutzen für Moral, Energie und die Verweildauer der Mitarbeiter generiert. Die Vorschläge werden jede Woche von einem freiwilligen Mitarbeiter begutachtet und gehen in der Regel mit dem Vermerk an den Einreichenden zurück: »Das ist eine tolle Idee!« Was so viel heißt wie »Nur zu, setz die Idee um.«

Martin Edelston, Chairman und CEO von Boardroom, drückt es so aus: »Manchmal resultiert die beste Idee aus der jüngsten, gerade erst gemachten Erfahrung eines Mitarbeiters.« So hat zum Beispiel eine Aushilfskraft im Versand vorgeschlagen, die Größe eines der Bücher zu reduzieren, um dadurch unter der Portogrenze zu bleiben. Boardroom griff den Vorschlag auf und das Unternehmen spart dadurch jedes Jahr eine halbe Million Dollar. Martin erzählt: »Ich habe über zwanzig Jahre lang den Versand geleitet und mir ist nie aufgefallen, dass es diese Grenze gibt. Aber derjenige, der vor Ort die Arbeit erledigte, der wusste es, und er wusste auch, wie man die Situation verbessern kann. So ist es bei den meisten Mitarbeitern.«

Im ersten Jahr des »Ich-Power«-Programms beschränkten sich die Vorschläge auf den Job des jeweiligen Mitarbeiters, bis diese erkannten, dass es bei diesen Vorschlägen weniger darum geht, sich zu beschweren, als vielmehr darum, wie etwas verbessert werden kann. Das Unternehmen veranstaltet immer noch Meetings für Brainstorming und den Austausch von Ideen zu besonderen Themen und Funktionen.

Der Nutzen dieser Vorschläge beschränkt sich nicht auf Kosteneinsparungen. Antoinette Baugh, Personalleiterin, erklärt: »Die Menschen arbeiten gerne hier, weil sie wissen, dass sie ein Teil des Systems sein und ihren Beitrag leisten können.« Lisa Castonguay, Managerin Abo-Verlängerung und Rechnungsstellung fügt hinzu: »In der ersten Wochen hier war ich sprachlos, dass alle lächeln und so aufgeschlossen sind.« An ihrem ersten Arbeitstag wurde sie mit in ein Gruppenmeeting genommen und innerhalb der ersten halben Stunde gefragt: »Was denken Sie, wie wir das Problem lösen können?« Lisa wäre beinahe in Ohnmacht gefallen, den sie hatte acht Jahre lang in einem Unternehmen gearbeitet, in dem sie nie jemand nach ihrer Meinung gefragt hatte. Nachdem sie sich von der Überraschung erholt hatte, fühlte es sich gut an, dass ihre Ideen gefragt waren und von den Kollegen und Vorgesetzten geschätzt wurden. Daraufhin fiel es ihr leicht, über zusätzliche Möglichkeiten nachzudenken, wie man etwas zum Erfolg des Unternehmens beitragen kann.

Die Wirkung ist positiv und ansteckend. »Die Mitarbeiter wurden zu Agenten ihrer eigenen Veränderung«, sagt Martin. »In uns allen steckt so viel und wir wissen es oft nicht einmal, bis uns jemand danach fragt. Und währenddessen wächst und wächst es.« Brian Kurtz, stellvertretender Marketingleiter, fügt hinzu: »Es ist ein ständiger Kommunikationsfluss. Die Menschen sitzen nicht abgeschirmt voneinander an ihren Arbeitsplätzen.«

In San Diego entwickelten 71 Bezirksangestellte Ideen, die Einsparungen in Höhe von 400.000 Dollar generierten. Sie wurden dafür am Ende des Jahres mit einer Feier geehrt und erhielten Bargeldbelohnungen zwischen 25 und fast 5.000 Dollar.

> »Manager müssen die Bedeutung jedes Vorschlags erkennen. Versuchen Sie bei jedem Vorschlag herauszufinden, was daran wertvoll ist. Jeder Vorschlag und die Reaktion darauf können vertrauensbildend sein.«
> Shoichiro Toyodo, Vorstandsvorsitzender, Toyota Motor Co.

Innerhalb von drei Monaten inspirierte das American-Achievers-Programm von American Airlines fast 3.500 siebenköpfige Teams zur Entwickelung von mehr als 1.600 Ideen, die aufgegriffen wurden. Das führte zu Einsparungen oder umsatzsteigernden Verbesserungen in Höhe von mehr als 20 Millionen Dollar. Die Mitarbeiter bekamen dafür Warenpreise in Höhe von 4,7 Millionen Dollar. Jeder Preis basierte auf dem Bargeldwert der aufgegriffenen Idee. Wichtiger noch war, dass die Mitarbeiter die Neuerungen voll und ganz unterstützten, weil sie von ihnen entworfen waren. Dieser Erfolg hat zu einem dauerhaften System, genannt AAchievers, geführt, bei dem Punkte für Waren als sofortige Belohnung für die gute Arbeit von Einzelpersonen oder Gruppen gutgeschrieben werden.

Der Schwerpunkt des American-Achievers-Programms wurde seither erweitert, um Mitarbeiter für besondere Leistungen oder dauerhaft gute Arbeit zu belohnen. Manager, Teamleiter und andere Führungskräfte können jederzeit Achiever-Punkte an jeden Mitarbeiter vergeben. So können zum Beispiel Punkte für geringe Fehlzeiten während eines harten Winters oder die Unterstützung eines Passagiers bei einem Notfall vergeben werden. Sie werden mittels Zertifikaten ausgegeben, die gegen Reisegewinne oder Waren aus einem Katalog eingetauscht werden, der extra für das Programm erstellt wurde.

»Jeder zählt« ist ein Programm bei Black & Decker mit Hauptsitz in Towson, Maryland, bei dem Teams zusammenkommen, um Brainstormings abzuhalten und Ideen für Trainings, Kommunikation, Verwaltung und Belohnungen zu entwickeln. Mitarbeiter unterschiedlicher Abteilungen werden in 39-köpfigen Teams zusammengefasst. Zwei Bewertungskomitees erhalten die Ideen und beurteilen deren Wert. Die Bewertungskomitees verweisen bei ihren Präsentationen auch auf das Führungspotenzial mancher Mitarbeiter. Insgesamt wurden 200 Ideen weitergegeben und 59 aufgegriffen. Eine davon führte zu Einsparungen in Höhe von 700.000 Dollar. Bei den zwölf bereits umgesetzten Ideen geht es hauptsächlich um verbesserte Arbeitsabläufe, die Kostenreduzierungen nach sich ziehen. Bei der 700.000-Dollar-Idee ging es um den Austausch eines neuen Materials bei einer der Produktlinien. Das Programm hat auch zu einer Verbesserung der Kommunikation in der Unternehmenshierarchie geführt.

Das pharmazeutische Unternehmen Cyanamid Canada hat eine »Schlüssel zur Innovation«-Kampagne, die Mitarbeiter ermutigt, Ideen beizutragen und zu »Regelmäßigen Innovatoren« zu werden. Für produktivitätssteigernde Ideen erhalten Mitarbeiter 40 bis 1.000 Punkte, die gegen Waren wie Glasgeschirr, Radios, Fernseher und Wochenendreisen für zwei aus einem Belohnungskatalog eingetauscht werden können.

Bei Eastman Kodak in Rochester, New York, erhält ein Mitarbeiter, dessen Vorschlag aufgegriffen wird, 15 Prozent der Einsparungen, die innerhalb der ersten zwei Jahre damit erzielt werden. Wenn ein Vorschlag zu einem neuen Produkt führt, erhält er oder sie 3 Prozent der Verkaufseinnahmen des ersten Jahres. Kodak hat an mehr als 30.000 Mitarbeiter Belohnungen vergeben – im Schnitt jedes Jahr 3 Millionen Dollar.

> »Eines der Sprungbretter zu einem Weltklassebetrieb ist das Anzapfen der Kreativität und intellektuellen Stärke jedes einzelnen Mitarbeiters.«
>
> Harold A. Poling, ehemaliger Chairman und CEO, Ford Motor Company

Fel-Pro, ein Hersteller von Dichtungen mit Sitz in Southfield, Michigan, veranstaltet jedes Jahr eine Verlosung über 1.000 Dollar für alle Mitarbeiter, die am Vorschlagsprogramm des Unternehmens teilgenommen haben.

Bei Levi Strauss & Company mit Sitz in San Francisco nominieren die Mitarbeiter sich gegenseitig für den Koshland Award des Unternehmens, der für das Ergreifen von Initiative, das Eingehen von Risiken, das Generieren kostensparender Maßnahmen, das Entwickeln kreativer Ideen zum Vermarkten von Produkten auf der Einzelhandelsstufe vergeben wird – für alles, was dem Unternehmen Wettbewerbsvorteile verschafft. Die Gewinner erhalten bei einer jährlichen Verleihungsfeier eine Gedenktafel und Bargeld.

Fallstudie zur Anerkennung von Mitarbeitervorschlägen

Das Vorschlagsprogramm von IBM belohnt kostensparende Ideen oder Vorschläge mit Vorteilen wie verbesserte Gesundheit, Sicherheit oder Kundendienst mit 50 bis 150.000 Dollar. Die Höhe der Belohnung für eine Idee, die zu messbaren Einsparungen führt, basiert auf 25 Prozent der Nettoeinsparungen bei Material- und Arbeitskosten im ersten Jahr. Bei Belohnungen über 200 Dollar erhält der Vorschlagende außerdem 25 Prozent der prognostizierten Nettoersparnisse im zweiten Jahr – bis zu 150.000 Dollar. Belohnungen für Vorschläge, die immateriellen Nutzen generieren, richten sich nach Faktoren wie der Schwere des Problems sowie der Kreativität und Effizienz der Lösung. Diese Belohnungen bewegen sich normalerweise zwischen 50 und 100 Dollar, allerdings ist auch hier ein Maximum von 150.000 Dollar möglich.

»Wir glauben, dass die meisten Menschen über Fähigkeiten verfügen, nach denen sie bei der Ausübung ihres Jobs nie gefragt werden.«
Auszug aus einem Dokument über Unternehmensphilosophie von Hewitt Associates

»Wenn die Arbeiter die Manager nicht informieren können – und die Manager nicht daraus lernen und reagieren können – haben die Erkenntnisse der Arbeiter keine Glaubwürdigkeit. Ihre Vorstellung von einer Partnerschaft mit dem Management wird zu leerem Geschwätz.«
Dr. Mitchell Rabkin, Vorstandsvorsitzender, Beth Israel Hospital

Das Programm steht allen Mitarbeitern zur Teilnahme offen. In einem Jahr hat IBM acht Belohnungen in Höhe von 150.000 Dollar vergeben, ausgesucht aus 153.000 Ideen, die von den 223.000 Mitarbeitern in den USA eingereicht wurden.

Weitere Programme sind unter anderem:

➤ *Invention Achievement Award Plan:* Mit diesem Preis wird eine Erfolgsbilanz an Erfindungen belohnt. Die erste Patentanmeldung, die ein Mitarbeiter innerhalb dieses Programms einreicht, bringt 1.500 Dollar. Mitarbeiter erhalten Punkte für Patentanmeldungen und andere, sich qualifizierende Erfindungen, die veröffentlicht werden. Nach jeweils 12 Punkten bekommt der Mitarbeiter ein Zertifikat und 3.600 Dollar. Nach den ersten 12 Punkten gibt es auch Schmuck.

➤ *IBM Division Award Plan:* Dieser Preis belohnt Leistungen, die für das Unternehmen im Sinne von Kosteneinsparungen und der Auswirkung auf die zentrale Aufgabe einer Abteilung »herausragenden Wert« besitzen. Die Belohnungen liegen zwischen 1.500 Dollar und 25.000 Dollar.

Bei der 10.000 Mitarbeiter starken Fabrik von Honda of America in Marysville erhalten die Mitarbeiter für jeden aufgegriffenen Vorschlag 100 Dollar sowie 1 bis 12 VIP-Punkte. Wenn sie den Vorschlag einem Qualitätszirkel vorstellen, erhalten sie 50 Punkte zusätzlich. Für 300 gesammelte Punkte gibt es eine Gedenktafel; für 1.000 Punkte 800 Dollar. Höherwertige Preise sind ein Honda Civic für 2.500 Punkte sowie ein Honda Accord, zwei Wochen Extraurlaub und ein Monatsgehalt für 5.000 Punkte. Das Unternehmen erhielt in einem Jahr mehr als 10.000 Vorschläge, die zu Einsparungen in Höhe von 5 Millionen Dollar führten.

> »Wenn Manager die Mitarbeiter auffordern, ihre Kreativität und ihr Engagement einzubringen und offenkundige Risiken einzugehen, indem sie zum Beispiel arbeitssparende Maßnahmen vorschlagen, dann sollten diese Mitarbeiter an dem daraus resultierenden Profit großzügig beteiligt werden.«
>
> Tom Peters, Autor und Managementberater

Produktivität & Qualität

In Amerika wird derzeit von Belohnungen zur Produktivitäts- und Qualitätssteigerung leider nur unzureichend Gebrauch gemacht. Gemäß einer Studie glauben nur 40 Prozent der Beschäftigten, dass das typische amerikanische Unternehmen sinnvolle Anreize bietet, um Qualität und Produktivität zu maximieren. In Japan dagegen glauben 93 Prozent der Beschäftigten, dass sie davon profitieren.

Lassen Sie uns einen Blick auf entmutigende Statistiken hinsichtlich des amerikanischen Arbeitsplatzes werfen:

▸ 93 Prozent der Beschäftigten sagen, dass amerikanische Produkte besser mit japanischen Produkten konkurrieren könnten, wenn das amerikanische Management die Arbeiter in die kontinuierlichen Bemühungen zur Qualitätssteigerung einbeziehen würde.

▸ 89 Prozent der amerikanischen Beschäftigten glauben, dass ihre Unternehmen besser performen würden, wenn die Mitarbeiter sinnvolle Anreize erhielten, um Qualität und Produktivität zu steigern.

▸ 81 Prozent der Beschäftigten glauben, dass sie für eine Produktivitätssteigerung keinerlei Belohnungen erhalten würden.

▸ 60 Prozent der Manager glauben, dass ihre Vergütung nicht steigen würde, wenn ihre Leistung zunähme.

> »Was der amerikanische Arbeiter uns sagt, ist, dass die Lösung für die Steigerung von Produktivität und Motivation im eigenen Unternehmen zu finden ist, und dass Mitarbeitern auf allen Ebenen der Organisation sinnvolle Belohnungen geboten werden müssen.«
>
> Patrick Delaney, Vorstandsvorsitzender, Society of Incentive Travel Executives (SITE)

Bei der Worzalla Publishing Company in Stevens Point, Wisconsin, hat die Abteilung für Quality Services in fünf Jahren hintereinander ihr Ziel von 99,85 Prozent Präzision bei der Erfüllung von Kundenwünschen übertroffen. Bill Downs, Leiter Qualität und kontinuierliche Verbesserung, wollte das feiern, hatte jedoch nur ein Budget von 20 Dollar pro Person zur Verfügung. Also ging er mit der Abteilung Mittagessen, überreichte jedem Teammitglied eine Anerkennungsurkunde sowie einen Gutschein für eine Filmausleihe und eine Pizza. Die Gruppe genoss das Mittagessen und die Gutscheine, schien sich aber am meisten über die Urkunden zu freuen. Diese wurden in den Büros aufgehängt und die Mitarbeiter liebten es, jedem, der bereit war, zuzuhören, davon zu erzählen, wofür sie diese bekommen hatten.

Als Jennifer Wallick Leiterin Softwareentwicklung bei Four Pi Systems war, einem Entwickler von wissenschaftlichen Apparaten und Instrumenten in San Diego (mittlerweile zu Hewlett Packard gehörend), stellte sie fest, dass die Programmierer ungern Fehler zur Sprache brachten. Um die Mitarbeiter davor zu bewahren, frustriert zu sein, wenn sie in einem neuen Softwareprodukt einen Fehler fanden, startete sie ein Programm namens: »Finde den Fehler, gewinne einen Preis.« Jeder, der in einem neuen Softwareprodukt einen Fehler entdeckte, wurde mit einem Schokoriegel belohnt. Jennifer erzählt: »Das hat die Haltung der Mitarbeiter wirklich verändert. Außerdem hat es die Qualität der Software verbessert, weil Fehler frühzeitiger angesprochen und beseitigt werden.«

Bei Ryder System Lkw-Vermietung und -Leasing mit Sitz in Miami werden die Mitarbeiter in Qualitätsumsetzungsteams (Arbeitsgruppen, die zum Entwickeln von Vorschlägen zur Qualitätsverbesserung gebildet werden) mit materiellen Anreizen zuzüglich traditionelleren Anerkennungsformen bestärkt. Jerry Riordan, Vice President für Qualität, sagt: »Wir versuchen, den Mitarbeitern vonseiten der Entscheidungsträger eine schnelle Reaktion zukommen zu lassen sowie eine rasche Implementierung aufgegriffener Ideen zu gewährleisten.

Der Anreiz liegt in dem Vergnügen, Veränderungen zu bewirken.« Das Unternehmen verwirklicht einen kontinuierlichen Verbesserungsprozess, bei dem Wert darauf gelegt wird, innerhalb von zehn Tagen auf Ideen zu reagieren sowie formale Formen von Anerkennung und Belohnungsverfahren zu pflegen.

Bob Vassallo, Manager Mitarbeiterbeziehungen bei der Thomas J. Lipton Company, einem Nahrungsmittelproduzenten in Englewood Cliffs, New Jersey, berichtet, dass es einen Tag der offenen Verkaufsautomaten gibt, an dem die Mitarbeiter sich kostenlos an den Verkaufsautomaten in der Cafeteria bedienen dürfen, wenn bestimmte Ziele erreicht wurden, zum Beispiel hinsichtlich Produktivität, Qualität und Sicherheit.

Mitarbeiter, die nicht auf Provisionsbasis bezahlt werden und beim Portland Business Journal in Portland, Oregon, einen Leistungshöhepunkt erreicht haben, werden monatlich gewürdigt. Spezielle Ansagen in den Telefonanlagen nennen ihre Namen sowie die Höhe der Verkaufsergebnisse, die Auftragssteigerung sowie die Höhe der Bargeldboni.

Bei 3M in St. Paul verleihen Manager den »Golden Step Award«, inspiriert vom geflügelten Schuh des griechischen Gottes Hermes. Den Preis erhalten Mitarbeiter, die einen neuen Geschäftsbereich profitabel machen, ein neues Produkt oder einen neuen Service initiieren oder eine neue Marktnische schaffen. Diese kitschigen, goldfarbenen Plastikschuhe sind bei den Mitarbeitern sehr begehrt.

NCO Financial Systems in Horsham, Pennsylvania, führte ein Bonussystem für Mitarbeiter ein, die Daten erfassen, und ermutigte sie, als Team zu arbeiten, um Rückstände abzuarbeiten. Jeder Mitarbeiter erhielt für jeden Tag ohne Arbeitsüberhang einen Punkt. Monatlich wurden für die gesammelten Punkte Preise im

> »Diejenigen, die auf der Arbeit Lob empfangen und vergeben, steigern die Produktivität.«
> Erkenntnisse der Gallup Organization

> »Ich dachte, wenn ich die Leute begeistern und dazu bringen könnte, gerne zur Arbeit zu kommen, was für ein Sieg das wäre! Das ist das ganze Geheimnis der Produktivitätssteigerung. Ich habe gesehen, wie sie Dinge bewegten und erreichten, die sie selbst nie für möglich gehalten haben. Ich sah die tagtägliche Zufriedenheit.«
> Jack Stack, CEO, SRC Corp.

Wert von bis zu 250 Euro vergeben. Wer keinen der Preise ergattern konnte, nahm noch an einer Verlosung von 100 Dollar teil. Mit diesem System ist die Produktivität um 25 Prozent gestiegen, ohne dass Qualitätseinbußen zu verzeichnen wären.

Bei Motorola in Schaumburg, Illinois, gibt es Belohnungsfrühstücke. Dabei werden Arbeiter in der Produktion, die bestimmte Qualitätsziele erfüllt haben, von Topmanagern lobend hervorgehoben.

Mit dem Outstanding Teller Service Award versucht die First-Knox National Bank in Mt. Vernon, Ohio, die Preise für Produktivität und Kundenservice an messbare Ziele zu koppeln. Bei dem Programm wird aus jeder Filiale ein herausragender Kassierer gewählt. Zu 33 Prozent basiert das auf der Wahl durch Kollegen, 34 Prozent Kundenzufriedenheit (auf den Kontoauszügen sind Wahlkarten), 11 Prozent Kontenabschlüsse, 11 Prozent für die Zahl der durchgeführten Transaktionen und 11 Prozent Bewertung durch Vorgesetzte.

> »Ich halte es für unmöglich, ein qualitativ hochwertiges Produkt herzustellen, ohne eine qualitativ hochwertige Arbeitsumgebung zu haben. Alles ist miteinander verbunden – Qualitätsprodukt, qualitativ hochwertiger Kundenservice sowie Arbeitsplatz und Lebensqualität für ihre Mitarbeiter.
>
> Yvon Chouinard, CEO, Patagonia

Fallstudie zur Qualitätsverbesserung

Die Tennant Company, ein Hersteller von industriellen Bodenreinigungsgeräten für den Innen- und Außenbereich mit Sitz in Minneapolis schob die Qualitätsverbesserung an, indem sie zuerst das Ziel definierte, »Mitarbeiter anzuerkennen, die in der Organisation herausragende Qualität erreichen«. Weil die Menschen auf unterschiedliche Belohnungsarten ansprechen, wurde ein dreidimensionales Programm entwickelt.

Zum einen gibt es das formale Belohnungsprogramm, bei dem die gewürdigten Mitarbeiter (jedes Jahr bis zu zwei Prozent der Belegschaft) bei einem Bankett einen 10-karätigen Goldring mit Diamant sowie eine Erinnerungstafel erhalten. Das kollegenorientierte Programm gibt drei Regeln vor, nach denen die Preisträger ausgewählt werden.

1. Die vom Unternehmen festgelegten Kriterien zur Auswahl von Anerkennungsempfängern stehen auf den Nominierungsformularen.
2. Jeder Mitarbeiter kann jeden nominieren, abgesehen von seinem oder ihrem direkten Vorgesetzten.
3. Anerkennungsempfänger werden von einem Mitarbeiterkomitee ausgewählt, das aus Mitarbeitern unterschiedlicher Hierarchieebenen besteht, die zudem aus unterschiedlichen Abteilungen stammen.

Zweitens wurde aufgrund eines Bedarfs seitens der Mitarbeiter zusätzlich eine formalere Anerkennung geschaffen, die häufiger verliehen werden konnte. Die Gewinner des Koala T. Bear (ein Wortspiel mit Quality) bekommen Besuch von jemandem im Bärenkostüm und einem Anerkennungskomitee. Die Empfänger erhalten einen Stoffkoala und ein Zertifikat über seine oder ihre Leistungen. Der Nominierungsprozess ist weniger streng reglementiert und die Preise werden monatlich verliehen.

Drittens gibt es ein informelles Belohnungsprogramm, das darauf ausgelegt ist, Mitarbeiter zu würdigen, die besondere Ziele erreicht haben. Dieses Programm ist flexibel und kann auf die Bedürfnisse und Vorlieben Einzelner oder Gruppen zugeschnitten werden. Informelle Anerkennung wird unmittelbar von Managern oder anderen Vorgesetzten bei Mitarbeitern eingesetzt, die etwas besonders gut machen.

In vielen Unternehmen würde jede dieser Vorgehensweisen schon als komplettes Programm betrachtet. Bei Tennant jedoch ist man überzeugt, dass alle drei vorhanden sein müssen, um die Motivation und Leistung der Mitarbeiter zu maximieren. Laut der ehemaligen Personalleiterin Rita Maehling »ist das wie bei einem dreibeinigen Stuhl, jedes Bein spielt eine entscheidende Rolle. Nimm ein Bein weg und der Stuhl kippt um.«

»Ich bin fest davon überzeugt, dass es dem Unternehmen erstaunliche Resultate einbringen kann, die Menschen zu loben, die die Arbeit verrichten. Wenn die Mitarbeiter wissen, dass sich das Unternehmen ehrlich darum bemüht, die Fähigkeiten seiner Mitarbeiter zu verbessern, ihnen Möglichkeiten zur Weiterentwicklung und einen sicheren Arbeitsplatz bietet, können die Mitarbeiter Dinge bewirken, die Sie umhauen werden.«

Sidney Harman,
CEO, Harmon International Industries, Inc.

Fallstudie zur Leistungssteigerung

Als Lou Gerstner Vorstandsvorsitzender von Travel Related Services (TRS) bei der in New York ansässigen American Express (AMEX) wurde, stand der Bereich vor seiner größten Herausforderung in der 130-jährigen AMEX-Geschichte. Hunderte von Banken planten die Einführung von Kreditkarten über Visa und Mastercard, die dann eine echte Konkurrenz für die American-Express-Karte darstellen würden. Und mehr als zwei Dutzend Finanzdienstleister wollten in den Markt der Reiseschecks einsteigen.

Innerhalb einer Woche nach seiner Ernennung brachte Gerstner die Leute zusammen, die das Kartengeschäft leiteten, und stellte sämtliche Prinzipien, nach denen sie das Geschäft führten, infrage. Er zog insbesondere zwei Überzeugungen in Zweifel: dass ein Bereich nur ein Produkt haben sollte, die Green Card, und dass dieses Produkt hinsichtlich Wachstum und Innovation eingeschränkt sei.

Gerstner ging zudem schnell dazu über, eine Unternehmenskultur aufzubauen, Mitarbeiter einzustellen und zu trainieren, die darin aufblühten, und ihnen die umfassende Ausrichtung des Unternehmens klar zu vermitteln. Er und andere Topmanager belohnten kluges Eingehen von Risiken. Um unternehmerische Initiative zu vereinfachen, wurde versucht, unnötige Bürokratie abzubauen. Zudem wurden die Einstellungsstandards erhöht und das TRS-Graduate-Management-Programm eingeführt, das jungen High Potentials spezielle Trainings, ein erweitertes Spektrum an Erfahrungen sowie deutlich mehr Umgang mit Kräften aus dem Topmanagement bot. Um die Risikobereitschaft aller TRS-Mitarbeiter zu fördern, führte Gerstner das Great-Performers-Programm ein (ähnlich dem bereits beschriebenen Programm bei Honeywell), um herausragenden Kundenservice zu belohnen, der einen zentralen Grundsatz der Unternehmensphilosophie darstellte. Beim Great-Performers-Programm wurden lebensgroße Plakate der Menschen mit ihren besonderen Leistungen überall in den Räumlichkeiten aufgehängt und blieben dort viele Wochen. Dann begann das Unternehmen, Mitarbeiter von American Express auf Plakaten zu porträtieren, jeweils mit einem Kommentar über die besondere

> »Die Art und Weise, wie Manager ihre Mitarbeiter behandeln, ist unterschwellig beeinflusst von ihrer Erwartungshaltung. Wenn die Erwartungen eines Managers sehr hoch sind, wird die Produktivität vermutlich hervorragend sein. Wenn seine Erwartungen jedoch niedrig sind, fällt die Leistung wahrscheinlich entsprechend schwach aus. Als gäbe es ein ungeschriebenes Gesetz, das die Leistung von Mitarbeitern mit den Erwartungen des Managers steigen oder fallen lässt.«
>
> J. Sterling Livingston, Harvard Business Review

Leistung des Betreffenden versehen. Im Anschluss konnte der Mitarbeiter sein Poster mit nach Hause nehmen.

Nominierungen werden von Kollegen, Vorgesetzten und Kunden abgegeben. Preisgewinner qualifizieren sich für den Grand Award, der von einem globalen Führungskomitee vergeben wird. Es gibt keine Beschränkung, wie viele Leute gewinnen können. Vor nicht allzu langer Zeit haben in einem Jahr 38 Mitarbeiter den Preis bekommen. Zu den Preisen des Grand Award zählen eine Reise für zwei Personen nach New York (inklusive aller Kosten), American Express Traveler's Schecks in Höhe von 4.000 Dollar, eine GP-Anstecknadel aus Platin und ein gerahmtes Zertifikat.

Diese Initiativen führten rasch zu neuen Märkten, Produkten und Dienstleistungen. Das wiederum zog innerhalb von elf Jahren eine 500-prozentige Steigerung des Nettogewinns von TRS nach sich – oder anders ausgedrückt eine durchschnittliche jährliche Wachstumsrate von 18 Prozent. Mit einer Kapitalrendite von 28 Prozent übertraf das Unternehmen viele der sogenannten Hightech-Wachstumsunternehmen ebenso wie die meisten langsam wachsenden, aber hoch profitablen Firmen.

Die Manager bei Katzinger's Deli in Columbus, Ohio, machten einen Deal mit den Mitarbeitern: Wenn sie die Kosten für Lebensmittel reduzierten, würde das Unternehmen die Einsparungen mit ihnen teilen. Am Ende wurde 30.000 Dollar gespart, von denen die Mitarbeiter 15.000 unter sich aufteilen konnten.

> »Eine Arbeitskraft, die nicht einbezogen und gelobt wird, kann niemals qualitätsbewusst, effizient oder innovativ werden.«
>
> Aaron Sugarman,
> *Incentive*

Anwesenheit & Sicherheit

In vielerlei Hinsicht ist für ein Unternehmen nichts wichtiger als Anwesenheit und Sicherheit am Arbeitsplatz, vor allem in Produktionsunternehmen. Wirksame Anreize zu bieten, damit die Mitarbeiter pünktlich zur Arbeit kommen und möglichst wenig Fehltage haben, sowie wirksame Anreize, die gewährleisten, dass es den Mitarbeitern gut geht und möglichst wenig Unfälle passieren, ist für den Erfolg vieler Unternehmen unerlässlich.

Bei McDonald's in St. Louis dürfen sich die Mitarbeiter mit den besten Anwesenheitsquoten als Erste die Dienstzeiten aussuchen. Das fördert die Anwesenheit und da viele Mitarbeiter Studenten sind, ermöglicht es eine bessere Abstimmung zwischen Arbeitszeit und Vorlesungen. Leone Ackerly, Inhaber der Mini Maid Service Company in Marietta, Georgia, zahlt den Mitarbeitern einen Anwesenheitsbonus für jeden Abrechnungszeitraum, wenn sie jeden Tag und in Uniform zur Arbeit erschienen sind. General Electric mit Hauptsitz in Fairfield zahlt einen Bargeldbonus für jeweils sechs Monate ohne Fehlzeiten. Die Atlantic Envelope Coompany in Atlanta bezahlt den Mitarbeitern zwei Arbeitsstunden mehr für einen Monat ohne Fehlzeiten.

> »Es ist nicht gut, zu sagen, du könntest es dir nicht leisten, dich um deine Mitarbeiter zu kümmern. Du kannst es dir nicht leisten, es nicht zu tun.«
>
> Julian Richter,
> Gründer,
> Richer Sounds

Das Rush-Copley Memorial Hospital in Aurora, Illinois, belohnte 128 Mitarbeiter mit einem Mittagsbuffet, einem Leistungszertifikat und einem Kaffeebecher aus Keramik mit der Aufschrift »Perfekte Anwesenheit« und der Jahreszahl. Der Mitarbeiter mit der längsten Anwesenheit ohne Fehlzeiten erhielt zusätzlich ein Geschenkzertifikat.

Die Della Corporation in Pella, Iowa, belohnt Mitarbeiter, die ein Jahr lang keine Fehlzeiten hatten, mit einem Sparbrief in Höhe von 100 Dollar und setzt eine Kaffeestunde mit dem Topmanagement an. Das Unternehmen, das Fenster verkauft, organisierte

> »Was mich daran am glücklichsten macht, morgens aufzustehen und zur Arbeit zu gehen, ist die Tatsache, dass mir meine Arbeit gefällt und ich meine Freiheiten habe. Du hast die Freiheit, deinen Job zu erledigen, dich bei denen Vorgesetzten zu beschweren oder etwas vorzuschlagen, und sie hören dir zu. Das macht die Arbeit wesentlich angenehmer, als wenn du einen Job hättest, bei dem du ständig alles in dich hineinfressen musst.«
>
> Jerry Forsythe,
> Senior Operator,
> Chaparral Steel

für sieben Mitarbeiter, die 25 Jahre lang zuverlässig anwesend waren, sogar einen Empfang beim Gouverneur von Iowa.

Beim Instant-Win-Giveaway-Programm von Todays Staffing mit Sitz in Dallas erhalten Mitarbeiter, die nur vorübergehend bei dem Unternehmen beschäftigt sind und während der vergangenen sechs Monate nicht gefehlt haben, eine Karte mit einem Rubbellos. Darunter verbirgt sich ein Preis wie etwa eine Diamantarmbanduhr, Bargeld in Höhe von 50 oder 100 Dollar, Taschenrechner oder sechs Monate lang kostenlose Ferngespräche.

Um sich bei Mitarbeitern ohne Fehlzeiten erkenntlich zu zeigen, vergibt Merle Norman Cosmetics mit Sitz in Los Angeles die folgenden Geschenke:

▸ *Ein Jahr:* Eine goldene Armbanduhr mit Gravur

▸ *Zwei Jahre:* Ein Videospiel, ein Kochtopfset oder rostfreies Besteck

▸ *Drei Jahre:* Eine Stereoanlage oder ein tragbarer Fernseher

▸ *Vier Jahre:* Eine Küchenmaschine

▸ *Fünf Jahre:* Eine Kamera

▸ *Sechs Jahre:* Unterhaltungselektronik

▸ *Sieben Jahre:* Ein Fernseher

▸ *Acht Jahre:* Eine Mikrowelle

▸ *Neun Jahre:* Ein speziell entworfener Ring

▸ *Zehn Jahre:* Eine zweiwöchige Reise für zwei Personen nach Hawaii, inklusive aller Kosten

▸ *Fünfzehn Jahre:* Eine zweiwöchige Reise für zwei Personen an einen Ort nach freier Wahl irgendwo auf der Welt, inklusive aller Kosten.

Wie gut funktionieren diese Anreize? Innerhalb eines Jahres hatte mehr als ein Zehntel aller Lohnempfänger keine einzige Minute Fehlzeit beziehungsweise Verspätung aufzuweisen. Acht Mitarbeiter kamen zehn Jahre lang zur Arbeit, ohne dass es Fehlzeiten gab.

Ein großes Produktionsunternehmen mit 7.500 Lohnempfängern steigerte die Anwesenheit, indem nichtmonetäre Privilegien vergeben wurden, kombiniert mit gestaffelten Strafen für übermäßiges Fehlen.

In dem Bestreben, die Fehlzeiten zu senken, veranstaltet die New York Life Insurance Company eine Lotterie für die Mitarbeiter, die in jedem Quartal an allen Arbeitstagen anwesend waren. Die ersten zehn Mitarbeiter, deren Namen gezogen werden, erhalten ein Wertpapier in Höhe von 200 Dollar, auf die nächsten 20 gezogenen Namen entfällt jeweils ein Wertpapier in Höhe von 100 Dollar. Weitere 70 Gewinner erhalten einen bezahlten Urlaubstag. Für Mitarbeiter, die ein ganzes Jahr ohne Fehlzeiten aufweisen, wird eine spezielle Lotterie veranstaltet. Vergeben werden zwei Wertpapiere in Höhe von 1.000 Dollar und zehn bezahlte Urlaubstage. Das Unternehmen schätzt, dass die Fehlzeiten um 21 Prozent geringer sind als zur gleichen Zeit vor einem Jahr.

> »Positive Verstärkung verbessert nicht nur die Leistung; sie ist auch nötig, um gute Leistung zu erhalten.«
> R. W. Reber und G. Van Gelder, Co-Autoren, Behavioral Insights for Supervision

Bei der Toyota Motor Company of America erhält jeder Mitarbeiter, der ein Jahr lang zuverlässig anwesend war, einen Coupon, mit dem er an der Verlosung eines Autos teilnimmt. Für zwei Jahre zuverlässiger Anwesenheit erhält er oder sie zwei Coupons, für drei Jahre drei Coupons et cetera. Jedes Jahr werden sechs Autos verlost.

Die JP Morgan Chase & Company berichtet von Einsparungen in Höhe von 820.000 Dollar innerhalb eines Jahres durch geringere Fehlzeiten. Dies gelang, indem den Angestellten in New York City zusätzliche Zeiten für die Kinderbetreuung angeboten wurden. Jeder Mitarbeiter konnte zusätzlich 20 Tage im Jahr für Kinderbetreuung freinehmen.

Als Vic Anapolle Betriebsleiter einer Firmengruppe für spezielle Chemikalien bei W. R. Grace (mittlerweile Grace mit Hauptsitz in Columbia, Maryland) in Atlanta war, führte er ein neues System zur Mitarbeitermotivation ein. Beginnend mit einem Jahresbudget von 100 Dollar pro Person und Jahr und unter Verwendung von »Starperks«-Rubbellosen, um Sicherheitspraktiken zu fördern, setzte er ein Sicherheitsziel von einer Million unfallfreier Arbeitsstunden. Er übertraf dieses Ziel nicht nur und motivierte seine Gruppe dazu, mehr als anderthalb Millionen Arbeitsstunden ohne Unfall vorweisen zu können, sondern sie war auch in der Lage, eine nicht angekündigte Inspektion der Arbeitssicherheit mit Bravour zu bestehen.

> »Mitarbeiter, die am Arbeitsplatz gelobt werden und selbst loben, haben bessere Sicherheitsbilanzen und weniger Unfälle am Arbeitsplatz.«
> Forschungsergebnisse der Gallup Organization

Bei FedEx Freight West in San Jose, Kalifornien, erhalten unfallfreie Arbeiter und Fahrer alle fünf Jahre Anerkennungen (Anstecknadeln, Armbanduhren, Diamantringe) für kontinuierliche Sicherheitsphasen. Zusätzlich werden vierteljährliche und jährliche President's Safety Awards in Form von Bargeld und Kleidung verliehen. Außerdem bekommen vier Jahresgewinner als Anerkennung ihrer herausragenden Sicherheitsleistungen (einer aus jeder der vier Gruppen) Reisen geschenkt. Für die unterschiedlichen Standorte werden Wettbewerbe durchgeführt und die Gewinnergruppen erhalten Barbecues oder Kleidung.

Southern New England Telephone mit Sitz in New Haven, Connecticut, belohnt Mitarbeiter, die ein Kalenderjahr lang keinen vermeidbaren Unfall zu verzeichnen hatten. Um sich dafür zu qualifizieren, muss ein Mitarbeiter jährlich mindestens 12.000 Meilen gefahren sein oder mindestens 25 Prozent seiner oder ihrer Arbeitszeit in einem Dienstfahrzeug unterwegs gewesen sein. Die

Mitarbeiter sammeln Zertifikate, die gegen Produkte eines Zulieferers eingetauscht werden können.

Bei der Furst-McNess Company in Freeport, Illinois, die Hundefutter-Fertigmischungen herstellt, sagt Personalleiter Mark S. Fryer, dass das Unternehmen jedem Mitarbeiter, der einen Firmenwagen fährt und ein Kalenderjahr lang keinen Sachschaden damit verursacht, 25 Dollar auszahle. Wenn ein Mitarbeiter drei Jahre lang unfallfrei fahre, bekomme er oder sie noch einmal 100 Dollar. Unfälle mit Firmenwagen sind stark zurückgegangen.

Als Anreiz für sicherheitsbewusstes Verhalten gibt APG Electric in Clearwater, Florida, Mitarbeitern mit guten Sicherheitsbilanzen die Chance auf einen Bar- oder Sachpreis im Wert von 6.500 Dollar. Außerdem qualifizieren sie sich für den »Großen Preis« – einen Chevrolet Pickup in Höhe von 13.500 Dollar.

Southern Wine & Spirits, ein Händler für Wasser, Säfte und alkoholische Getränke hat ein Anerkennungsprogramm, das dazu beigetragen hat, sicherheitsbedingte Verluste um 70 Prozent zu reduzieren – von jährlich 1 Million Dollar auf wenige Hunderttausend. Der Preis ist ein diamantbesetzter Goldring im Super-Bowl-Stil und wird Fahrern überreicht, die fünf Jahre hintereinander keine sicherheitsbezogenen Probleme hatten. Für jedes weitere Jahr kontinuierlicher Sicherheit wird ein einkarätiger Diamant ergänzt. Fahrer Alex Barnes sagt stolz: »Es ist eine Ehre, diesen Ring zu tragen.«

»Das Anerkennungsprogramm – gemeinsam mit geeigneten Schulungen und Kontrollen – trägt dazu bei, das Thema Sicherheit bei unseren Arbeitern (Management und Vorgesetzte eingeschlossen) präsent zu halten. Es hilft uns, als Team darauf konzentriert zu bleiben.«

Jim Rainsberger, Superintendent, Pipeline Division Terminal, Quaker State

Teil VI

Formelle Belohnungsprogramme in Unternehmen

Die formellen Belohnungs- und Anerkennungsprogramme dieses Kapitels sind Teil von komplexeren und strukturierteren Systemen als jene für besondere Leistungen. In diesem Abschnitt betrachten wir mehrstufige Belohnungsprogramme und Punktesysteme, Mitarbeiter- und Unternehmensjubiläen, Unternehmensboni und -vergünstigungen, Wohltätigkeitsprogramme sowie Unternehmensanteile.

Tim Puffer von Puffer & Associates Marketing and Public Relations in St. Paul beschreibt acht allgemeine Richtlinien für die Durchführung erfolgreicher Belohnungs- und Anerkennungsprogramme: 1. Ziele definieren; 2. als Manager mit gutem Beispiel vorangehen; 3. spezielle Kriterien entwickeln; 4. sinnvolle Belohnungen einsetzen; 5. Mitarbeiter einbeziehen; 6. klare Kommunikation pflegen; 7. Teams belohnen; 8. nachhaltig managen.

Mehrstufige Belohnungsprogramme & Punktesysteme

Die meisten Unternehmen haben ein oder mehrere formale Belohnungsprogramme für Mitarbeiterleistungen, oftmals kombiniert, um die Bedürfnisse verschiedener Ebenen und Mitarbeitergruppen anzusprechen. Obwohl solche Programme in der Regel nur eine kleine Zahl von Mitarbeitern würdigen, ist eine solche Erfahrung bedeutungsvoll und motivierend. Außerdem hilft die öffentlich gemachte, vorbildliche Leistung, die zukünftigen Anstrengungen der anderen Mitarbeiter positiv zu beeinflussen.

Bei dem Schuhgeschäft Banister Shoe in White Plains, New York, nutzt man eine Kombination von Programmen, um Mitarbeiter auf allen Ebenen und für unterschiedlichste Leistungen anzuerkennen und zu belohnen. Zu den formalen Anerkennungsprogrammen zählen die Auszeichnung als Manager oder Bezirksleiter des Jahres, der Leadership Achievement Award – auch bekannt als »Adlerring«, bei dem ein Mitarbeiter zuerst einen Onyxring erhält, der bei jeder folgenden Verleihung mit Diamanten bestückt wird, den Achievement Award oder »Pyramidenstift« sowie die Mitgliedschaft im President's Club für Filialleiter.

Zu den informellen Programmen zählen »Heldentreffen«, die einmal im Monat in der Zentrale stattfinden, um Leistungen zu verkünden und einander zu loben, aber auch Standing Ovations für unterschiedliche Leistungen einzelner Mitarbeiter.

> »Mitarbeiter werden empfänglicher sein für formale, unternehmensweite Programme, wenn sie davon überzeugt sind, dass sich das Unternehmen tagtäglich persönlich um sie kümmert.«
>
> Rosalind Jeffries, Belohnungs- und Anerkennungsberaterin

Catherine Meek von Meek and Associates, einer Vergütungsberatung in Ojai, Kalifornien, erzählt von einem Krankenhaus, mit dem sie einmal gearbeitet hat: »Sie hatten dort zu jeder Zeit 12 bis 15 Anerkennungsprogramme laufen, jedes von den Mitarbeitern entwickelt. Die Hausmeister und Reinigungskräfte entwickelten den Golden Broom Award. Sie hatten kleine Karten mit einem

> »Wenn die Zahl der Belohnungen hoch ist, steigt die wahrgenommene Möglichkeit, etwas zu gewinnen. Und dann streckt sich normalerweise jeder, um etwas zu bekommen.«
>
> Tom Peters und Robert H. Waterman, CO-Autoren, *Auf der Suche nach Spitzenleistungen*

goldenen Besen darauf, und wenn jemand dabei beobachtet wurde, wie er Müll aufhob – und derjenige kein Hausmeister war – bekam er oder sie so eine Karte. Wenn jemand zehn Karten gesammelt hatte, bekam er einen Preis – nichts besonders Teures, aber es vermittelte die Botschaft.«

»Ein anderes Programm«, erzählt Meek, »nennt sich das Guaranteed-Service-Programm. Es erstattet einem Patienten Geld, wenn dieser nach nichtchirurgischen Behandlungen mit dem Service unzufrieden ist. Das Krankenhaus hat einen Fonds für diesen Zweck. Alle drei Monate werden die Gelder, die daraus nicht an Patienten gezahlt wurden, unter den Mitarbeitern verteilt. Dadurch wird das Augenmerk der Mitarbeiter auf den bestmöglichen Service gelenkt, denn je besser sie sich kümmern, desto mehr Geld ist im Fonds und gelangt somit in ihre Taschen.

Ein weiteres Programm nennt sich ›Caught in the Act of Caring‹ (Beim Kümmern erwischt). Mitarbeiter erhalten kleine Karten, auf denen steht: ›Ich wurde dabei erwischt, wie ich mich gekümmert habe.‹ Hat man eine bestimmte Anzahl dieser Karten gesammelt, können sie gegen Waren eingetauscht werden, wie zum Beispiel Elektrogeräte.

Keines dieser Programme kostet viel Zeit, solange die Mitarbeiter dabei mitwirken können. Und das Krankenhaus denkt gar nicht an die benötigte Zeit; es ist einfach die Art und Weise, wie sie Dinge tun.«

Inspiriert von dem Slogan »Bei Ross sind Sie in dem Spitzenleistungsunternehmen«, entschied Vorstandsvorsitzender Dick Gast, dass Ross Products mit Sitz in Columbus, Ohio, ein Anerkennungsprogramm brauche, um seine Tradition hervorragender Produkte und Dienstleistungen zu erweitern.

Da Spitzenleistung oft subjektiv ist, entschied Gast, diese in konkretere Begriffe zu fassen, indem er den Mitarbeitern erlaubte, beim Definieren und Anerkennen teilzuhaben. Er legte fest, dass das Programm für alle 4.100 Mitarbeiter zur Teilnahme offen stehen sollte, vom Fließbandarbeiter bis zur Führungskraft, und dass es mitarbeitergesteuert sein sollte. Sämtliche Mitarbeiter des Unternehmens können gewinnen und sind an der Wahl der Gewinner beteiligt.

Das Programm weist drei Leistungslevels mit steigendem Prestige und zunehmend wertvolleren Preisen aus. In jedem Werk wird es entsprechend der Anzahl der dort Beschäftigten und deren Vorlieben angewandt. Jede Vollzeitkraft kann einen anderen Vollzeitmitarbeiter nominieren, unabhängig davon, ob dieser ihm unter- oder übergeordnet ist. Mitarbeiter können sich sogar selbst nominieren.

Alle Nominierungen werden von einem Prüfungskomitee begutachtet, das in jedem Bereich aus 12 bis 25 Mitarbeitern besteht. Das Komitee geht alle Nominierungen durch und wählt diejenigen aus, die es am meisten verdient haben, von Mitarbeitern ihres Bereiches gewählt zu werden. Zwar können auch Manager zum Komitee gehören, sie haben jedoch nicht mehr Einfluss als jedes andere Mitglied, wenn es um die Entscheidung geht. Die Teilnahme am Komitee ist freiwillig und auf zwei Jahre begrenzt.

Das Award-of-Excellence-Programm gibt Mitarbeitern viele Chancen zur Anerkennung. Am Ende jedes Quartals geht das Komitee alle Nominierungen durch, die während der drei Monate eingegangen sind. Nominierungen, die vom Komitee bestätigt und von der Personalabteilung als berechtigt verifiziert werden, sind automatisch Level-1-Gewinner. Ihre Namen werden auf einer Hauptversammlung verkündet, in deren Verlauf sie einen zwei Unzen schweren Silberbarren erhalten, auf dessen Vorderseite das Ross-Award-of-Excellence-Logo eingraviert ist und auf der Rückseite das Ross-Milchwagen-Logo. Der Barren befindet sich in einem durchsichtigen Plastiketui und kann als Papierbeschwerer oder Schreibtischdekoration benutzt werden. Die Kosten für den Preis betragen etwa 50 Dollar. Die Anzahl der erstmaligen Gewinner variiert je nach Anzahl der Bereichsarbeiter, in der Regel liegt sie jedoch zwischen 10 und 15 je Quartal.

Jedes Quartal wählen die Bereichsmitarbeiter aus den Level-1-Gewinnern vier Level-2-Gewinner. Diese erhalten einen fünf Unzen

> »Schaffen Sie eine dynamische Arbeitsumgebung durch das Variieren der Belastung und einer formalen Arbeitsplatzrotation, damit die Menschen bei immer gleichen Tätigkeiten nicht lustlos werden, und indem Sie Möglichkeiten zur persönlichen und beruflichen Weiterentwicklung bieten.«
>
> Ron Rosenberg, Gründer, Drive-You-nuts.com, die Kundendienst-Anleitungs-Website

schweren Silberbarren mit denselben Gravuren wie für Level 1, jedoch in Form einer olympischen Medaille, einschließlich eines Bandes. Der Preis liegt in einem schwarzen Samtetui und kostet etwa 100 Dollar. Level-2-Gewinner erhalten zudem ein Gratulationsschreiben vom Bereichsleiter. Am Ende jeden Jahres wird an jedem Ross-Standort für alle Level-2-Gewinner ein Anerkennungsdinner ausgerichtet.

Am Ende des vierten Quartals findet eine Wahl der Level-3-Gewinner aus den Reihen der Level-2-Gewinner statt. Die Level-3-Gewinner unternehmen gemeinsam eine dreitägige Reise, um ihre Leistungen zu feiern. Zu den Aktivitäten zählen ein Besuch der Zentrale, mit einem vom Vorstandsvorsitzenden arrangierten Empfang; eine Stadtbesichtigung in einem Doppeldeckerbus sowie ein freier Nachmittag gefolgt von einem Festessen. Jeder Level-3-Gewinner erhält eine Waterford Kristallkaraffe mit sechs Gläsern sowie einen Warengutschein in Höhe von 250 Dollar, der gegen Artikel aus einem Katalog eingetauscht werden kann. Die Kosten für die Feierlichkeiten für Level 3 betragen schätzungsweise 20.000 Dollar.

»Ein herausragender Mitarbeiter ist jemand, mit dem andere gern zusammenarbeiten, weil er angenehm und umgänglich ist und alles Mögliche tut, um jeden Arbeitstag für alle zu einer produktiven und angenehmen Erfahrung zu machen«, sagt Mike Strapp, Leiter Marketing und Finanzen sowie Vorsitzender des Award-of-Exellence-Programms. »Spaß ist ein wichtiges Element bei der Definition von Spitzenleistung.«

> »Ein solides Leistungsverbesserungsprogramm macht sich selbst bezahlt durch die Profite, die es generiert.«
>
> The MBF Group, Inc.

»Bei jedem Anerkennungsprogramm«, so Strapp, »ist das Ziel, die Mitarbeiter zu ermutigen, nach derselben Spitzenleistung zu streben wie jene, die ausgezeichnet wurden. Auszeichnung durch Kollegen ist ein großartiger Motivator.«

»Wenn du dich wertgeschätzt fühlst, strengst du dich auch an«, sagt Maria Rossi, Rezeptionistin, die eine der ersten 36 Level-3-Gewinner wurde. »Ich habe meinen Job immer geschätzt, aber das hier gibt mir das Gefühl, ebenfalls geschätzt zu werden.«

Die Radisson Hotels & Resorts in Minnetonka, Minnesota, haben ein Programm geschaffen, um den Mitarbeiterverbleib im Unternehmen zu erhöhen und die Serviceleistung zu verbessern. Das Hotel vergibt Punkte für Pünktlichkeit, guten Service gegenüber den Gästen, Verbesserung der Qualität von Hotelabläufen, das Erreichen des Abteilungsgewinns und der Produktionsziele sowie das Empfehlen neuer Mitarbeiter. Die Punkte werden von Managern vergeben; Punkte für guten Service werden zudem Gastbewertungen entnommen und vierteljährlich von den Vorgesetzten beurteilt. Manager werden für das Reduzieren von Fluktuation und Kosten belohnt, eine Steigerung der Rücklaufquote von Bewertungsbögen der Gäste sowie das Umsetzen von Vorschlägen.

Das Hightlight des Programms ist die Preisstruktur. »Wir vergeben typische Warenpreise wie Fernseher, Toaster und Golfschläger«, sagt Sue Gordon, stellvertretende Personalleiterin. Die Mitarbeiter können sich jedoch auch für praktischere Belohnungen entscheiden, wie Kartenabos für öffentliche Verkehrsmittel, kostenlose Kinderbetreuung in einer der örtlichen Kindertagesstätten, Übernahme von Schulgebühren sowie Stipendien.

> »Entscheidungsträger für Anreizprogramme müssen sehr vorsichtig sein, dass sie nicht ihre persönlichen Vorlieben auf die Adressaten übertragen.«
>
> Bruce Tepper, Associate, Joselyn, Tepper & Associates, Inc.

Der Kommunikationsdienstleister Newstrack Executive Information Service in Pitman, New Jersey, verwendet ein Coupon-System für Mitarbeiteranerkennung, das die Teamarbeit, eine bessere Moral und die gegenseitige Wertschätzung der Beiträge anderer fördert. Jeder Mitarbeiter erhält 20 Coupons. Wenn er oder sie mitbekommt, dass ein Kollege etwas besonders gut macht, füllt er oder sie den Coupon mit ein paar lobenden Worten aus und übergibt ihn dem Betreffenden. Die Mitarbeiter sammeln die Coupons (maximal 20 pro Jahr) und tauschen sie gegen Preise ein.

1 Coupon: Gutschein für eine Autowäsche

5 Coupons: Gutschein in Höhe von 25 Dollar für ein Abendessen

10 Coupons: Gutschein in Höhe von 50 Dollar für Macy's

15 Coupons: Übernachtung für zwei in Atlantic City

20 Coupons: Jahresmitgliedschaft im Four Seasons Health Spa

Fallstudie zu Punktesystemen

Eine Umfrage bei Mitarbeitern von Cascades Diamond, einem Hersteller von Eierkartons in Thorndike, Massachusetts, zeigte, dass 79 Prozent der Mitarbeiter nicht das Gefühl hatten, für gute Arbeit belohnt zu werden. 65 Prozent fanden sich vom Management nicht respektvoll behandelt und 56 Prozent gingen pessimistisch an die Arbeit. Um diese Wahrnehmung zu ändern, entwickelte das Unternehmen ein Programm namens »The 100 Club«, bei dem Anwesenheit, Pünktlichkeit und Unfallfreiheit bei der breiten Masse von Mitarbeitern belohnt werden sollten.

Für ein Jahr ohne Fehlzeiten bekommt ein Mitarbeiter 25 Punkte. 20 Punkte werden vergeben, wenn jemand ein Jahr lang nicht ermahnt werden musste und 15 Punkte, wenn es nicht zu Ausfällen wegen einer Verletzung kam. Für jeden ganzen oder auch halben Fehltag zieht das Unternehmen Punkte ab. Ein Mitarbeiter bekommt auch Punkte für kostenreduzierende oder sicherheitsrelevante Vorschläge sowie für gemeinnützige Arbeit oder Teilnahme an Blutspendeaktionen oder gemeinnützigen Veranstaltungen. Wenn ein Mitarbeiter 100 Punkte gesammelt hat, bekommt er oder sie eine Windjacke mit dem Diamond Logo und dem Aufdruck »The 100 Club«.

Ein Kassierer der örtlichen Bank erzählte von einer Frau, die in die Bank kam und den Kunden und Mitarbeitern stolz ihre hellblaue 100-Club-Windjacke präsentierte. Sie sagte: »Die hat mein Arbeitgeber mir für meine gute Arbeit verliehen. Zum ersten Mal in den achtzehn Jahren, seit ich da arbeite, wurde ich für das belohnt, was ich jeden Tag dort tue.« Im Laufe all dieser Jahre hatte sie 230.000 Dollar an Gehalt verdient, hatte damit ihren Wagen, ihr Haus, Lebenshaltungskosten, Urlaube und die Collegegebühren ihrer Kinder bezahlt. In ihrer Vorstellung hatte sie für das Geld ihre Dienste zur Verfügung gestellt. Das Geld

> »Gut gestaltete Anerkennungsumgebungen bieten die wichtige Möglichkeit, das neue Verhalten vorzuführen und zu verstärken ... von dem man hofft, dass andere es nachahmen.«
>
> Tom Peters, Autor und Managementberater

war keine Anerkennung ihrer Arbeit, die 100-Club-Windjacke dagegen schon.

Im ersten Jahr des Programms sparte der Bereich 5,2 Millionen Dollar und steigerte die Produktivität um 14,5 Prozent. Qualitätsbezogene Fehler gingen um 40 Prozent zurück. Bei einer neueren Umfrage erklärten 86 Prozent der Mitarbeiter, dass sie das Gefühl hätten, vom Unternehmen und dem Management als »wichtig« oder »sehr wichtig« angesehen zu werden, 81 Prozent antworteten, dass sie »Anerkennung vom Unternehmen« erhalten hätten und 73 Prozent sagten, dass sich das Unternehmen »um ihre menschlichen Belange kümmere«. Im Schnitt sagten 79 Prozent, dass sich ihre Haltung zur Arbeitsqualität verbessert habe.

> »Es genügt nicht, den Menschen zu sagen, sie sollen sich glücklich schätzen, dass sie hier arbeiten dürfen. In einer Zeit, in der die Mitarbeiter aufgefordert sind, sich bei weniger Ressourcen mehr anzustrengen, müssen Sie sie dafür belohnen.«
>
> Bruce Donatuti, Leiter Personalpolitik, Citibank

Fallstudie zu mehrstufigen Anerkennungsprogrammen

Das MidMichigan Regional Medical Center in Midland hat eine Reihe formaler Anerkennungsprogramme auf Krankenhaus- und Abteilungsebene.

Auf Unternehmensebene können Mitarbeiter, Freiwillige und Ärzte andere Mitarbeiter, Freiwillige oder Ärzte für den Apple Award nominieren. Dieser wird verliehen für jedwedes Handeln, das über die reine Pflichterfüllung hinausgeht. Die Nominierungen werden von einem Komitee hinsichtlich der Erfüllung definierter Kriterien überprüft. Wenn das Komitee zustimmt, erhält der Betreffende eine Anstecknadel in Form eines roten Apfels. Wenn ein Mitarbeiter fünf rote Äpfel bekommen hat, erhält er oder sie einen silbernen Apfel; auf fünf silberne Äpfel folgt ein goldener Apfel. Auf der Silber- und Goldebene werden die Auszeichnungen in einem entsprechenden Rahmen überreicht und Geschenkgutscheine vergeben.

Jeden Monat wird ein Mitarbeiter aus den Reihen der Nominierten von den Kollegen als »Wertvollste Person« ausgesucht. Am Jahresende wird von der Belegschaft einer der zwölf zur »Wertvollsten Person des Jahres« gewählt. Die Bilder der monatlichen Gewinner hängen an den beiden Haupteingängen des medizinischen Zentrum. Außerdem wird über sie im Medical Newsletter und der lokalen Tageszeitung berichtet.

Auf Abteilungsebene hat die Pharmazieabteilung ein »Anerkennungsformular« entwickelt, das jeder ausfüllen kann. Es gibt Spalten für den Namen des Mitarbeiters, Datum, Leistungsbeschreibung sowie Namen des Einreichenden. Das ausgefüllte Formular wird an den Manager der Abteilung weitergeleitet. Diese Anerkennungsformulare werden genutzt, um intern den Mitarbeiter des Monats zu wählen – und zwar aufgrund seiner oder ihrer Leistung, nicht aufgrund der reinen Anzahl der Nominierungen. Der Mitarbeiter des Monats erhält einen Geschenkgutschein in Höhe von 25 Dollar. Die Anerkennungsformulare werden in den Bericht aufgenommen, der bei den monatlichen Belegschaftstreffen verteilt wird. Am Ende des Jahres findet die Wahl des Mitarbeiters des Jahres statt. Fotos der zwölf Monatsgewinner hängen in der Abteilung an der Wand und jeder Mitarbeiter gibt seine Stimme ab. Der Gewinner erhält ein Geschenk.

Das Verwaltungsbüro hat ein Lob- und Anerkennungsbrett eingerichtet. Entsprechende Formulare sind überall in der Abteilung erhältlich. Die Mitarbeiter sollen sich eine Minute Zeit nehmen, um ihre Kollegen zu loben. Das ausgefüllte Formular kann der Mitarbeiter – wenn er möchte – an das Brett hängen. Sämtliche Formulare kommen jeden Monat in eine Ziehung; der Preis ist ein Geschenkgutschein.

Das Family Practice Center nutzt verschiedene Anerkennungsmodelle. Jedes Mitarbeitermeeting beginnt damit, dass sich Kollegen untereinander bedanken. Wenn jemand etwas Besonderes geleistet oder eine spezielle Aufgabe übernommen hat, bekommt er eine Blume samt einer vorgedruckten Karte der Abteilung. In gewissen Abständen finden auch gemeinsame Mittagessen statt.

Die Abteilung für Krankenakten hat »Gute-Tat-Zettel«, die die Mitarbeiter ausfüllen sollen. Die Hälfte des Zettels geht an den Mitarbeiter, die andere Hälfte in eine Vorschlagskiste. Der Mitarbeiter mit den meisten Zetteln in einem Monat wird Mitarbeiter des Monats. Zusätzlich gibt es noch den Mitarbeiter des Jahres.

> **Anreizbelohnungen sind keine Vergütung, sondern Anerkennung – eine sinnvolle Art und Weise, sich mit Blick auf die Unternehmensziele zu bedanken. Sie müssen Zufriedenheit vermitteln.«**
>
> The MFB Group, Inc.

Beim Einstellen neuer Mitarbeiter wird das Vorstellungsgespräch von einem Team durchgeführt, zu dem der Manager und der Vorgesetzte sowie ein Mitarbeiter, der von Kollegen nominiert und gewählt wurde, gehören. Nach Abschluss des Vorstellungsgesprächs geht das Team gemeinsam essen.

Im Archiv wird jeden Monat der Good-News-Reporter ernannt. Dieser sucht gezielt nach Informationen über gute Leistungen, indem er Patienten und Kollegen befragt. Bei der Präsentation haben sich diese Reporter schon als äußerst kreativ erwiesen: Ein professioneller Sänger wurde eingeladen, um einen Rapsong vorzutragen; Kinder wurden auf Video aufgenommen, wie sie im Fernsehformat die guten Taten des Monats vorstellen; der National Enquirer wurde als Vorlage genommen, um die Nachrichten zu verbreiten; und einmal wurde die Präsentation moderiert wie die Verleihung der Emmys.

Das Medical Center hat viele funktions- und abteilungsübergreifende Teams, die ermutigt werden, ihre Erfolge zu feiern. Zahlreiche Abteilungen und Teams veranstalten Mittagessen und Pizza-Partys. Nachdem sich das Educator-Resource-Team anderthalb Jahre lang regelmäßig getroffen hatte, konnte es zwei wichtige Errungenschaften vorweisen. Das Quartalstreffen wurde daraufhin zu einer Überraschungsfeier, bei der jedes Mitglied einen Trinkbecher erhielt, auf dem stand, dass er oder sie ein Gründungsmitglied des Teams sei. Teammitglieder erhielten außerdem einen vom Vorstandsvorsitzenden des Medical Center unterschriebenen Brief, und der Vorsitzende des Teams gratulierte ihnen zu ihren Leistungen und der Teamarbeit. Die Teamleiter der Teilgruppen erhielten Geschenkgutscheine.

> »Wir müssen Mitarbeiteranerkennungsprogramme herausstellen, um den negativen Eindruck zu bekämpfen, den die Menschen bekommen, wenn sie lesen, dass jeden Tag in diesem Land Tausende von Menschen entlassen werden.«
>
> Bob Hammer, Corporate Vice President und Director of Strategic Management, Motorola

---

FedEx hat eine Menge Preise für die Leistungen von Einzelnen und Teams:

› Der Circle of Excellence Award wird monatlich der FedEx-Station mit der besten Leistung überreicht und legt Wert auf Teamarbeit.

- Der goldene Falke wird Mitarbeitern verliehen, die bei Weitem mehr tun, als nur ihre Pflicht zu erfüllen, wenn sie sich um die Kunden kümmern. Die Preisträger erhalten eine goldene Uniformnadel, einen Gratulationsanruf von einer Top-Führungskraft sowie zehn Aktien.

- Das Bravo-Zulu-Programm (Marinesprache für »gut gemacht«) erlaubt es Managern, einen Mitarbeiter, der herausragend gute Arbeit geleistet hat, mit einem Dinner, Theaterkarten oder Bargeld zu belohnen.

Phil Hughes, Personalleiter der Acapulco Restaurants in Long Beach, Kalifornien, berichtet, wie festangestellte Mitarbeiter und Aushilfskräfte belohnt werden:

- 100 Dollar für das Empfehlen neuer Aushilfskräfte nach 90 Tagen.

- 300 Dollar für das Empfehlen neuer Managementmitarbeiter nach 90 Tagen.

- Der Mitarbeiter des Monats erhält 50 Dollar in bar, einen freien Tag und für 30 Tage einen Parkplatz direkt vor dem Eingang.

- Das Bright-Ideas-Programm belohnt kostensparende Ideen mit bis zu 1.000 Dollar.

- Für herausragenden Service werden eine President's-Award-Tafel und ein Scheck in Höhe von bis zu 2.500 Dollar verliehen, unterschrieben und überreicht vom Vorstandsvorsitzenden des Unternehmens.

- Für gute Arbeit werden Mitarbeiter vom Abteilungsleiter zum Mittagessen eingeladen. Die Manager bereiten ein Frühstück für die Belegschaft zu.

- An Mottotagen, die über das ganze Jahr verteilt stattfinden (Cinco de Mayo, 4. Juli, Halloween, Weihnachten), werden Werbegeschenke, Reisen, Bargeld und Limousinenfahrten vergeben.

- An jedem Freitag und an allen Arbeitstagen zwischen Memorial Day und Labor Day ist lässige Kleidung gestattet.
- Jeden Monat werden in den Restaurants Bargeldpreise an den besten Kellner, Barkeeper et cetera vergeben.

Das Unternehmen belohnt die festangestellten Mitarbeiter wie folgt:

- Monats-QSC (Quality Service Control) Preis für die höchste Punktzahl (1.000 Dollar).
- QSC Award für mindestens 95 Prozent (100 Dollar jeden Monat).
- Sicherheitslotto (monatlich 500 Dollar, um sich zu qualifizieren, muss das Restaurant in dem Monat unfallfrei sein).
- General-Manager-Empfehlung (1.000 Dollar je Empfehlung).
- General Manager des Jahres (Reise im Wert von 5.500 Dollar und eine Woche Urlaub).
- President's Club (Abzeichen und namentliche Nennung in der Unternehmenszeitschrift).
- President's Honor Roll (Abzeichen und namentliche Nennung in der Unternehmenszeitschrift).

> »Das beste Programm bringt die Mitarbeiter dazu, auf die Jagd zu gehen, wenn die Enten aufgeflogen sind.«
> Incentive

Betriebliche Leistungen & Vergünstigungen

Bei der Entscheidung für einen Arbeitgeber sind betriebliche Leistungen, wie Altersvorsorge oder Kinderbetreuung, oftmals entscheidende Faktoren. Während der Arbeit tragen diese Zuwendungen jedoch kaum dazu bei, den Mitarbeiter dauerhaft zu höherer Leistung zu motivieren. Die betrieblichen Vergünstigungen, die wir in diesem Kapitel beleuchten (im Unterschied zu den bereits beschriebenen persönlichen Vergünstigungen in Teil III) stehen allen Mitarbeitern offen und bedeuten finanzielle Kosten für das Unternehmen.

Im Folgenden wird eine Reihe ungewöhnlicher betrieblicher Leistungen und Vergünstigungen vorgestellt, die heutzutage angeboten werden. Wenn diese an das gewünschte Verhalten oder die Leistung des Mitarbeiters gekoppelt sind, können sie zu wichtigen Motivatoren werden.

Bei Paychex ist das Wellnessprogramm genannt »Well Power« ein langfristiges Unterfangen. Alle drei Monate erscheint der Newsletter Personal Best mit Tipps zu Gesundheitsbewusstsein, Tests, Übungen, Ernährung und einer guten medizinischen Versorgung. Noch wichtiger ist jedoch, dass das Unternehmen eine Einschätzung des Gesundheitsrisikos durch eine mobile Untersuchungseinheit, die jede Abteilung besucht, finanziert. Die Mitarbeiter können den Personal Wellness Coordinator anrufen, wenn sie Fragen zu den Tests oder den Ergebnissen haben, sich über damit einhergehende Gesundheitsprobleme informieren und einen Plan zur Verbesserung ihrer Gesundheit aufstellen wollen. Fast die Hälfte der Mitarbeiter von Paychex nimmt daran teil.

> »Wir haben sie immer ›Nebenleistungen‹ genannt, aber das ›Neben‹ haben wir weggelassen, nachdem wir die Größenordnung dieses Faktors erkannten.«
> James Morris, Director of Survey Research, U.S. Chamber of Commerce

George MacLeod, Restaurantbesitzer in Bucksport, Maine, erlaubt seinen Mitarbeitern, an einem Sonntag im Monat das Restaurant allein zu führen. Die Gewinne dieses Tages dürfen sie untereinander aufteilen und für ihre Gesundheitsvorsorge aufwen-

> »Die Art und Weise, wie positive Verstärkung durchgeführt wird, ist wichtiger als die Menge.«
>
> B. F. Skinner, Psychologe

den. Die daran teilnehmenden Mitarbeiter verdienen genug, um ihre gesamten Versicherungsprämien damit bezahlen. Ikea verteilt die Gewinne eines Tages einmal im Jahr als Boni an die Mitarbeiter. Hi-Tech Hose, Hersteller flexibler Schläuche und Leitungen in Georgetown, Massachusetts, betrachtet alle Abwesenheitszeiten, sei es wegen Urlaub oder Krankheit, als ein Paket. Die Mitarbeiter können sich freinehmen, wann immer es nötig ist. IBM bietet Gesundheitsseminare und medizinische Untersuchungen an. Die Mitarbeiter von Johnson & Johnson können ein großes Fitnesscenter nutzen, mit der Option, sich für ein umfassendes Programm anzumelden, zu dem eine medizinische Untersuchung und fachkundige Anleitung zu einer gesünderen Lebensweise gehören.

»Es ist nicht der Geldwert der Belohnung, sondern manchmal das Neue daran«, sagt Terry L. Curry, Personalmanager bei Muscatine Power and Water in Muscatine, Iowa. Die Mitarbeiter nehmen jeden Sommer an zwei Runden »Wellness«-Teamaktionen teil. Die Teilnehmer der ersten Runde erhalten T-Shirts. Für die Teilnahme an beiden Runden gibt es zusätzlich noch Schnürsenkel. Für die Teilnahme an Wellnessaktionen im Spätsommer oder frühen Herbst gibt es zudem noch Sitzkissen fürs Stadion. Gail Sneed, Resource Coordinator für die City of Dallas schlägt einen Wellnessmonat vor, in dem die Mitarbeiter kostenlos Kurse und Fitnesscenter besuchen können.

Westinghouse in Monroeville, Pennsylvania, zahlt Mitarbeitern, die mindestens neun Monate lang dreimal wöchentlich zehn Minuten Aerobic machen, einen Jahresbonus von 200 Dollar. Das Unternehmen schätzt, dass es für jeden fitteren Mitarbeiter jährlich etwa 1.715 Dollar spart.

Reader's Digest erstattet bis zu 50 Prozent (maximal 250 Dollar im Jahr) der Beiträge für die Mitgliedschaft in einem Fitnesscenter. Mitarbeiter, die sich dazu entschließen, eine Sportart zu erlernen oder auszuüben, bekommen ebenfalls einen Teil der Gebühren erstattet. Time Inc. tut das ebenfalls, wenn der Sportclub über ein Herz-Kreislauf-Fitnessprogramm verfügt.

Steelcase, Inc., mit Sitz in Grand Rapids, Michigan, hat ein Mini-Krankenhaus mit 19 Schwestern und zwei Ärzten. Das Unternehmen beschäftigt auch einen Psychologen und zwei Sozialarbeiter, um Mitarbeiter bei persönlichen Problemen kostenlos beraten zu können, entweder während der Arbeitszeit oder nach Feierabend.

PricewaterhouseCoopers bietet für Mitarbeiter, die Informationen zur Kinderbetreuung brauchen, ein Vermittlungsprogramm. Eine Seniorberaterin nutzte das Angebot, als ihr Kindermädchen just in dem Moment kündigte, als sie vor dem Abschluss eines 500.000-Dollar-Deals stand. Auf diese Weise konnte sie sofort Einstellungsgespräche mit Bewerbern führen und fehlte nicht einen Tag im Job. Die Kosten: 150 Dollar. Fast 30 Prozent der PricewaterhouseCoopers Büros bieten bezuschusste Kinderbetreuung am Wochenende, während der heißen Jahresabschlussphase.

Southern California Edison beschäftigt zwölf Ärzte und Teilzeit-Spezialisten, die sich um die Gesundheit der Mitarbeiter kümmern. Das Unternehmen übernimmt zudem 25 Prozent der Stromrechnungen.

Ryder System unterhält eine bezuschusste Kindertagesstätte auf der gegenüberliegenden Straßenseite seiner Zentrale in Miami. Auf diese Weise will das Unternehmen für qualifizierte Mitarbeiter mit kleinen Kindern attraktiv sein. Momentan baut es für 5 Millionen Dollar nebenan eine Grundschule. »Wir wollen der begehrteste Arbeitgeber in Südflorida sein«, sagt Anthony Burns, Chef des Transport- und Logistikunternehmens. Die Nähe der Schule bedeutet für Ryder Produktivitätsgewinne, da Eltern-Lehrer-Gespräche und das Zuschauen bei Fußballspielen direkt auf der

> »In der Vergangenheit, als unser Motivationsparadigma in Bezahlung und Beförderung bestand, haben wir eine übermäßig vielschichtige und bezahlte Struktur geschaffen. Das führte nicht nur zu negativen Nebeneffekten, sondern brachte auch nicht die erwünschte Motivation. Heutzutage brauchen wir ein Motivationsparadigma, das auf fundamentaleren, motivatorischen Bedürfnissen fußt, wie Zweck, Bedeutung, Einbeziehung und Entwicklung.«
>
> Von QualTeam, einer Unternehmensberatung in Colorado

> »Viele Arbeitgeber unterschiedlicher Größenordnungen streben die nächste Generation voll entfalteter flexibler Nebenleistungspläne an, die ich Lebenszyklus-Programme nenne. Diese Pläne fußen auf der Annahme, dass die Mitarbeiter selbst am besten geeignet sind, ein betriebliches Nebenleistungsprogramm entsprechend ihrer Bedürfnisse zu konzipieren und gleichzeitig innerhalb der von den Arbeitgeber gesetzten Parametern zu arbeiten. Das Ergebnis kann für beide Seiten ein Gewinn sein – mit Arbeitnehmern, die ein variierendes Set an betrieblichen Leistungen während ihres Arbeitslebens nutzen.«
>
> Gary Kushner, Firmenchef, Kushner and Co.

gegenüberliegenden Straßenseite stattfinden. Die Kinder von Ryders Mitarbeitern haben ein Vorzugsrecht auf die 300 Schulplätze.

Motorola baut eine Kindertagesstätte nahe seiner Räumlichkeiten in Boynton Beach, Florida, um Mitarbeitern mit jungen Familien zu helfen. In Houston liegt die Medical Center Charter School direkt neben den Kliniken und medizinischen Fakultäten. Kinder von Mitarbeitern des medizinischen Zentrums nutzen nahezu alle Plätze, obwohl die Schule jedem offensteht. Die NationsBank mit Hauptsitz in Charlotte, North Carolina, bietet für ihre 100.000 Mitarbeiter fünf verschiedene Kindertagesstätten auf dem Gelände oder in der Nähe. Das Unternehmen hat außerdem in Jacksonville, Florida, eine öffentliche Schule für 150 Schüler vom Kindergartenalter bis zur dritten Klasse gegründet. Und zu guter Letzt können Eltern nach dem Ende des Mutterschutzes noch bis zu einem halben Jahr lang als Teilzeitkräfte arbeiten.

Die First International Bank & Trust in Watford City, North Dakota, stellt jeden Nachmittag ihren Konferenzraum für die schulpflichtigen Kinder der Mitarbeiter zur Verfügung. Sie können den Großbildschirm-Fernseher einschalten, Snacks essen oder mit den Hausaufgaben anfangen, während ihre Eltern den Arbeitstag beenden. Dennish Walsh, Vorstandsvorsitzender der Bank, berichtet, dass seit vier oder fünf Jahren niemand mehr gekündigt hat. Baxter International Inc., ein Unternehmen im Bereich Pharmaindustrie und Medizintechnik, bietet seinen Mitarbeitern bevorzugte Aufnahme zu reduzierten Gebühren in über 150 Kindertagesstätten im ganzen Land. Das Unternehmen übernimmt Therapiekosten für die Mitarbeiter maximal in Höhe eines Jahresgehalts.

Marriot International in Bethesda, Maryland, unterstützt die Mitarbeiter mit einem Programm dabei, eine bessere Work-Life-Balance zu finden. Im Zuge dieses Programms wurde eine Kindertagesstätte eingerichtet, es gibt Rabatte für Kinderpflegeprodukte, Unterstützung für familienbezogene Leistungen, Vermittlungsdienste bei Problemen mit Kinder, älteren Menschen oder innerhalb der Familie, und viele andere innovative Programme.

JP Morgan Chase & Co. richtete in seiner Wall-Street-Handelsabteilung ein Stillzimmer für junge Mütter ein, damit diese nach dem Mutterschutz schneller in den Job zurückkehren können. Leo Burnett Worldwide, Inc. schießt bis zu 3.000 Dollar bei Adoptionskosten dazu; H. B. Fuller, Herman Miller und Medtronic Physio-Control geben 1.500 Dollar; IBM und Procter & Gamble 1.000 Dollar. An einem Abend im Jahr machten die Mitarbeiter von Sears mit ihren engsten Familienangehörigen einen Einkaufsbummel, bei dem sie den Firmenrabatt nutzen dürfen. Fel-Pro Inc. in Southfield, Michigan, bietet seinen Vollzeitmitarbeitern einen zinslosen Kredit von maximal 2.250 Dollar für den Kauf von Computern. Die Raten können innerhalb von zwei Jahren durch Gehaltsabzüge zurückgezahlt werden. Bisher hat Fel-Pro 367 Mitarbeitern einen Computer finanziert. Im Rahmen von Timberland's Adoptionshilfe-Programm erhalten Voll- und Teilzeitkräfte bis zu 10.000 Dollar (12.000 Dollar für ein behindertes Kind), um die Kosten einer Adoption zu decken. Sie erhalten zudem zwei Wochen bezahlten Adoptionsurlaub und können weitere bezahlte Tage von ihrem »Lifestyle Leave«-Konto nutzen.

Bei Apple Computer in Cupertino, Kalifornien, erhalten alle Mitarbeiter – vom Fließbandarbeiter bis zum Vice President – zwei Monate nach Amtantritt in der Firma einen Computer geliehen. Das Programm nennt sich »Loan to Own.« Zehn Monate später gehört ihnen der Computer, ohne jegliche Bedingungen. Einmal erhielten alle Mitarbeiter zu Weihnachten einen solarbetriebenen Taschenrechner, im nächsten Jahr war es Unterhaltungselektronik.

Eli Lilly & Company mit Hauptsitz in Indianapolis übernimmt 100 Prozent der Kosten, wenn Mitarbeitern Medikamen-

> »Unsere frühzeitige Betonung menschlicher Beziehungen war nicht altruistisch motiviert, sondern aus der schlichten Überzeugung heraus, wenn wir unsere Leute respektieren und ihnen helfen, sich selbst zu respektieren, würde das Unternehmen die meisten Profite einfahren.«
>
> Thomas J. Watson, Jr.
> Ehemaliger CEO, IBM

te von Eli Lilly verschrieben werden. Benjamin Moore & Company in Montvale, New Jersey, lässt die Mitarbeiter Farben zu Großhandelspreisen kaufen. Außerdem werden jedes Jahr Maler zu zwei Mitarbeitern nach Hause geschickt, die kostenlos streichen. Im Produktionswerk von Nissan in Smyrna, Texas, qualifiziert sich jeder Mitarbeiter nach zwölf Monaten für das Leasen eines Nissans für 160 Dollar im Monat, einschließlich Unterhalt, Steuern, Zulassung und Versicherung. Die Robert Mondavi Winery in Napa, Kalifornien, schenkt jedem Mitarbeiter am Ende jedes Quartals eine Kiste Wein. Jeder, der bei Anheuser-Busch Companies in St. Louis beschäftigt ist, hat monatlich Anrecht auf zwei Kästen Bier. Die Mitarbeiter von SeaWorld San Diego erhalten pro Jahr vier Dauerkarten für den Park und dürfen am »Mitarbeiterabend« einmal im Jahr Freunde und Familienangehörige mitbringen, die sich kostenlos die Shows ansehen.

> »Indem wir Teilzeitkräfte mit Versicherungen versorgt haben, konnten wir die Fluktuation unter 50 Prozent bringen – und das in einer Branche, in der die Fluktuation im Jahr oft 100 Prozent übersteigt. Dank der geringeren Fluktuation haben wir Kosten für Schulungen gespart, die wir wiederum in die Versicherungen investieren konnten.«
>
> Howard Schultz, CEO, Starbucks Coffee Co.

Andere Unternehmen belohnen ihre Mitarbeiter mit hauseigenen Produkten. Zum Beispiel:

➤ General Cinema (mittlerweile zu AMC Entertainment gehörend): 1-Dollar-Kinokarten für Mitarbeiter und deren Gäste.

➤ Mirage Resort: kostenloser Eintritt bei Las Vegas Shows, einmal im Monat kostenloses Mittagessen im Hotelrestaurant.

➤ Southwest Airlines: kostenlose Standby-Flüge für Mitarbeiter und deren Familien.

➤ Ben & Jerry's: drei Becher Eiscreme für jeden Mitarbeiter.

Beim Mineralölkonzern Exxon Mobil Corporation erhalten Mitarbeiter 10 Prozent Rabatt auf Exxon-Benzin und 15 Prozent auf Reifen, Batterien und Zubehör an Exxon-Tankstellen. Zum Einkaufspreis wird Benzin auch bei FedEx, der Liebert Corporation und Linnton Plywood vergeben. Bei Merle Norman Cosmetics gibt es Kosmetikartikel zum Einkaufspreis.

Bei Delta Airlines erhalten Mitarbeiter und deren Ehegatten Jahresausweise für Flüge mit Delta Airline und nach zehnjähriger Firmenzugehörigkeit Rabatte für Flüge mit anderen Gesellschaften.

Mitarbeiter von FedEx können gratis in den unternehmenseigenen Maschinen mitfliegen und zu reduzierten Preisen bei anderen Fluglinien.

Random House bietet allen Mitarbeitern jedes Jahr zehn Gratisbücher und 50 Prozent Rabatt auf sämtliche Titel bei Random House.

REI (Recreational Equipment, Inc.) in Kent, Washington, gestattet den Mitarbeitern, kostenlos die Leihgeräte zu benutzen. Außerdem werden Erstausgaben neuer Geräte oder Textilien den Mitarbeitern als Weihnachtsgeschenke überreicht. Sie werden in jedem Geschäft und jeder Abteilung von einem Mitglied der Geschäftsleitung persönlich überreicht. Die Geschäfte nutzen diese Zeit, um Mitarbeitermeetings, ein Pfannkuchenfrühstück oder ein Pizza-Abendessen abzuhalten. Außerdem werden »Let's talk«-Sitzungen eingerichtet, in denen sich Filialleiter mit Top-Führungskräften sowie Mitarbeiter ohne Kundenkontakt mit Verkaufsmitarbeitern austauschen können.

Die meisten Mitarbeiter der Westin Hotels erhalten während der Arbeit kostenlose Mahlzeiten. Nach einjähriger Dienstzeit stehen ihnen auch kostenlose Hotelzimmer zu. Nach zehn Jahren kann ein Mitarbeiter mit seiner Familie fünfzehn Nächte kostenlos in einem Westin Hotel verbringen, mit einem Rabatt von 20 Prozent bei den Mahlzeiten. Andere Mitarbeiter erhalten 50 Prozent Rabatt auf jeden Zimmerpreis.

> »Wie Unternehmen ihre Mitarbeiter behandeln, spricht Bände über die Qualität des Managements. Und qualitativ hochwertiges Management führt normalerweise zu Unternehmen mit einer langen und erfolgreichen Finanzgeschichte. Ob sich das durch herausragende betriebliche Leistungen, eine familienfreundliche Politik, Sicherheitsbilanzen oder im Umgang mit Gewerkschaften zeigt, eine gute Bilanz bei Mitarbeiterbeziehungen ist in der Regel ein Indikator von fortschrittlich denkenden Führungskräften, die kreative Ideen bei der Leitung eines Unternehmens entwickeln.«
>
> Steven Lydenberry, Research Director, Kinder, Lydenberg, Domini & Co.

Am Ende jeden Jahres erhalten die Mitarbeiter von Valassis Weihnachtskörbe. Einmal hatte das Geschenk das Motto »Reise in die Vergangenheit«. Es war ein Red Wagon der Firma Radio Flyer, gefüllt mit altmodischen Süßigkeiten und Spielwaren. Andere »Weihnachtskörbe« waren zum Beispiel eine Kühlbox auf Rädern, gefüllt mit Grillbesteck, Kochbüchern, Saucen und Lebensmitteln; ein zweiteiliges Kofferset, Isoliertaschen gefüllt mit Sportausrüstung; sowie große dekorative Blechkisten voller Nahrungsmittel.

> »Früher verstand man unter ›Mitarbeitervergünstigungen‹ gerade einmal den reservierten Parkplatz in der Nähe des Eingangs und die goldene Armbanduhr – ein zusätzlicher Bonus, wenn man in Rente ging. Diese Ideen werden heutzutage nicht einmal mehr als Vergünstigungen angesehen. Sie sind die Norm.«
>
> Kelly Williams, OfficeSolutions

In New York geben fast 1.000 Firmen ihren Mitarbeitern TransitCheks für Busse, U-Bahnen, Fähren und Pendlerbahnen. Die Champion International Corporation in Stamford, Connecticut, vergibt jeden Monat 15 Dollar an Fahrgemeinschaften und kauft ebenfalls TransitCheks. Etwa 20 Prozent der Mitarbeiter, die zur Arbeit fahren, bilden jetzt Fahrgemeinschaften, nutzen Fahrzeug-Pools oder den öffentlichen Nahverkehr. Interstate Electronics in Anaheim, Kalifornien, gibt jeden Monat jedem Mitarbeiter in einer Fahrgemeinschaft 20 Dollar und denselben Betrag an Mitarbeiter, die mit dem Zug aus San Diego kommen. Xerox Corporation in Stamford, Connecticut, gewährt den Mitarbeitern einen Rabatt auf Monatskarten für Busse und Bahn, subventioniert Fahrgemeinschaften und reserviert Parkplätze für Fahrgemeinschaften und Wagen aus Fahrzeug-Pools. Bei *Reader's Digest* finden die Mitarbeiter Fahrgemeinschaften oder Fahrzeug-Pools mittels eines Computerprogramms, das entsprechend ihrer Bedürfnisse Vorschläge macht. Die Medtronic Physio-Control Corporation bezuschusst außerhalb der üblichen Arbeitszeiten und an Wochenenden einen Busdienst für Mitarbeiter mit ungewöhnlichen Schichtzeiten.

Bei Nissan bekommen sämtliche Mitarbeiter im Büro und der Herstellung drei Arbeitsoutfits gestellt. Das Tragen der Kleidung ist freiwillig. In seiner Fabrikanlage in Dallas stattet Mary Kay, Inc., jeden Produktionsarbeiter jedes Jahr mit drei Sets Arbeitskleidung aus. Die Frauen bekommen leuchtend rote Outfits mit bedruckten Blusen und Hosen. Die Männer erhalten blaue Hosen und Hemden mit passenden Baseballkappen. Mitarbeiter bei den Los Angeles Dodgers erhalten dieselben Artikel – Dodger Caps, Jackets, Schläger –, die die Fans während der Baseballsaison erhalten. Flugbegleiter bei Delta Airlines können aus einer Vielzahl unterschiedlicher Stile Uniformen wählen. Die City of Decatur überreicht jedem Mitarbeiter ein »Unternehmensjackett« mit dem Logo der Stadt auf der Vorderseite.

Eine Auswahl der Vergünstigungen bei Time Warner

➤ Wenn Mitarbeiter in New York länger als bis 20.00 Uhr arbeiten, bekommen sie 20 Dollar für das Abendessen und die Taxifahrt nach Hause spendiert – sogar bis nach New Jersey.
➤ Mitarbeiter bekommen kostenlose Exemplare aller Time Inc. Zeitschriften.
➤ Väter und Mütter bekommen bis zu einem Jahr Elternzeit.
➤ Mitarbeiter haben freien Eintritt in die wichtigsten Museen von New York City.
➤ Nach fünf Jahren Firmenzugehörigkeit bekommen Mitarbeiter kostenlose medizinische Untersuchungen.

Shirley Kauppi, Inhaberin und Managerin vom King Copper Motel in Copper Harbor, Michigan, stellt für die Reinigungskräfte Saft, Popcorn, Obst und Snacks bereit. Außerdem stellte sie für Ehegatten und Kinder der Mitarbeiter einen Raum zur Verfügung, in dem diese fernsehen oder lesen können, bis die Mitarbeiter mit der Arbeit fertig sind.

Larry Hilcher von Larry Hilcher Ford Arlington, Texas, versorgt seine Mitarbeiter an Thanksgiving und Weihnachten mit einem Mittagessen vom Caterer und überreicht jedem einen Karton mit Steaks und Truthahn. Die Instill Corporation, eine Internet Commerce Firma in Redwood City, Kalifornien, hat ein Firmenkonto in der örtlichen Peet's Kaffeebar. Die Mitarbeiter können in der Pause zu Fuß dorthin gehen und sich einen Becher guten

»Joe« gönnen. Bei der Liebert Corporation in Columbus, Ohio, ein Anbieter von Computer- und Telekommunikationsausrüstungen, steht den Mitarbeitern den ganzen Tag über kostenlos Popcorn zur Verfügung. Leo Burnett Worldwide, Inc., die größte Werbeagentur in Chicago, hat auf jeder ihrer elf Etagen eine Schale mit roten Äpfeln am Empfang stehen. Burnett verteilt täglich 1.000 Äpfel.

Alle 6.000 Mitarbeiter in der Hauptniederlassung von JP Morgan Chase in New York bekommen jeden Tag kostenloses Mittagessen. Diese Versorgungsleistung kostet die Firma 8 Millionen Dollar im Jahr. Mitarbeiter der Northwestern Mutual mit Sitz in Milwaukee bekommen ebenfalls Mittagessen, was Kosten von 3 Millionen Dollar pro Jahr entspricht. Jeden Tag bereitet ein Chefkoch zu geringen Kosten ein siebengängiges Menü für die Mitarbeiter von Merle Norman Cosmetics zu. Snacks und Getränke gibt es in der Frühstücks- und Nachmittagspause gratis in der Cafeteria. Morgens können die Mitarbeiter zwischen Muffins, Gebäck und Croissants wählen, und am Nachmittag gibt es eine Auswahl an Tarts, Kuchen, Donuts, Plätzchen und Eis.

Bei Mary Kay, Inc. wird das Mittagessen subventioniert, sodass eine warme Mahlzeit weniger als drei Dollar kostet. Auf jedem Tisch liegt eine weiße Tischdecke und darauf steht eine Vase mit Blumen. Bei Reader's Digest können Mitarbeiter aus einer Vielzahl warmer und kalter Speisen zum Mittagessen wählen, einschließlich eines kalorienarmen Menüs für gerade einmal 2,20 Dollar. Das Unternehmen bietet zudem den Komfort, jeden Tag Abendessen mit nach Hause nehmen zu können.

Jeden Tag um genau 15.30 Uhr veranstaltet das Fox Chase Cancer Center in Philadelphia eine Teepause mit Gebäck für alle Mitarbeiter, Patienten, Händler und Gäste, die sich gerade in dem Gebäude aufhalten. Etwa 200 Leute genießen jeden Tag diesen Leistungsanreiz. Die Mitarbeiterreaktion auf diese tägliche Tradition ist äußerst positiv. »Es gibt uns die Möglichkeit, aus der Routine auszusteigen, durchzuatmen und die Batterien wieder aufzuladen«, sagt die wissenschaftliche Mitarbeiterin Kathy Alpaugh. »Außerdem haben wir dadurch Gelegenheit, mit den Kollegen zu plaudern und unsere Witze auszuprobieren«, fügt der technische Mitarbeiter Jack Zilfou hinzu. Diese Tradition hat drastische Veränderungen und Herausforderungen überstanden und macht es für jeden ein bisschen leichter, durch den Tag zu kommen.

Das International Mission Board SBC in Richmond, Virginia, gibt sämtlichen Mitarbeitern an Thanksgiving eine Karte plus Süßigkeiten. Überreicht werden diese durch Manager, die mit einem Korb herumgehen. »Die Leute bekommen so viel in der Weihnachtszeit«, sagt Charlene Eshleman, Managerin Mitarbeiterentwicklung, »dass dieses Geschenk etwas ganz Besonderes ist.« Jedes Jahr zu Weihnachten bekommt jeder Mitarbeiter bei Remington Products einen Truthahn, und jedes Jahr wird noch etwas hinzugefügt – Preiselbeersauce, eine Mischung für die Füllung oder ein Gutschein für eine Flasche Wein – alles von Führungskräften eingepackt.

Linda Fuller, Leiterin Business Development bei Jevic in Delanco, New Jersey, berichtet: »Letztes Jahr zu Ostern habe ich Plastikeier gekauft, sie mit Süßigkeiten, ein bisschen Kleingeld (vor allem Pennies) und Gutscheinen, um eine Stunde früher Feierabend zu machen, eine Stunde später zu kommen oder mit mir Mittagessen zu gehen (auf meine Kosten) gefüllt. Um sich ein Ei aus einem wunderschön dekorierten Korb nehmen zu dürfen, mussten die Mitarbeiter die Wochenquote erfüllt haben. Das machte diesen Montagmorgen ein bisschen spannender und gab den Ton für die ganze Woche vor.«

Fallstudie zu Mitarbeiterzuwendungen & Vergünstigungen

Als Valassis, ein Marketingunternehmen mit Hauptsitz in Livonia, Michigan, NCH Marketing Services aufkaufte (mit Hauptsitz in Lincolnshire, Illinois, und Filialen in Großbritannien, Italien, Spanien, Deutschland, Frankreich und Mexiko) stieg der Mitarbeiterstamm von 1.600 auf 4.000 an, und die Firmenstruktur veränderte sich von einer amerikanischen zu einer mit globaler Präsenz. Am ersten Jahrestag der erfolgreichen Akquisition schickte der Vorstandsvorsitzende von Valassis Blumen an sämtliche NCH-Standorte, bedankte sich für das erfolgreiche Jahr und gab einen positiven Ausblick auf die Zukunft. Interne Grafiker gestalteten Dankkarten, die in fünf Sprachen übersetzt und von den CEOs von Valassis sowie NCH unterschrieben wurden. Sie wurden an sämtliche Mitarbeiter in den Vereinigten Staaten und in Übersee verschickt.

Während der Arbeitsstunden konnten die Mitarbeiter von Valassis auf einem im November stattfindenden »Kunstmarkt« selbst gefertiges Kunsthandwerk an andere Mitarbeiter verkaufen, die frei hatten. Das Ereignis wurde sehr positiv aufgenommen.

Die Mitarbeiter werden auch dazu ermutigt, dass ihre Familien zum Mittagessen vorbeikommen. Die Cafeterien sind bestens ausgestattet mit Sitzerhöhungen und Hochstühlen. Valassis hat ein Familienzimmer, in das sich stillende Mütter zurückziehen können. Dor gibt es eine Milchpumpe, Kühlschrank, TV/Videorekorder/DVD, Spielzeug, Sitzsäcke und anderes kinderfreundliches Inventar für Eltern, die ihre Kinder an Schneefrei-Tagen der Schule oder bei Betreuungsnotständen mit zur Arbeit bringen können. Wenn eine Geburt oder Adoption ansteht, überreicht Valassis den werdenden Eltern einen Kindersitz. Außerdem bekommen die Kinder von Mitarbeitern zum Abschluss der Highschool Geschenke. Unter anderem einen Rucksack, gefüllt mit einem Atlas, Snacks und anderen tollen Sachen, für all die Orte, »an die die Kinder noch reisen werden«. Wenn die Kinder aufs College gehen wird ein »Versorgungspaket« in ihr Zimmer im Wohnheim oder ihr Studenten-

> »Wichtiger als eine Unternehmensvergünstigung zu haben, ist es, einen Mitarbeiter zu haben, der diese schätzt.«
>
> Bob Nelson

apartment geschickt, mit allerlei Notwendigem: Waschmittel, ein Wäschesack, Snacks und Telefonkarten, damit sie zu Hause anrufen können.

In der Zentrale in Livonia hat Valassis einen Friseur und ein Nagelstudio im Gebäude. Es gibt einen Arzt, der Mitarbeiter im Büro aufsucht und auch online Fragen beantwortet. Alle Mitarbeiter bekommen im Haus zu reduzierten Preisen einmal jährlich eine Grippeimpfung.

Northwestern Mutual in Milwaukee hat Dutzende von Clubs, von Angeln über Joggen bis zum unternehmenseigenen Chor. Rentner, die weiter daran teilnehmen wollen, brauchen keine Gebühren zu zahlen.

> »Hier ist eine simple, aber wirkungsvolle Regel ... gib den Leuten immer mehr als sie erwarten.«
> Nelson Boswell

Überall auf der Welt können die Mitarbeiter von Hewlett-Packard eine begrenzte Anzahl von Tagen zu geringen Kosten in einem der firmeneigenen Erholungsgebiete verbringen. Das sind unter anderem der Little Basin Park in den Santa Cruz Mountains, drei Anlagen in Colorado, eine Ferienanlage in den Pocono Mountains von Pennsylvania, eine Stadtvilla in Malaysia, eine Ferienanlage an einem See in Schottland sowie ein Ski-Chalet-Komplex in den deutschen Alpen. Johnson Wax hat neun Ferienanlagen in verschiedenen Landesteilen, um seine Mitarbeiter samt der Familien unterzubringen, dazu zählen das Lighthouse Resort im Norden Wisconsins und Ferienanlagen in Cape Cod und am Lake Tahoe. Auch andere Unternehmen bieten Ferienunterkünfte an. Zum Beispiel Springs Mill, ein Textilfabrikant in Fort Mill, South Carolina, sowie Steelcase, ein Büromöbelhersteller in Grand Rapids.

IBM bietet Mitgliedschaften zu Sonderpreisen in Erholungseinrichtungen, einschließlich den Country Clubs in Poughkeepsie, Sands Point, und Endicott, New York. Bei 3M steht das Tartan Park Clubhouse – ein Country Club in Lake Elmo, nur 3M-Mitarbeitern zur Verfügung (für einen symbolischen Jahresbeitrag). Fast 10.000 Mitarbeiter von E. I. du Pont de Nemours in der Region Wilmington sind Mitglieder in den firmeneigenen Golfclubs. Es gibt vier 18-Loch-Golfplätze, drei in Wilmington und einen in Newark, Delaware, sowie Tennisplätze und Anlagen mit Räumlichkeiten für Abendessen und gesellschaftliche Veranstaltungen.

Jubiläen von Mitarbeitern & Unternehmen

Das Feiern von Jubiläen ist eine bedeutende Art und Weise, um eine lange Beziehung zwischen einem Unternehmen und seinen Mitarbeitern zu würdigen. 92 Prozent der Unternehmen und Organisationen haben irgendeine Art von Belohnung für Dienstjahre, und etwa 50 Prozent der Mitarbeiter halten solche Programme für sehr oder extrem wichtig. Zwar wird dabei eher die Zugehörigkeit als die Leistung gewürdigt, aber eine lange Verweildauer des Mitarbeiters im Unternehmen ist entscheidend für Erfolg und Stabilität der meisten Organisationen. Geburtstage zu feiern ist ebenfalls wichtig und eine etwas persönlichere Möglichkeit für Unternehmen, ihre Mitarbeiter zu würdigen. Im Folgenden ein paar Beispiele.

Bei Country Kitchen International mit Hauptsitz in Madison, Wisconsin, bekommen die Mitarbeiter nach dreimonatiger Dienstzeit einen goldenen Stern, den sie an ihrer Uniform tragen können. Weitere Sterne gibt es jeweils nach sechs und neun Monaten. Bei der in Minnesota ansässigen Wilson Learning Corporation bekommt jeder Mitarbeiter nach drei Monaten im Amt eine Mickey-Mouse-Armbanduhr, die ihn immer daran erinnern soll, Spaß bei der Arbeit in diesem Unternehmen zu haben. Am zehnten Jahrestag bekommt der Mitarbeiter noch einmal eine Mickey-Mouse-Uhr – diesmal jedoch aus Gold. Jedes Westin Hotel veranstaltet jedes Jahr ein Bankett, um Mitarbeiter zu würdigen, die mehr als fünf Jahre bei der Firma beschäftigt sind. An ihrem fünften Jahrestag bei Mary Kay, Inc. erhalten die Arbeitnehmer 20 Aktien; an ihrem zehnten Jahrestag erhalten sie 80 Aktien und an ihrem fünfzehnten sind es 120 Aktien. Die H. B. Fuller Company, ein Hersteller von Klebstoffen und Dichtungsmaterial in St. Paul, vergibt, beginnend mit dem zehnten Jubiläum eines Mitarbeiters, alle fünf Jahre einen Sonderurlaub. Das bedeutet, dass der Betreffende nach 10, 15, 20 … Jahren, zwei Wochen bezahlten Extraurlaub sowie 800 Dollar erhält.

Das Griffin Hospital in Derby, Connecticut, wollte für seine Mitarbeiter, die seit fünf Jahren oder noch länger dort beschäftigt waren, etwas Besonders tun. Das führte zu einer eigenen Version von *Deutschland sucht den Superstar* –

der »Griffin Idol Fun Night.« Elf Mitarbeiter meldeten sich als Teilnehmer und ihre Darbietungen wurden in einem lokalen Nachrichtenstudio aufgezeichnet.

Lands' End würdigt Mitarbeiter, die 10-, 20- oder 25-jähriges Firmenjubilum haben. An ihrem Jahrestag erhalten sie ein von ihnen gewähltes Kleidungsstück sowie einen gerahmten und signierten Katalog aus dem Jahr ihres Firmeneintritts. In einem Jahr wurden die entsprechenden Mitarbeiter gefragt, wie sie ihren Jahrestag feiern möchten. Sie konnten wählen zwischen 1. einer Spiele-Show, 2. einer Packer-Party, und 3. einem Rock'n'Roll-Fest. Letzteres hat gewonnen, also engagierte das Unternehmen eine Rock'n'Roll-Band, servierte Hamburger und Pommes in einem Korb, schmückte alles in Pink und Schwarz und stellte überall Ikonen der 1950er-Jahre auf. Es gab Kennenlern- und andere Spiele und alle möglichen 1950er-Preise und Werbegeschenke. Am Ende der Feier wurden alle Ehrengäste mit altmodischen Root-Beer-Wagen nach Hause gebracht.

> »Das Gehirn, ebenso wie das Herz, wendet sich dahin, wo es geschätzt wird.«
> Robert McNamara, ehemaliger US-Verteidigungsminister

»An den Geburtstagen der Ehepartner von Mitarbeitern schicken wir diesen Blumen oder Tortentelegramme an den Arbeitsplatz oder nach Hause. Das ist eine tolle Sache«, erzählt Michael L. Finn, Chairman und CRO (Chefbeseitiger von Hindernissen) bei Fortress Safe & Lock in Cincinnati. Bis zum Alter von 16 Jahren bekommt jedes Kind eine Geburtstagskarte und Kinokarten im Wert von 20 Dollar. »Die Familien mit einzubeziehen bedeutet allen sehr viel«, lautet das Fazit von Finn.

Für sein Mitarbeiter-Jubiläumsprogramm geht Arbitron über die üblichen Uhren, Stifte und Schmuckstücke hinaus und bietet den Mitarbeitern die Möglichkeit, online zu shoppen. Dabei können die Mitarbeiter aus einer Vielzahl von Produkten und Dienstleistungen wählen – von Möbeln über Nahrungsmittel bis zu Reisen. Eine Mitarbeiterin forderte, dass ihr das Unternehmen nach 20 Jahren stehender Tätigkeit in der Poststelle einen Fußmasseur schuldig sei – und sie bekam einen!

Robert W. Baird's Quarter Century Club würdigt alle, die 25 Jahre oder noch länger dem Unternehmen angehören. Mittlerweile hat der Club 74 Mitglieder, was 20 Prozent aller Mitarbeiter entspricht. Als Baird eine Mitarbeiterumfrage durchführte und fragte: »Wenn es nach Ihnen geht, werden Sie dann in fünf Jahren immer noch für Baird tätig sein?« 82 Prozent hielten das für sehr oder höchst wahrscheinlich.

Als eine Mitarbeiterin des Office of Personnel Management in Washington D.C. das 25-jährige Dienstjubiläum erreichte, wurde sie gefragt, wie sie das feiern wolle. Sie sagte, sie hätte schon immer einmal auf einem Elefanten reiten wollen. Also wurde im örtlichen Zoo nachgefragt, ob das arrangiert werden könnte. Es war möglich. Von dem Ereignis wurden Fotos geschossen und ein Tag organisiert, an den sich die loyale Mitarbeiterin immer erinnern wird.

Mel Powell, Manager der Trainingsabteilung der Kellogg Company in Battle Creek, Michigan, verwandelte einen Konferenzraum in ein Büro für einen seiner Senior Ausbilder, um dessen 25-jährige Betriebszugehörigkeit zu würdigen. Bei Hallmark Cards in Kansas City, Missouri, können Mitarbeiter ihre Kollegen zum gemeinsamen Kuchenessen einladen. Bei jeder Feier sind zwischen 200 und 1.000 Personen anwesend. Pitney Bowes mit Hauptsitz in Stamford, Connecticut, gewährt Mitarbeitern mit 25-jähriger Dienstzugehörigkeit einen Monat Extraurlaub. In diesen Genuss kommen die Betreffenden von da an alle fünf Jahre.

Das Employee Recognition Comittee der Bibliothek an der Wake Forest University wollte alle Mitarbeiter würdigen, hatte dafür aber nur begrenzte Mittel zur Verfügung. Mary Lib Slate, Bibliothekarin für Regierungsdokumente erzählt: »In unserem Gebäude sind Speisen und Getränke verboten, abgesehen von Wasser in geschlossenen Behältern. Als kauften wir Wasser in Flaschen, entwarfen Karten und banden sie mit hübschen Bändern um die Flaschen.

> »Geburtstagsfeiern der Belegschaft sind häufiger als Board Meetings. Wenn Ihr großer Tag da ist, trommeln wir alle zusammen und singen ›Happy Birthday‹. Das tun wir für jeden Mitarbeiter.«
>
> Harvey Mackay, Firmenchef, Mackay Envelope Corp.

Auf den Karten war ein Foto des Gebäudes und die Aufschrift: ›Auf Ihr Wohl.‹ Die Karten konnten als Lesezeichen verwendet werden. Der Director oder sein Assistent überreichten die Flaschen am jeweiligen Geburtstag des Mitarbeiters. Das würdigte nicht nur diesen besonderen Tag, sondern bot auch Gelegenheit, ein paar persönliche Worte an den Mitarbeiter zu richten. Die Gesamtkosten für mehr als 50 Personen betrugen weniger als 14 Dollar.«

Im Elektrizitätswerk West Texas Utilities in Abilene, Texas, ist es den Mitarbeitern erlaubt, zur Feier ihres Geburtstages oder zu besonderen Gelegenheiten Kuchen oder Donuts mitzubringen, um während der Pause mit den Kollegen zu feiern. Dadurch können die Mitarbeiter selbst entscheiden, ob sie feiern wollen, und dem Unternehmen entstehen keinerlei Kosten. Die meisten Mitarbeiter nehmen daran teil.

Manny Fernandez, CEO von Gartner, Inc., einer Technologieberatung in Stamford, Connecticut, ruft jeden Mitarbeiter an seinem oder ihrem Geburtstag an. Er sagt: »Das war wesentlich leichter, als wir noch ein kleines Unternehmen waren. Jetzt muss ich manchmal 12 Anrufe an einem Tag erledigen. Aber es ist eine tolle Methode, um in Kontakt mit dem zu bleiben, was in der Firma los ist. Und den Mitarbeitern scheint es zu gefallen.« Martin Edelston, Chairman und CEO des Verlagshauses Boardroom, Inc., in Greenwich, Connecticut, unterschreibt persönlich die Geburtstagskarten an seine 85 Mitarbeiter und schaut an diesem Tag für ein Geburtstagsständchen bei ihnen vorbei.

Beim Veterans Administration Philadelphia Regional Office and Insurance Center hat jeder Mitarbeiter im Monat seines Geburtstags das Privileg, einem Mitarbeiter den Extra Step Award in Form von 30 Dollar zu überreichen. Dieser Preis wird vergeben, wenn sich jemand besonders hilfsbereit gegenüber den Kollegen gezeigt hat.

Der Vorstandsvorsitzende von Merle Norman Cosmetics führt Buch über sämtliche Geburtstage der Mitarbeiter. Er sucht Mitarbeiter aus, die dem Betreffenden an dem Tag gratulieren. Außerdem gibt es von der Geschäftsführung gebackenen Kuchen für die Mitarbeiter.

Als vier Mitarbeiter vom Porterville Developmental Center in Porterville, Kalifornien, am selben Tag Geburtstag hatten, haben Kollegen ihnen die Augen verbunden und sie zu einem Restaurant gefahren. Auf ihren Rücken klebten Schilder mit »Das ist meine Party«, und alle im Restaurant standen auf und sagen: »Happy Birthday«.

An den Geburtstagen und Hochzeitstagen von Mitarbeitern schickt die Zentrale von Dairy Mart in Laval, Quebec, persönliche Briefe und Karten in die Filialen. Bei Iteris, Inc., dem Hersteller von Robotern und satellitengestützten Aufnahmegeräten, wird ein Foto des Geburtstagskindes auf einem riesigen Wandkalender gezeigt. In den Büros von Capital One Services in Tampa, Florida, werden Geburtstage und Jubiläen von Mitarbeitern gewürdigt, indem während des betreffenden Monats Styroportorten auf die Trennwände ihrer Arbeitskabinen gestellt werden.

- ➤ Überreichen Sie jedem Mitarbeiter am Jahrestag jeweils eine Rose für jedes Jahr Betriebszugehörigkeit.
- ➤ Überreichen Sie Preise beim Abendessen zur Feier des Anlasses.
- ➤ Fragen Sie die Mitarbeiter, wie sie für lange Betriebszugehörigkeit belohnt werden möchten.
- ➤ Lassen Sie auf eine Platte die Namen der Mitarbeiter gravieren, die 10, 15, 20 oder mehr Jahre dem Unternehmen angehören. Würdigen Sie individuelle Leistungen in jedem Quartal während einer Mitarbeiterversammlung.

Finanzdienstleister Compass Bancshares in Birmingham, Alabama, plant bei jedem Geburtstag eines Mitarbeiters einen Mittagessen-Ausflug. Er oder sie wählt das Restaurant aus und der Manager bezahlt die Rechnung. Alle anderen Belegschaftsmitglieder sind eingeladen, zu Selbstkosten teilzunehmen. H. B. Fuller Company and Recreational Equipment, Inc., (REI) gibt den Mitarbeitern an ihrem Geburtstag frei. Lowe's Companies, eine Heimwerkerkette mit Hauptsitz in Mooresville, North Carolina spendiert dem Geburtstagskind das Mittagessen. Alle Mitarbeiter von Mary Kay, Inc. erhalten eine Geburtstagskarte und einen Gutschein für ein Mittagessen zu zweit.

Wenn die Mitarbeiter von Robert W. Baird vierzig werden, erhalten sie den »Geburtstagsstein«, der auf ihrem Schreibtisch bleibt, bis der nächste Kollege vierzig wird. Dieser Stein macht schon seit Jahren die Runde durch das Unternehmen. Einer der Manager bei Baird lässt seine Mitarbeiter zudem ein paar Stunden früher Feierabend machen. Und jedes Jahr im Januar bedankt sich Robert W. Baird bei all seinen Mitarbeitern für ihre Beiträge und ihr Engagement für das Unternehmen. Der Tag beginnt mit Gebäck und Kaffee, bei dem man sich mit den Topmanagern unterhalten kann. Im Laufe des Tages erhalten Mitarbeiter von den Managern Bonusschecks, und die Firma macht an diesem Tag früh Feierabend.

Boardroom Inc., Herausgeber verschiedener führender Newsletter, feierte einmal einen Meilenstein mit Stil. Chairman und CEO Martin Edelston sagt: »Um das Leben spaßiger zu gestalten, hatten wir eine Dixieland-Band da. Wir feierten das Jubiläum des Unternehmens in neuen Räumlichkeiten, die Rückkehr einer Mitarbeiterin aus dem Mutterschutz und den einer anderen Mitarbeitern von der Hochzeitsreise.«

Die Ehepartner von Mitarbeitern bei einer Black & Decker Niederlassung in Anaheim, Kalifornien, bekommen am Geburtstag der Mitarbeiter Blumen, um ihnen für ihre Unterstützung zu danken. Auch die Ehegatten von Mitarbeitern, die häufig auf Dienstreise sind, bekommen Blumen.

Bei Leo Burnett Worldwide, Inc., einer Anzeigenagentur mit Hauptsitz in Chicago, erhält jeder Mitarbeiter am Jahrestag ein Geschenk. Das waren bisher zum Beispiel Marmelade oder Gelee, eine Modelleisenbahn, Statuen oder Weinflaschen mit personalisierten Etiketten. Außerdem erhält jeder Mitarbeiter einen Dollar pro Jahr des Bestehens der Agentur.

Als Baxter International, Inc., sein 15-jähriges Jubiläum beging, wurden 50 Arbeiter aus 50 Fabriken in 18 Ländern als Botschafter eingeladen. Sie reisten alle zur Feier des Tages in die Zentrale nach Deerfield, Illinois. Bei der Feier anlässlich des 15-jährigen Jubiläums von Ryder System teilten sich die Mitarbeiter einen Kuchen in Form eines Lkws mit gelber Glasur.

Zur Feier des 17. Jahrestags einer britischen Tochtergesellschaft hat Johnson Wax seine Fabrik in Racine, Wisconsin, eine Woche lang geschlossen, eine Boing 747 gechartert und die gesamte britische Belegschaft – 480 Mitarbeiter – in die Vereinigten Staaten geflogen. Dort wurden sie in Hotels untergebracht, durch die Räumlichkeiten des Unternehmens geführt, konnten einkaufen gehen und nahmen an einem Bankett teil. An einem Abend nahmen die Mitarbeiter von Racine die britischen Gäste mit zu sich nach Hause und luden sie dort zum Abendessen ein. Die Besucher verbrachten auch zwei Tage in New York mit dem Besuch von Sehenswürdigkeiten.

Die Feier anlässlich des 17. Jahrestages von Alaska Airlines bestand aus mehreren Ereignissen:

> *Trivia Contest:* Mitarbeiter, die die richtigen Antworten zur Geschichte Alaskas wussten, nahmen an einer Verlosung teil.

> *Anniversary Luncheon:* Das Unternehmen lud 70 seiner langjährigen Mitarbeiter zu einem Mittagessen im Canadian Museum of Flight in Langley, British Columbia ein, um über die »gute alte Zeit« zu reden. Zu den Gastrednern gehörten ehemalige und aktuelle CEOs von Alaska Airlines.

> *Poesie- und Gesangswettbewerb:* Die Mitarbeiter waren aufgefordert, ein Gedicht oder Lied zu texten, das die Geschichte der Fluglinie skizzierte. Der Gewinner erhielt eine Pauschalreise nach Alaska.

Als die Beneficial Management Corporation of America mit Sitz in Peapack, New Jerseys, den 75. Jahrestag feierte, wollte das Unternehmen einen spürbaren Anstieg der Verkaufsabschlüsse initiieren. Um die Konkurrenz zu überflügeln, entschied das Management, Mitarbeiter mittels eines Warenanreizes auf drei Ebenen zu motivieren – Abteilungsmitarbeiter, Abteilungsmanager und Bereichs-/Gebietsleiter. Mitarbeiter, die das Ziel erreichten, konnten sich ihre Belohnung in Form hochwertiger Waren aus einem attraktiven Katalog aussuchen. Außerdem versprach das Unternehmen, dass alle an einer Verlosung teilnehmen würden. 98 Prozent der angesprochenen Zielgruppe beteiligten sich an der »Celebration Continues«-Kampagne. Im Laufe von 12 Monaten stiegen die Verkaufszahlen des Unternehmens um 31 Prozent.

> »Die Unternehmensleitung muss begreifen, dass die Arbeiter eine partnerschaftliche Rolle spielen müssen ... Und das betrifft nicht nur das Einstellen und das Jobangebot, sondern das Verbessern der Qualität und der Moral der gesamten Belegschaft des Unternehmens.«
>
> Stephen Roach, Chefökonom, Morgan Stanley

Wohltätigkeit & gemeinnützige Organisationen

Mitarbeiter schätzen Unternehmen, die ihre Bemühungen bei der Unterstützung von Wohltätigkeitsorganisationen und Freiwilligendienst in öffentlichen Einrichtungen unterstützen. Dieses Verhalten wirft ein gutes Licht sowohl auf den Einzelnen als auch auf das Unternehmen.

Lyn Hilbert, stellvertretende Personalleitung des BlueCross BlueShield von North Carolina berichtet: »Unsere Belegschaft ist stark eingebunden in viele wohltätige Aktionen, und die Mitarbeiter opfern unermüdlich ihre Freizeit. Um ihnen dafür zu danken, hat vor nicht allzu langer Zeit ein Manager eine Reihe Lance Armstrong ›Live Strong‹-Armbändern bestellt. Jeder Mitarbeiter erhielt eines, zusammen mit einem kurzen Schreiben, in dem ihm für seine Kraft gedankt wurde, und der Manager ihn wissen ließ, dass er dadurch schon viele Male stark gelebt hätte.«

> »Ein Unternehmen, das nur Geld abwirft, ist eine armselige Form von Unternehmen.«
>
> Henry Ford, Gründer, Ford Motor Company

Wenn ein Paychex-Mitarbeiter einen persönlichen Schicksalsschlag erleidet (schwere Krankheit, Tod des Ehegatten oder eines Kindes), organisieren die Kollegen oft eine Spendenaktion, in die manchmal mehrere Paychex-Standorte einbezogen sind. Das Unternehmen gibt ebenfalls etwas dazu, manchmal den gleichen Betrag noch einmal.

Jeff Sack, Manager der Abteilung Partnership Support Tech bei Eastern Connection, einem Paketversandunternehmen mit Sitz in Woburn, Massachusetts, hat ein Programm eingeführt, um herausragende Beiträge von Mitarbeitern zu würdigen. Immer wenn einem Mitarbeiter Anerkennung gezollt wird, sei es durch einen Kundenbrief oder intern, kauft das Unternehmen ein Buch in seinem oder ihrem Namen und stiftet es der örtlichen Schule oder Bibliothek.

> »Eine Idee ist wie eine zarte Flamme. Sie auszupusten ist wesentlich leichter, als sie am Brennen zu halten. Ideen erstrahlen, weil jemand sie hat, ein anderer sie unterstützt und niemand sie abschmettert. Unternehmen müssen Mitarbeiter dafür belohnen, kreativ zu sein und neue Ideen zu entwickeln.«
>
> Tom Peters, Autor und Managementberater

In Santa Clara, Kalifornien, hat der dort ansässige Hersteller von Kreditkarten-Transaktionssystemen VeriFone eine großartige Methode, um Mitarbeitern durch schwere Zeiten zu helfen. Das Veri-Geschenkprogramm wurde eingeführt. Bei diesem können Mitarbeiter nicht benötigte Urlaubstage in eine »Urlaubsbank« einzahlen. Diese werden an Mitarbeiter vergeben, die gerade persönliche Probleme zu bewältigen haben, jedoch ihre eigenen Urlaubstage bereits aufgebraucht haben.

Bei Duncan Aviation können Mitarbeiter, die einer Wohltätigkeitsorganisation etwas gespendet haben, an Freitagen in Jeans zur Arbeit kommen.

Valassis hat ein Brieffreunde-Programm eingeführt, um über die Kinder Beziehungen zwischen den Mitarbeitern in Europa, Kanada, Mexiko und den Vereinigten Staaten zu pflegen. Die Kinder melden sich zu dem Programm an, eröffnen den jährlichen »Bring dein Kind mit zur Arbeit«-Tag und haben die Möglichkeit, via E-Mail oder per Brief miteinander zu kommunizieren.

Bei Robert W. Baird wurde ein Programm eingeführt, dass es den Mitarbeitern gestattet, pro Jahr einen Tag bezahlten Urlaub zu nehmen, um ehrenamtliche Arbeiten zu verrichten. Außerdem organisieren viele Abteilungen Essenssammlungen sowie Geschenkaktionen zu den Feiertagen und unterstützen Fundraising-Läufe für wohltätige Organisationen in der Gemeinde. Etliche Mitarbeiter, die in den vergangenen Jahren im Mittleren Osten tätig waren, erhielten während ihrer Zeit dort regelmäßig von Kollegen E-Cards und Hilfspakete. Der übers Intranet verschickte elektronische Newsletter berichtete zudem mehrfach über die Reservisten.

Bei Decision Analyst in Arlington, Texas, »adoptierten« die Mitarbeiter über Thanksgiving eine Familie und brachten

Wohltätigkeit & gemeinnützige Organisationen

ihr am Dienstag vor dem Feiertag Lebensmittel. Tom Thumb, eine Mini-Markt-Kette, ermuntert jede Filiale dazu, sich eine Familie aus dem Ort zu suchen, die Unterstützung braucht. Das Unternehmen stiftet dann den gleichen Betrag, den die Mitarbeiter bei einer Sammlung zusammenbringen, um dieser Familie zu helfen. Bei BAE Systems North America in Rancho Bernardo, Kalifornien, servierten Führungskräfte im Frack in der Thanksgiving-Woche den mehr als 1.000 Mitarbeitern Hühnchen zum Mittagessen. Das dabei eingenommene Trinkgeld, zusammen knapp 1.500 Dollar, startete eine Fundraising-Aktion, um zu Weihnachten Fahrräder für die Kinder von Militärangehörigen zu kaufen. Im vorhergehenden Jahr kauften BAE-Mitarbeiter 508 Fahrräder für denselben Zweck.

Die Texas Utilities Company ermutigt ihre 13.000 Mitarbeiter, an Wohltätigkeitsveranstaltungen teilzunehmen, und gibt den Mitarbeitern frei, um ehrenamtlich bei einer wohltätigen Organisation ihrer Wahl mitzuarbeiten.

Bei Pfeiffer & Company, früher in San Diego ansässig, riefen die Mitarbeiter einen Weihnachtschor ins Leben, besuchten ein örtliches Kinderkrankenhaus und traten dort auf. Begleitet wurden sie von einem Manager am Klavier. Für diese und andere wohltätige Aktivitäten bekamen sie jeweils einen halben Tag frei.

Die Ford Motor Company in Dearborn, Michigan, ermutigte die Mitarbeiter, an verschiedenen lokalen Aktionen teilzunehmen, die beispielsweise während der Brustkrebskampagnen oder den »Race for the Cure«-Wohltätigkeitsläufen oder -märschen stattfinden. Mitarbeiter gewinnen ihre eigenen Sponsoren, die Schecks für die beteiligten Wohltätigkeitsorganisationen ausstellen.

> »Wenn sich Führungskräfte des Unternehmens in Wohltätigkeitsorganisationen engagieren, sendet das die Botschaft aus, dass sich die Führungskräfte in ihrer Gemeinde einbringen, dass es im Leben um mehr geht, als nur Gewinne zu erwirtschaften, und dass sie es wichtig nehmen, wenn ihre Mitarbeiter ein ausgeglichenes Leben haben.«
>
> Dr. Ann McGee-Cooper, Beraterin

Am Lee-Jeans-Standort in Merriam, Kansas, können die Mitarbeiter teilnehmender Abteilungen für 5 Dollar das Recht »kaufen«, in Jeans zur Arbeit zu kommen. Sämtliche Einnahmen gehen an die Komen Foundation.

Ilana Farwell, General Manager der Comfort Inn in Ithaka, New York, wollte die Mitarbeiter dazu motivieren, ein neu eingeführtes Recyclingprogramm zu unterstützen, das den vom Hotel produzierten Müll reduzieren sollte. Anfangs betrachteten die Mitarbeiter das Programm nur als zusätzliche Arbeit, also unternahmen die Manager mit ihnen einen Ausflug zur örtlichen Wiederverwertungsanlage, wo sie viel über die Bedeutung des Recyclings erfuhren und weitere Tipps zum Reduzieren von Müll bekamen. Als weiterer Anreiz wird sämtliches Flaschen- und Dosenpfand genutzt, um Wasser in Flaschen und Limonade für die Mitarbeiter zu kaufen. Innerhalb nur eines Jahres konnte das Unternehmen große Einsparungen verzeichnen. Die Mitarbeiter hatten jetzt Spaß daran, Müll zu reduzieren, Geld zu sparen und gleichzeitig etwas Gutes für die Umwelt zu tun.

Timberland ist stolz auf sein Passive Service Sabbatical Programm. Dieses Programm, das allen Mitarbeiter offensteht, die seit mindestens drei Jahren für das Unternehmen arbeiten, gestattet es den Mitarbeitern, sechs Monate lang ehrenamtlich für eine Nonprofit-Organisation zu arbeiten, während ihnen Timberland weiterhin Gehalt bezahlt. Einige Mitarbeiter arbeiteten in Übersee und einer in einem Waisenhaus in Peru.

Fallstudie zu Anerkennungsprogrammen im Bereich Wohltätigkeit

Meridian Health, ein führendes Krankenhaussystem inmitten von New Jersey, hat ein Programm namens WIN. Es steht für »When in Need«, wenn Hilfe gebraucht wird. Es handelt sich um einen von den Mitarbeitern eingerichteten Notfallfonds, mit dem Kollegen in Notfällen, von Bränden bis zur drohenden Zwangsversteigerung, finanzell geholfen werden kann.

Die Bedürftigkeit ist realer und die Geschichten sind um einiges persönlicher, wenn man weiß, dass es sich dabei um einen Kollegen handelt. Als einer Mitarbeiterin von Meridian Health das Geld fehlte, um ein Elternteil zu beerdigen, wandte sie sich an den WIN-Fonds und bekam Unterstützung. Nachdem es bei einer anderen Kollegin gebrannt hatte, bekam sie Geld für die Kaution für ein neues Apartment. Eine dritte Kollegin, der mitten in einer finanziellen Krise das Gas abgestellt werden sollte, bekam eine Finanzspritze, um das zu verhindern. Schon vor der Einführung des WIN-Fonds haben die Mitarbeiter für krisengeplagte Kollegen spontan Geld gesammelt. Aber Mitarbeiter spenden in der Regel gern für einen Kollegen, den sie kennen, aber weniger gern für ihnen fremde Mitarbeiter – wie zum Beispiel jemanden aus der Nachtschicht. John Sidoni, Senior Vice President Human Resources sagt dazu: »Wir erkannten, dass wir mehr tun mussten, um die Verteilung gerecht zu halten und einen Überblick darüber zu bekommen.«

➤ Geben Sie der Abteilung einen Tag frei, um in einem Obdachlosenheim zu arbeiten oder beim Säubern eines öffentlichen Parks zu helfen.
➤ Geben Sie den Mitarbeitern frei, damit sie an Blutspendenaktionen teilnehmen können.
➤ Spenden Sie im Namen des Mitarbeiters an eine wohltägige Organisation seiner oder ihrer Wahl.

Um das Problem zu lösen, gründete Meridian Health, eine Gruppe von Nonprofit Organisationen inmitten von New Jersey 2001 den WIN-Fonds. Dieses Programm ermöglicht es den Mitarbeitern, über die Meridian Affiliated Foundations in einen gemeinsamen Fonds einzuzahlen. Einmal im Jahr, über eine einmalige Zahlung oder durch Abzug vom Gehalt, können die Mitarbeiter für eine Vielzahl von Programmen spenden, die das medizinische Zentrum unterstützen. Dazu zählen zum Beispiel der Patient Comfort Fonds, der bedürftige Patienten finanziell unterstützt, oder eben der WIN-Fonds.

Lorraine McLaughlin, Personalverantwortliche, sagt: »Wir hören ständig von den Mitarbeitern, wie sehr sie die kleinen Dinge schätzen, die wir für sie tun – insbesondere, wenn sie diese Dinge am dringendsten brauchen. Der WIN-Fonds ist dafür ein gutes Beispiel. Und dass dieses Programm von den Mitarbeitern finanziert und gemanagt wird, macht es für die Betroffenen noch bedeutsamer.« Um den WIN-Fonds nutzen zu können, müssen die Mitarbeiter die 90-tägige Probezeit überstanden haben und vor einem Problem stehen »das sie nicht durch eigenes Verschulden verursacht haben«, erklärt Sindoni. Der WIN-Fonds übernimmt Kosten für Energie- und Wasserversorgung, Nahrungsmittel und Kleidung. Sogar Mitarbeiter, die nicht in den Fonds eingezahlt haben, können diesen bis zu einer Höhe von 1.000 Dollar um Unterstützung bitten. Seit 2001 haben 537 Mitarbeiter insgesamt 108.267 Dollar gespendet. Allein im Jahr 2004 hat der Fonds etwa 20.000 Dollar an bedürftige Mitarbeiter vergeben.

Als Teil des Meridian-Health's-Total-Rewards-Programm, welches die Bereiche Gehalt, Boni, Arbeitsumgebung, Kultur, Ausbildung, Entwicklung und Work-Life-Balance umfasst, hat der WIN-Fonds dazu beigetragen, unbesetzte Stellen im Pflegebereich zwischen 3 und 4 Prozent zu halten – verglichen mit 8,4 Prozent in New Jersey und 13 Prozent landesweit. Er harmoniert auch ausgezeichnet mit den »fünf Säulen der Spitzenleistung« des Unternehmens: Menschen, Qualität, Service, Wachstum und Finanzen, die dazu beitragen, das Meridian zu einem begehrten Arbeitgeber zu machen, zu einem Krankenhaus erster Wahl für Patienten und einer geschätzten Institution der Gemeinde.

> »Der strategische Personalleiter ist derjenige, der dem CEO sagt: ›Wir müssen unseren zukünftigen Personalbedarf planen. Dazu gehört auch, eine Kultur zu schaffen, die den Leuten sagt, dass wir ein Arbeitgeber sind, bei dem man gern arbeitet.‹«
> Richard Federico, Vice President of Worklife, The Segal Company

»Die Mitarbeiter betrachten uns nicht nur als Arbeitgeber, sondern als Familie«, sagt Sindoni. »Wir kümmern uns gern um unsere Mitarbeiter und bieten ihnen eine unterstützende Arbeitsumgebung.« Indem sie das tun, lassen sie das soziale Engagement dieser Gemeinde des Pflegepersonal gedeihen.

Die Levi Strauss Foundation stiftet einer gemeinnützigen Organisation, die ein Mitarbeiter ein Jahr lang aktiv unterstützt, 500 Dollar. Wenn der Mitarbeiter im Vorstand einer Nonprofit-Organisation ist, spendet das Unternehmen 500 Dollar, wenn die Organisation ein Budget bis zu 100.000 Dollar hat, 1.000 Dollar für ein Budget zwischen 100.000 Dollar und einer Million und 1.500 Dollar für Budgets über einer Million.

> »Indem man die Spende eines Mitarbeiters an eine wohltätige Organisation seiner oder ihrer Wahl verdoppelt, zeigt man, dass das Unternehmen das schätzt, was der Mitarbeiter schätzt.«
> Bob Nelson

Bei der Atlanta Richfield Company (ARCO) mit Hauptsitz in Los Angeles geht der jährliche Gemeindewohl-Preis an die Mitarbeiter, die der Gemeinde herausragende Unterstützung zukommen ließen. Außerdem erhöht das Unternehmen die Spenden an soziale Einrichtungen oder Colleges jedes Arbeitnehmers oder bereits in Rente gegangenen Mitarbeiters im Verhältnis zwei zu eins.

Bei der DDB Worldwide Communications Group, Inc., einer in New York ansässigen Werbeagentur, bekommen die Mitarbeiter frei, um gemeinnützige Arbeit leisten zu können oder politische Kampagnen zu unterstützen. Bei McCormick & Company, Inc., ein Hersteller von Würzmischungen, Gewürzen und Tiefkühlprodukten mit Sitz in Sparks, Maryland, werden die Mitarbeiter ermutigt, an einem Samstag im Jahr – dem sogenannten Wohlfahrtstag – zu arbeiten. Sie spenden das anderthalbfache Gehalt, das sie für diesen Tag erhalten, einer Wohltätigkeitsorganisation. Das Unternehmen legt noch einmal die gleiche Summe obendrauf. Mehr als 90 Prozent der Mitarbeiter nehmen daran teil.

Der Thurston-Dupar Inspirational Award wird vom Westin Hotel an Mitarbeiter vergeben, die in ihren Jobs nicht nur hervorragende Leistungen gezeigt, sondern auch wichtige Beiträge zum Gemeindewohl geleistet haben. Ein unternehmensweiter Gewinner wird ausgesucht und erhält einen zweiwöchigen Urlaub inklusive aller Kosten in einem Westin Hotel, 1.000 Dollar in bar und die Erstattung der Flugkosten, um an der Verleihungszeremonie bei der jährlichen Managementkonferenz teilzunehmen.

Die State Farm Insurance Company spendet, basierend auf den Verkaufszahlen der Versicherungsmakler in Anreizprogrammen, den Special Olympics Geld sowie für die Restaurierung der Freiheitsstatue.

> »Wenn du keine Nächstenliebe in deinem Herzen spürst, dann leidest du unter der schlimmsten aller Herzerkrankungen.«
>
> Bob Hope, amerikanischer Komiker

Reader's Digest unterhält einen Garten für die Mitarbeiter, in dem diese gegen einen Obolus Gemüse anpflanzen und den Boden beackern und düngen können. Syntegra in Arden Hills, Minnesota, besitzt ebenfalls Grundstücke, auf denen die Mitarbeiter ihr eigenes Gemüse ziehen können. Cato Johnson, eine Werbeagentur in Lombard, Illinois (mittlerweile Wunderman mit Sitz in New York) bot ein »Adoptiere einen Baum«-Set an, das alles enthielt, was nötig war, um in seinem Garten einen Baum zu pflanzen: ein nährstoffreiches Torfstück, eine Tüte Samen, Kies und eine Anleitung. Die drei Baumarten wurden entsprechend der geografischen Region ausgesucht.

Xerox hat ein Sabbatical-Programm, das es jedes Jahr etlichen Mitarbeitern erlaubt, bezahlten Urlaub zu nehmen und für wohltätige Organisationen zu arbeiten. Kundendienstingenieur William Lankford arbeitete zehn Monate beim Bau von Häusern von Habitat for Humanity in den Wäldern des südlichen Marylands mit. »Die Mitarbeiter kehren oft mit Fähigkeiten zurück, von denen sie gar nicht wussten, dass sie sie besitzen«, erzählt Joseph M. Cahalan, Leiter der Xerox Foundation in Stamford, Kalifornien, der das Programm leitet. American Express und Wells Fargo haben ähnliche Programme.

Saskatchewan Telecommunications verlost Warenpreise an Mitarbeiter und zahlt die Erträge in den »Help Our Own People Fund«, für jene, die besondere medizinische Behandlungen brauchen. Bisher haben zehn Mitarbeiter diesen Fonds genutzt, der in seinem ersten Jahr 23.000 Dollar zusammenbrachte.

Unternehmensaktien & Unternehmensbeteiligung

Eine der wirkungsvollsten Anerkennungsformen besteht darin, die Mitarbeiter zu Anteilseignern der Firma zu machen. Dies repräsentiert eine langfristige Bindung an den Betreffenden und ist deshalb in der Regel wenigen vorbehalten. Mitarbeiter, denen ein Anteil an der Firma gehört, verhalten sich ganz anders als die anderen Mitarbeiter.

Laut einer Umfrage bei amerikanischen Beschäftigten bewerten 85 Prozent Aktienoptionen als positiven Anreiz. Im Schnitt wachsen Unternehmen, die ein Belegschaftsaktienprogramm und Managementbeteiligungsprogramme haben, drei- bis viermal so schnell wie andere Firmen. Nachdem zum Beispiel Avis ein Unternehmen in Mitarbeiterbesitz wurde, sank die Beschwerderate um 35 Prozent und der Aktienwert schoss innerhalb von zwei Jahren um 400 Prozent in die Höhe.

Wenn jedem Mitarbeiter das Gefühl gegeben wird, für sein oder ihr eigenes Unternehmen zu arbeiten, werden Stolz, Engagement und Leistung steigen. Das folgende Gespräch zwischen Carl Buchan, Gründer der Lowe's Companies, und einem Filialleiter veranschaulicht die Bedeutung davon, dem Mitarbeiter ein Gefühl von Inhaberschaft zu geben.

»Was ist das?«, fragte Buchan. – »Das ist beschädigte Ware, Sir.« – »Sehen Sie es sich genauer an und sagen Sie mir bitte, was Sie sehen.« – »Nun, das sind eine beschädigte Wasserpumpe, ein zerbeulter Kühlschrank und ein paar Fenster mit kaputten Scheiben«, antwortete der Manager. – »Wenn ich dort hinschaue, sehe ich etwas anderes. Was ich sehe, ist Geld – mein Geld – denn ich habe dafür bezahlt. Und noch bevor das Jahr vorbei ist, werden wir einen Plan haben, nach dem ein Teil davon Ihnen und den anderen Mitarbeitern gehört. Und wenn Sie dann erneut hinschauen, werden auch Sie Geld sehen – und Sie werden besser auf Ihr Geld aufpassen als Sie es jetzt tun. Und infolgedessen werden Sie auch besser auf mein Geld aufpassen.«

Die zehn größten ESOPS*

Unternehmen	Branche	Mitarbeiter
Public Super Markets	Supermärkte	60.000
HealthTrust	Krankenhausmanagement	23.000
Avis	Autovermietung	20.000
Science Applications	Forschung und Entwicklung	11.000
EPIC Healthcare	Krankenhausmanagement	10.000
Charter Medical	Krankenhausmanagement	9.000
Parsons Corporation	Maschinenbau	8.600
Weirton Steel	Stahlproduktion	8.200
Avondale Shipyards	Schiffsbau	7.500
Dan River	Textilbranche	7.000

*ESOP: Employee Stock Ownership Plans (mindestens 20 Prozent Mehrheitsbeteiligung)

Bei der Zweigstelle des Immobiliendienstleisters Bovis Lend Lease's in Atlanta werden die Zinsen eines 1983 für Mitarbeiter eingerichteten Aktienfonds genutzt, um unterschiedliche Mitarbeiterbelohnungen zu finanzieren. Diese reichen von Kinokarten, Blumen, Kursen wie Fallschirmspringen oder Kochen, Anwalts- oder Steuerberaterhonorare, über einen freien Tag, um in einer Wohlfahrtseinrichtung nach Wahl zu arbeiten, bis hin zur Erlaubnis, Familienangehörige auf Geschäftsreisen mitzunehmen.

Etwa 9.500 amerikanische Unternehmen – die circa 10 Prozent der Beschäftigten vereinen – haben ESOPS: Procter & Gamble, J. C. Penney, Lockheed Martin, Polaroid und Time Warner, sie alle haben Mitarbeiterbeteiligungsprogramme. Ein großes Stück vom Unternehmen gehört den Beschäftigten auch bei Federal Express, Hallmark Cards, Linnton Plywood, Lowe's und Quad/Graphics.

Starbucks bietet Mitarbeitern jedes Jahr »Bohnenaktien«, die 14 Prozent ihres Gehalts entsprechen. Die Mitarbeiter müssen die Aktien mindestens fünf Jahre behalten. Anschließend können sie die Differenz zwischen dem Originalpreis und dem aktuellen Aktienkurswert behalten. Bei Apple Computer in Cupertino, Kalifornien erhalten Fließbandarbeiter Aktienoptionen für 200 Anteile (50 pro Jahr für vier Jahre). Angehörige des mittleren Managements erhalten Optionen zwischen 5.000 und 20.000 Anteilen. Bei Citibank's Diners Club können sich Mitarbeiter mit herausragendem Kundenservice Aktien im Wert von 400 Dollar verdienen.

Zu den Unternehmen, die am Profitsharing-Scanlon-Plan partizipieren, gehören unter anderem: die Dana Corporation of Toledo, Ohio, die Teile für Lkws und Industriefahrzeuge herstellt und vertreibt; Magna Donelly Mirrors North America in Troy, Michigan; und Herman Miller, Möbelhersteller in Zee-land, Michigan.

Der Plan fußt auf vier Prinzipien:

1. *Identität:* Jeder im Unternehmen muss das Geschäft, seine Ziele und die Notwendigkeit von Rentabilität verstehen.

2. *Beteiligung:* Jeder im Unternehmen muss die Möglichkeit haben, Entscheidungen zu beeinflussen.

3. *Kompetenz:* Jeder Mitarbeiter muss beständig seine oder ihre Fähigkeiten weiterentwickeln.

4. *Kapital:* Erträge sollen mit Mitarbeitern, Investoren und Kunden geteilt werden – in einem fairen Verhältnis.

Bei LifeUSA (jetzt im Besitz der AllianzLife Insurance Company), einer Versicherungsgesellschaft in Minneapolis, sind alle Mitarbeiter Anteilseigner. Sie erhalten circa 10 Prozent ihrer Vergütung in

---

»Wir arbeiten zwar unter der Leitung eines Managements, aber wir sind Anteilseigner. Deshalb kommt nicht alles von oben nach unten. Vieles geht von unten nach oben. Ich versuche, mein Bestes zu geben. Je besser das Unternehmen performt, desto mehr kommt in meine kleine Kasse.«

Bill Harris,
Einkäufer,
Lowe's Companies

»Unsere Philosophie besteht darin, den Erfolg mit den Menschen zu teilen, die ihn ermöglichen. Dadurch fühlt sich jeder wie ein Inhaber, was wiederum dazu beiträgt, dauerhafte Kundenbeziehungen aufzubauen und Dinge auf effiziente Weise zu erledigen.«

Emily Ericsen,
stellvertretende Personalleitung,
Starbucks Coffee Company

Form von Aktienoptionen und sind effizienter und effektiver als Kollegen in Konkurrenzunternehmen. Laut Gründer Robert W. MacDonald »zeichnen wir vermutlich mehr Geschäfte als 98 Prozent der Unternehmen hier draußen. Und wir tun es mit weniger Mitarbeitern. Weil diese Anteilseigner sind; sie sind involviert und leiten die Firma.« Die Mitarbeiter kontrollieren mehr als 1,8 Millionen Aktien, das sind etwa 4.500 je Mitarbeiter. Damit die Mitarbeiter lernen, wie sie den Wert ihrer Aktien steigern können, führt LifeUSA vierteljährlich Finanzschulungen für Mitarbeiter auf sogenannten »Share the Wealth«-Meetings durch. Außerdem werden von Topmanagern regelmäßig Kurse über Themen wie Marketing, Kundenservice und »Working the Business« durchgeführt.

Bei Lowe's Companies gehören den Mitarbeitern 25 Prozent des Unternehmens. Jedes Geschäft wählt einen Repräsentanten in ein Aufsichtskomitee und veranstaltet monatliche Meetings für die Mitarbeiter, um Veränderungen bei den Geschäftsabläufen oder dem Merchandising zu besprechen. Infolgedessen liegt die Produktivität bei Lowe's 200 bis 300 Prozent über dem Branchendurchschnitt, und die von Mitarbeitern begangenen Diebstähle entsprechen einem Sechstel des Durchschnitts. Als Carl Buchan, Gründer von Lowe's Companies, starb, legte er testamentarisch fest, dass die Mitarbeiter über einen Gewinnbeteiligungsplan und Treuhänder die Möglichkeit hatten, seine sämtlichen Aktien zu kaufen.

Southwest Airlines entwickelte das erste Gewinnbeteiligungsprogramm in der Luftfahrtbranche. Es bezieht die Mitarbeiter in den Unternehmensbesitz mit ein, indem es verlangt, dass sie mindestens ein Viertel ihrer Gewinnbeteiligungsfonds in Unternehmensaktien anlegen. Die Mitarbeiter erhalten regelmäßig die Finanz- und Leistungsdaten wie Gewinn- und Verlustrechnungen, verkaufte Passagiermeilen et cetera, um die Effizienz des Geschäfts überwachen zu können. Infolgedessen hat Southwest acht Mal die »Dreifachkrone« der Branche gewonnen (die wenigsten verlorenen Gepäckstücke, die wenigsten Beschwerden, höchste Pünkt-

> »Warum arbeite ich hier bis morgens um halb drei und komme nach dem Frühstück um acht Uhr früh wieder? Weil mir ein Teil von dem hier gehört. Wir haben das hier aufgebaut und ich spüre eine enorme Verpflichtung, mich darum zu kümmern, dass es weitergeht.«
>
> Ein Partner von Goldman Sachs

lichkeit). Tatsächlich ist Southwest die einzige Fluglinie, die diese Auszeichnung gewonnen hat.

Bei dem Motorenspezialisten Springfield ReManufacturing Corporation (SRC) besitzen die Mitarbeiter das Unternehmen. Eine Methode, mit der SRC die Mitarbeiter an Entscheidungsprozessen beteiligt, ist das sogenannte Great Game of Business – eine Form von Open-book-Management. Eingeführt von CEO Jack Stack schult das Great Game of Business alle Mitarbeiter für ein besseres Verständis sämtlicher Finanzdaten des Unternehmens. Die Mitarbeiter sind eingeladen, das Spiel jede Woche zu spielen, indem sie die wöchentlichen Erfolgsrechnungen und Cashflow-Berichte überwachen und die tatsächlichen Ergebnisse mit den geplanten vergleichen. Auf vierteljährlicher Basis erhalten die Mitarbeiter Boni, die auf bestimmten ausgewählten Finanzzielen fußen wie etwa Vermögensrendite. Stack sagt: »Was die Mitarbeiter lernen, ist, wie man Geld verdient und wie man Profit erwirtschaftet. Je mehr die Menschen verstehen, desto mehr Ergebnis wollen sie sehen.«

> »Du spürst, dass dir die Firma gehört. Das bedeutet, dass du viel weniger Zeit damit verbringst, dir Gedanken darüber zu machen, wem du vielleicht auf die Füße trittst, und stattdessen mehr Zeit damit verbringst, zu überlegen, wie du dieses Unternehmen weiter nach vorne bringen kannst.«
>
> James A. Meehan, Manager, General Electric

Die Science Applications International Corporation (SAIC) in San Diego wurde auf dem Prinzip der Mitarbeiter-Unternehmensbeteiligung gegründet. J. Robert Beyster wusste, dass selbst ein kleiner Geschäftsanteil, der exponentiell wächst, der wirksamste Anreiz sein kann. Beyster ist allerdings weiter gegangen als die meisten Unternehmen, indem er 98 Prozent des Unternehmens an die Mitarbeiter abtrat.

Danksagung

Ohne das unermüdliche Engagement von Nick Swisher, Administrative Assistant Extraordinaire, wäre diese überarbeitete Version immer noch nicht fertig. Er hat jeden kontaktiert, auf den in diesem Buch verwiesen wird, um sämtliche Informationen zu aktualisieren, zu korrigieren und, falls nötig, herauszunehmen. Darüber hinaus hat er unzählige Organisationen angesprochen, um die heutzutage verwendeten besten Anerkennungsmethoden zu identifizieren.

Außerdem danke ich:

▸ Den etwa 1.000 Unternehmen und Organisationen, mit denen ich seit dem Erscheinen der ersten Auflage von *1.001 Ideen, Mitarbeiter zu belohnen und zu motivieren* zusammengearbeitet habe, und insbesondere jenen Klienten von Nelson Motivation Inc., die Beispiele ihrer Anreizsysteme, Methoden und Programme für diese revidierte Ausgabe zur Verfügung stellten.

▸ Dr. Joe Maciariello der Peter F. Drucker Management School an der Claremont Graduate University in Los Angeles, weil er mich auf die Idee zu diesem Buch gebracht hat; meinen Doktorvätern: Dres. Don Griesinger, Harvey Wichman und David Drew für ihre Unterstützung bei der Gestaltung meiner Recherche und den Überlegungen dazu, warum Manager bei ihren Mitarbeitern Anreize benutzen oder nicht; und Dr. Peter Drucker für seinen Rat, sich bei diesem Thema zuerst durch Feldforschung einen Eindruck zu verschaffen und diesen anschließend mittels Studien zu belegen.

▸ Bei Workman Publishing: Lektor Richard Rosen, Cheflektorin Susan Bolotin sowie CEO Peter Workman für ihre Ideen und Unterstützung bei diesem Buch; Yanfei Shen und Anne Cherry für ihre unermüdliche redaktionelle Bearbeitung sowie die fantastischen Mitarbeiter der Marketing- und Werbeabteilung, die dazu beigetragen haben, dass dieses Buch ein solcher Erfolg wurde, unter anderem Jenny Mandel, Kim Cox-Hicks, Katie Workman, James Wehle und Page Edmunds. Ich kann ehrlich sagen, dass die Zusammenarbeit mit euch die reinste Freude war und das auch immer noch ist.

Meine langjährige Freundin, Partnerin und Ehefrau Jennifer und unsere wunderbaren Kinder Daniel und Michelle für ihre anhaltende Liebe, Unterstützung und Ermutigung.

Über den Autor

Dr. Bob Nelson ist ein international anerkannter Experte für Management und Motivation, Mitarbeiteranerkennung und -belohnung sowie die Steigerung von Leistung und Produktivität. Er ist Gründer der Nelson Motivation, Inc. (www.nelson-motivation.com), einem Unternehmen für Managementtraining und -beratung mit Sitz in San Diego, Kalifornien. Er hat zahlreiche Bücher über Management und Motivation veröffentlicht, einschließlich *The 1001 Rewards & Recognition Fieldbook*, *1001 Ways to Energize Employees* und *1001 Ways to Take Initiative at Work*.

Bob Nelson ist ehemaliger Vice President von The Ken Blanchard Companies. Er hat einen MBA in Organizational Behavior der University of California in Berkeley und promovierte im Bereich Management an der Peter F. Drucker Graduate Management School der Claremont Graduate University. Er hat zudem die Gründung der National Association for Employee Recognition (NAER) unterstützt, bei der er immer noch als Beirat tätig ist.

Als Motivationstrainer hat er mit über 1000 Unternehmen in den unterschiedlichsten Branchen gearbeitet, darunter zwei Drittel der Fortune-500-Unternehmen. Er ist in den USA bekannt durch zahlreiche Auftritte in Funk und Fernsehen sowie Artikel in *The New York Times, The Wall Street Journal, The Washington Post, The Chicago Tribune, USA Today, Fortune, Inc.* und viele andere. Er schreibt regelmäßig Kolumnen für *American City Business Journals* und die Zeitschrift *Corporate Meetings & Incentive* und ist durch zahlreiche Artikel in *Workforce Management* und anderen Wirtschaftspublikationen präsent.

Eigene Ideen

Eigene Ideen

Eigene Ideen

Eigene Ideen

Wenn Sie **Interesse** an
unseren Büchern haben,

z. B. als Geschenk für Ihre Kundenbindungsprojekte, fordern Sie unsere attraktiven Sonderkonditionen an.

Weitere Informationen erhalten Sie bei Melanie Gunzenhauser unter +49 89 651285-154

oder schreiben Sie uns per E-Mail an:
mgunzenhauser@m-vg.de